여자라는 이름 뒤에
숨지 마라

여자라는 이름 뒤에
숨지 마라

2017년 6월 17일 초판 1쇄 발행 | 2017년 7월 10일 초판 2쇄 발행
지은이 · 김태경

펴낸이 · 김상현, 최세현
책임편집 · 최세현 | 디자인 · 김애숙

마케팅 · 권금숙, 김명래, 양봉호, 임지윤, 최의범, 조히라
경영지원 · 김현우, 강신우 | 해외기획 · 우정민
펴낸곳 · (주)쌤앤파커스 | 출판신고 · 2006년 9월 25일 제406-2006-000210호
주소 · 경기도 파주시 회동길 174 파주출판도시
전화 · 031-960-4800 | 팩스 · 031-960-4806 | 이메일 · info@smpk.kr

쌤앤파커스(Sam&Parkers)는 독자 여러분의 책에 관한 아이디어와 원고 투고를 설레는 마음으로 기다리고 있습니다.
책으로 엮기를 원하는 아이디어가 있으신 분은 이메일 book@smpk.kr로 간단한 개요와 취지, 연락처 등을 보내주세요.
머뭇거리지 말고 문을 두드리세요. 길이 열립니다.

똑똑한 여자를 망치는 7가지 잘못된 선택

여자라는 이름 뒤에 숨지 마라

김태경 지음

쌤앤파커스

무한한 사랑을 주신 김함순 할머님
오랜 세월 편들어주신 한청희 선생님
엄하디엄했던 나의 아버지 김인영 박사님
이미 고인이 되신 세 분께
이 책을 바칩니다.

• Content •

Prologue 여자라는 이름 뒤에 숨지 마라 · 10

Part 1
영원히 닿지 않을
머나먼 행성,
남자

세상은 점점 여자들에게 유리해진다 · 14
대한민국에서 일하는 여성으로 산다는 것 · 14 | 마초적 시스템에서 살아남기 · 17
| 달팽이처럼 쏙 들어가버린 여자들 · 19 | 여자만의 강점으로 고유영역을 구축하라
· 21 | 소프트파워의 시대, 여성의 본능이 곧 새로운 가치다 · 24

남자들을 '이해'하지 말고 '인정'하라 · 27
하나부터 열까지 전부 다르다 · 27 | 직장에서 마주치는 이상한 남자들 · 38 | 일과
직장에 대해 얼마나 절박한가? · 41

마초들의 전쟁터, 직장생활 서바이벌 가이드 · 43
한밤의 반란 · 43 | 여자의 직장생활 첫 3년은 갓난아기의 첫 세 돌과 같다 · 47 |
여자에게 더더욱 중요한 일의 '내공' · 49 | 500파운드와 자기만의 방 · 51 | 욕 좀
먹어도 안 죽는다 · 54 | 직장생활 서바이벌 가이드 22 · 57

내 인생에 어떤 남자를 들일까? · 66
학벌 좋고 돈 많고 성격 좋은 남자가 널 왜 만나니? · 66 | 핫한 남자와는 연
애만 · 70 | 남자들이 인정하는 '좋은 남자'란? · 72

나와 함께 시너지를 낼 수 있는 좋은 남자 구별법 · 77
"그 사람, 알고 보면 괜찮은 사람이에요." · 77 | 매번 나쁜 남자에게 헌신하는
'연애패턴'이 문제 · 79 | 드러나는 조건이 아닌 평생을 함께할 본질 · 83 | 결혼은
내 식구 잘 챙길 남자와 하는 것 · 86

Part 2

여자들이 앓고 있는
7가지 속병

돈에 휘둘리는 자신을 냉정하게 돌아보라 · 92

제대로 쓴 것도 없는데, 월급은 다 어디로? · 92 | 여자에게 더욱 필요한 '돈에 대한 철학' · 95 | 돈 쓰는 일보다 더 재미있는 게 얼마나 많은데 · 99

사람이 아닌 물건으로 외로움을 달래는 그녀 · 102

"남자 없인 살아도 쇼핑 없인 못 살죠." · 102 | 쇼핑을 하면 정말 스트레스가 해소될까? · 105 | 물건에 집착하는 이유, 사랑받지 못해서? · 108 | 인생을 아름답게 채우는 건 물질보다 체험 · 110

진짜 중요한 걸 잃어버린 다이어트 홀릭 · 113

"아직 한참 더 빼야 한다니까요." · 113 | 과연 사회생활이 제대로 될까? · 116 | 진짜 중요한 게 뭔지 모르는가? · 120

지금의 내 모습이 왜 이렇게 싫을까? · 124

늙고 미워지니까 괄시받는다? · 124 | 지금의 내가 아닌, 다른 자신을 원하는가? · 126 | 나이 들수록 그윽해지는 사람은 따로 있다 · 128

스스로를 사랑하지 않은 죄 · 132

"어머니, 나를 왜 이렇게 낳으셨나요!" · 132 | 인생은 말하는 대로 펼쳐진다 · 135 | 혼자 떠난 여행에서 자기애를 발견하라 · 137

점쟁이가 알려주는 나의 불안한 팔자 · 141

"언제쯤 결혼할 남자를 만나게 될까요?" · 141 | 멘토를 정하고 진지하게 조언을 구하라 · 147

괴로운 현실을 떠나 드라마로 도피한 그녀들 · 151

"TV 보는 맛에 살아요." · 151 | TV에 빠질수록 현실은 삐딱해진다 · 154 | 훨씬 더 다이내믹한 오프라인 세상 · 157 | 라이프 아티스트, 예술과 일치된 고상한 삶 · 160

Part 3
여자의 인생을 망치는
6가지 불안

비틀거리는 인간관계, 그녀는 사람이 괴롭다 · 164
사람이 마음에 안 들어서 그만둔다고? · 164 | 나의 원수는 다른 사람이 대신 갚아준다 · 169 | 세상이 나를 쓰지 않으면 내가 나를 쓴다 · 172

불친절한 그녀들, 개나 소나 그놈의 '쿨' 타령 · 177
"친절하게 대해주면 우습게 본다니까요?" · 177 | 당신이 쏟아낸 불평은 고스란히 되돌아온다 · 181 | 친절이 모이면 성공이 된다 · 183

당신의 성공은 나의 불행 · 186
"잘나가는 친구를 보면 질투 나서 견딜 수가 없어요." · 186 | 인생의 클라이맥스는 저마다 다르다 · 190 | '최고로 잘하는 것 한 가지'를 찾아라 · 192

주기만 하는 사랑은 스스로를 상처 낸다 · 195
"가족들 앞에서 힘든 내색을 해본 적이 없어요." · 195 | 주기만 하는 사랑은 스스로를 상처 낸다 · 197 | 마음껏 투덜대고 마음껏 화내라 · 200

왜 엄마와 가족을 당신이 책임지려 하는가? · 203
딸에게 엄마는, 엄마에게 딸은 무엇인가? · 203 | 거리를 둘수록 애틋해지는 게 가족이다 · 207

아이에게 필요한 건 '늘 곁에 있는 엄마'가 아니다 · 210
아이와 직장은 양자택일의 문제가 아니다 · 210 | 버젓한 직장이 가져다주는 대단한 위력 · 213 | 엄마가 일을 하면 아이의 정서가 불안해질까? · 215 | '늘 옆에 있는 엄마'보다는 '심리적으로 안정된 엄마' · 220

Part 4

너와 나,
가장 행복한 방식으로
존재하기를

나는 나이 든 내 모습이 더 좋다 • 224

100세까지 살 텐데, 왜 벌써 나이 타령? • 224 | 죽기 전에 꼭 하고 싶은 일 • 232

불행하지만 않아도 행복한 것이다 • 236

행복에 대한 터무니없는 집착은 인생을 모르는 것 • 236 | 무엇이 우리를 행복하게 할까? • 239

남이 보는 나와 내가 보는 나 • 244

당신만 빼고, 아무도 당신에게 신경 쓰지 않는다 • 224 | 누구나 불행할 수 있다, 그러나 누구나 행복할 수도 있다 • 246

몸은 마음 때문에, 마음은 몸 때문에 아프다 • 250

마음의 병은 의외로 쉽게 나을 수 있다 • 250 | 불행한 현실을 외면하기 위한 도피처 • 252 | 몰입의 순간, 불안이 사라진다 • 254 | 내 안의 나와 나누는 솔직한 대화 • 257 | 마음을 노 젓는 방법들 • 260 | '스펙'보다 중요한 '내공'을 키워라 • 263

생각에는 돈 안 든다, 망상을 즐겨라 • 266

빨강머리 앤처럼 신나고 즐겁게 • 266 | 미래의 나를 상상해보는 천진한 즐거움 • 268 | 때론 '객관'보다 '긍정'이 필요하다 • 271

서른과 마흔 사이, 놀기에 가장 좋은 나이 • 272

더 이상 견딜 수 없다면, 짐을 싸라 • 272 | 길고 힘든 싸움일수록 '잠시 멈춤'이 필요하다 • 277 | 손 뻗으면 닿을 곳에 여행가방을 • 281

일상을 예술로 만드는 지적 사치 누리기 • 283

돈이 없어도 충분히 우아하게 살 수 있다 • 283 | 꾸미지 않아도 우아함이 저절로 우러나오는 사람 • 286 | 문화를 즐기며 자뻑에 빠져 사는 재미 • 288

영혼이 세련된 여성들을 위한 셀프 테라피 • 295

Epilogue 왜 자신의 눈물조차 닦아주지 못하는가? • 305

여자라는 이름 뒤에
숨지 마라

나는 30년 가까이 카피라이터에서 AE로, 그리고 다시 프로듀서로 직업과 직장을 바꾸어가며 두 아이의 엄마로 살아왔다. 광고계와 방송계라는 혹독한 남성적 조직에서, 지치지 않고 즐겁게 일해왔고, 기죽지 않고 당차게 살아왔다. 내가 처음 직장생활을 시작했을 때만 해도, 광고계에 여성 AE는 손에 꼽힐 정도로 희귀했다. 그런 상황에서 나는 만삭의 몸으로 씩씩하게 프레젠테이션을 했고, 남자 동료들과 대등하게, 아니 그들보다 훨씬 더 맹렬하게 일했다. 지금까지 이렇게 꿋꿋이 잘 살아남았다는 게 스스로 대견할 지경이다. 물론 여전히 누구보다 뜨겁게 내 일과 내 삶을 사랑하며 살고 있다.

물론, 쉽고 편안했던 날은 단 하루도 없었다. 침묵하면 무시당했고 덤벼들면 제지당했다. 고민, 갈등, 상처로 만신창이가 된

나날도 많았고, 바닥까지 고꾸라지는 경험도 무수히 했다. 하지만 지금 돌이켜보면 꽤 유익했다는 생각이 든다. 어디서도 배울 수 없는 값비싼 인생수업이었으니 말이다.

내가 겪은 고민과 갈등을 똑같이 반복하고 있는 여자후배들을 많이 만났다. 나만 잘하면 잘될 거라고 믿는 무모한 노력파들, 이 악물고 참으면 세상이 알아줄 거라고 착각하는 순진파들, 잘못된 방향인데도 몸과 마음에 병이 날 정도로 열심히 달리는 답답파들도 많다. '열심히'라는 미명하에 자기 자신을 착취하거나 학대하거나, 기만하는 여자들은 물론이고, 반대로 자기 자신에게 도취되어 정신을 놓고 사는 여자들도 많다.

우리는 왜 이렇게 스스로를 아프게 하고 다치게 하는가? 왜 인생이 다 망가질 정도로 참고 버티며, 속으로만 삭히는가? 나 역시 그 과정을 똑같이 겪어봤기에, 그녀들을 볼 때마다 나는 마음이 참 아프다. 그래서 얘기해주고 싶다. 지금 거기에서 헤엄쳐 나오지 않으면 급류에 휩쓸린다고, 남들 하는 대로 휩쓸려 살다간 끝내 가슴을 치게 될 거라고 말이다.

언제나 그렇듯, 심장은 머리를 이긴다. 여자들은 싸우지 않고 이기는 법을 생래적으로 터득했고, 다른 이의 심장에 성큼 다가설 수 있는 고차원적인 감성도 타고났다. 부디 여자라는 이름 뒤에 숨지 말기를, 용감하게 앞으로 나와서 일과 사랑과 삶을 더 밝고 가볍게 즐기기를 바란다.

part 1

영원히 닿지 않을 머나먼 행성, 남자

나는 여섯 살이 되어서야 엄마 젖을 떼었다. 엄마는 젖을 떼기 위해 젖꼭지에 고약한 약을 바르기도 하고 "엄마 젖 오래 빨면, 머리 나빠지고 못생겨진다!"고 협박을 하기도 했지만 아무 소용이 없었다고 한다. 이때부터 나는 '찰거머리'라는 별명으로 불리게 되었다.

나는 이런 찰거머리 정신이 자랑스럽다. 에너지가 넘치는 삶의 이면에 바로 이런 끈기가 있기에 지금의 내가 있다는 것을 잘 안다. '여자의 사회생활'에 대한 편견이 지금보다 훨씬 심했던 20여 년 전, 말단사원에서 시작하여 포기하지 않고 지금에 이르게 된 것은 바로 이런 찰거머리 정신 때문일 것이다.

억울하고 치사한 일들이 왜 없었겠는가. 평탄한 날은 하루도 없었던 것 같다. 누구나 겪는 고민, 갈등, 좌절들을 똑같이 경험했다. 꼼꼼하고 강건하며 긍정적인 나, 무엇보다 내가 참 좋아하는 나 자신이 되기 위해 나는 매일 조금씩 스스로를 다듬고 만들어나간다.

●

세상은 점점
여자들에게
유리해진다

대한민국에서 일하는 여성으로 살기란 정말로 쉬운 일이 아니다.
아무리 열심히 맞추려고 노력해도, 가끔은 가십거리가 될 수 있다.
하지만 세상이 점점 여성에게 유리한 방향으로 선회하고 있으니,
지금 있는 자리에서 조금만 더 힘내자는 것이다.

대한민국에서 일하는 여성으로 산다는 것

과거에 비해 우리나라 젊은 여성들의 삶은 매우 많이 힘들어졌
다. 겉으로만 보면 여성의 지위가 한껏 올라간 것 같아도, 사실은
책임감과 의무감만 엄청나게 커졌다. 여성에게 요구되는 항목은
잔뜩 늘어났고, 덕분에 이리저리 부딪히며 살다 보니, 스트레스

성 질환도 많이 생긴다. 실제로 여성들은 스트레스성 환자가 될 확률이 남성에 비해 무려 1.7배나 높다고 한다. 스트레스 지수 역시 전 연령대에 걸쳐 남성보다 높게 나타나고 있다.

더 놀라운 사실은 우리나라 20대 여성의 자살률이 10만 명당 13.2명으로 OECD 가입국 평균(5.2명)보다 2배 이상 높다는 사실이다. 세계적인 추세로 보면 보통 자살자 수는 남성이 여성보다 2배 정도 많게 마련이다. 그런데 어찌된 일인지 우리나라의 경우, 20대 여성 자살자 수가 남성보다 많다. 여성들이 보통 남성들보다 3~4배 정도 자살시도를 많이 한다는 점을 고려한다면, 실제로 자살을 생각하는 여성들의 비율은 이보다 더 많은 상황이라 할 수 있다. OECD 국가 중 '여성 자살률 1위' 국가가 바로 우리나라라는 것이 엄연한 현실이다. 대체 왜 이런 일이 벌어지고 있는 걸까?

일단, 우리나라 젊은 여성들의 일자리는 대부분 비정규직이다. 정규직도 있지만, 일반적으로 중요도가 낮은 단순업무에 배치되는 사례가 많아 내세울 만한 경력과 실력을 쌓기가 어렵다. 평사원이나 대리 시절까지는 총명함을 인정받던 일부 여직원들도 그 이상 올라가면 나이와 경력에 걸맞지 않은 자리에 배치되어 갈등한다.

대한민국에서 일하는 여성으로 살기란 정말로 쉬운 일이 아니다. 우리나라보다 비교적 여성에게 관대한 외국에서도 여성이 남성과 어깨를 나란히 하며 사는 게 쉽지 않다. 소비자의 80%가 여성인 미국도 기업 내에서 여성 임원의 비율은 단지 16%에 불과하다. 그리고 여성은 남성과 똑같은 발언을 해도 훨씬 많은 비난을 감수해야 한다. 유명 영화배우 폴린 프레더릭이 던진, 뼈 있는 말 한마디를 들어본 적 있을 것이다.

"남자가 말을 하기 위해 일어서면 사람들은 먼저 귀를 기울이고 그를 바라보지만, 여자가 말을 하기 위해 일어서면 사람들은 먼저 그녀를 본 다음, 생김새가 마음에 들면 귀를 기울인다."

남자가 주장을 펼치면 귀 기울여 들으면서 여자가 말할 땐 딴청을 부린다는 말이다. 여성의 주장을 '소음'이나 '수다'로 치부하는 경우도 많다. 특히나 직장에서 이런 일을 여러 번 당하고 나면, 여자들은 아예 입을 다물게 된다. 적극적으로 의견을 개진해보았자, 시끄럽고 골치 아픈 여자로 낙인찍히기만 할 뿐이니 말하기를 포기하고 마는 것이다.

미국의 작가 로이스 와이즈는 어느 책에서 이렇게 말했다. "남자들은 일찍부터 약점에 대해 사과하라고 배웠지만 여성들은 장점에 대해 사과하라고 배웠다." 여자들은 스스로가 잘나고 똑똑한 것에 대해 오히려 미안해해야 하고, 너무 특출하면 미운 오리새끼가 된다.

남성이 만들어온 조직은 어쨌든 남성에게 맞게 짜여 있다. 구조적으로 여성에게 잘 맞지 않는다는 것이다. 그러니 거기에서 살아남으려면 일단 남성적인 사고의 틀과 제도를 파악하고 지혜롭게 대응해야만 한다. 무조건 여성성을 버리고, 남자보다 더 지독한 마초로 성공하라는 게 아니다. 세상이 점점 여성에게 유리한 방향으로 선회하고 있으니, 지금 있는 자리에서 조금만 더 힘내자는 것이다.

아무리 열심히 노력해도, 가끔은 가십거리가 될 수 있다. 아직 여성들의 현실은 아무렇지도 않게 쭉쭉 승진을 하고, 상사와 동료들로부터 무한한 신뢰와 인정을 한 몸에 받고, 사내 주요 프로젝트를 맡아 척척 해내는 TV 드라마 속 여자들의 모습이 아니다.

마초적 시스템에서 살아남기

나는 남자들에 대해 대단히 긍정적인 사람이다. 남자는 '나를 도와주는 고마운 존재'라고 생각한다. 아마도 아버지의 덕을 많이 보고 자랐기 때문일 것이다. 그리고 초등학교 때부터 우정을 나누어온 남자친구들이 한결같이 나에게 긍정적인 영향을 끼쳐서 그런 것 같다.

그런데 어느 순간, 내가 남자들에 대해 대단히 긍정적인 것과 반대로 남자들은 여성에 대해 부정적인 경우가 많다는 사실을 알게 되었다. 오랫동안 남자고등학교에서 교편을 잡아온 사촌

시누이는 이렇게 말한다. "남자들은 자기 마누라랑 딸내미 빼놓곤 모든 여자에게 부정적이에요."

처음에는 그녀의 말이 다소 과장된 것 아닌가 했지만, 곰곰이 따져보니 일리가 있다. 남자들은 오랜 세월 동안, 어쩌면 태초부터 자신들이 이 땅의 주인이라고 생각하며 살아왔다. 그런데 어느 날, 이방인인 여자들이 들어와 하나둘 자리를 차지하더니 급기야 자신의 위치까지 위협하려 든다. 이러다간 밥그릇까지 빼앗기겠단 생각에 이르자 암암리에 서로 연대를 한다.

그러다 보니 진짜 알짜배기 자리는 차라리 경쟁자이자 동료인 남자에게 주지, 절대로 여자에게 내어주는 법이 없다. 조그만 약점을 잡으면 하나도 놓치지 않고 그것을 빌미로 큰 부상을 입힌 후에 자신들의 영역에서 내쫓으려 한다. 직장에서도 여성 간부들은 아무리 일을 잘해내도 남자들의 뒤에 서 있어야 하는 게 현실이다. 또한 남자들은 여자동료에 대해서 아무리 인정하고 싶어도 대놓고 편들 수가 없다. 괜히 여직원을 칭찬했다가 오해라도 사면 큰일 나기 때문이다.

이런 점들을 미리 간파하지 못하면 직장생활 자체가 대단히 힘들어진다. 자기 탓이 아닌데, 자기가 못나고 이상해서 미움을 받는 것이라 자책하기 때문이다. 실제로 이런 어려움에 봉착했을 때 까놓고 얘기하지 않아서 문제를 더 키우고, 결국 직장을 떠나거나 우울증에 걸리는 여성들을 많이 보았다.

달팽이처럼 쏙 들어가버린 여자들

학교 다닐 때 공부 잘하고 선생님 말씀 잘 듣던 여성들은 졸업을 하고 사회에 맨몸으로 내던져지면 크게 당황한다. 군대 같은 조직 경험이 전무하기 때문에 '사회'의 살벌함은 상상도 해보지 못했다. 당연히 시험을 잘 보는 것과 사회생활을 잘하는 것 사이에는 큰 차이가 있으므로, 별다른 조직 경험이 없는 채로 사회에 나오게 되면 몇 번쯤 쓴 맛을 볼 수밖에 없다.

그런데 문제는, 그 이후에 여자들이 달팽이마냥 자기 자신 속으로 쏙 들어가 버린다는 점이다. 앞에 놓인 문제를 해결하기 위한 진지한 사투는 미뤄둔 채, 다른 것으로 눈을 돌려 그 시름을 외면한다.

성취욕을 가지고 투쟁하고, 부족한 것을 메워 나가려고 노력할 때, '공허'라는 이름은 존재하지 않는다. 하지만 전의를 상실한 채 뒤로 내빼려고만 할 때 공허함은 기승을 부린다.

사람은 누구나 매순간 어떤 모습으로 살아갈 것인가를 선택한다. 마냥 당하고 살면서 쇼핑이나 성형, 외모관리로 억울함을 풀 것인가? 아니면 옳은 것을 위해 끝까지 투쟁하며 열정적으로 살 것인가? 남자들과 부딪치기 싫다고 피하는 여자들, 조직에서 사람들에게 욕먹기 싫다고 도망치는 여자들은 점점 설 자리가 줄어든다. 나는 남자들이 만들어놓은 '여자다움'이라는 고정관념에 세뇌당해 전의를 상실한 채 '주는 밥'이나 먹겠다는 여자후배들을 볼 때마다 속에서 천불이 올라온다.

여자들의 위치라는 것, 여전히 변방 뒷간이다. 많이 나아진 것 아니냐고? 오해하지 말기 바란다. 여성 정치인이나 대기업의 여성임원들이 많아졌다고는 해도, 비즈니스 현장에서 체감하는 여성의 지위는 여전히 변방이다. 그리고 어지간히 열심히 투쟁하지 않으면 변방에 선 자가 중심부로 들어오기란 거의 불가능한 일이다.

식당에 가서 음식을 주문할 때도, 이것저것 자기 입맛에 맞게 골라서 주문하지 않는가? 원하는 게 있으면 조목조목 깐깐하게 요청을 해야 원하는 음식이 제대로 나온다. 세상 이치도 마찬가지다. 우는 놈 떡 하나 더 준다고, 표 나게 요구해야 일이 되고 뜻이 관철된다.

매번 억울한 일을 당하면서도 그걸 강 건너 불 보듯 한다면 그건 비겁함이다. 자신의 의무에 충실한 것도 중요하지만, 자신의 권리를 찾는 일에도 적극적으로 나서야 한다. 그런데 분노해야 할 때 분노할 줄 모르는 여자들이 너무나 많다.

《분노하라》의 저자 고故 스테판 에셀은 출간 당시 94세의 고령임에도 여전히 열정적이고 강건했다. 한 기자가 그에게 그 비결을 묻자 이렇게 답했다. "나의 비결? 그것은 물론 분노할 일에 분노하는 것이죠. 그리고 또 하나의 비결은 기쁨입니다. 인간의 핵심을 이루는 성품 중 하나가 분노인데, 분노할 일에 반드시 분노하는 사람이라야 자신의 존엄성을 지킬 수 있고, 자신이 서 있는 곳을 지킬 수 있으며, 자신의 행복을 지킬 수 있습니다."

남들에게 좋은 소리만 듣고, 양갓집 규수 대접만 받으려거든 일찌감치 직장을 그만둘 것을 권한다. 다른 사람에게 꼭 필요한 자리를 괜히 차지하고 있는 셈이니까 말이다. 일터는 전쟁터다. 생사를 넘나드는 긴박감이 넘치고, 피 튀기게 싸우며, 고함소리도 끊이지 않는 곳이다. 결코 한가하게 누워서 쉬는 푸른 잔디밭이 아니다.

여자만의 강점으로 고유영역을 구축하라

그렇다면 여자들은 무엇을 무기로 삼아야 할까? 먼저 여자들이 가진 강점을 살펴보자. 다 아는 얘기 같아도, 의외로 자신의 강점을 잘 모르는 여자들이 많다.

○ 기막힌 촉과 기억력

여자들은 남자들보다 감정적인 메시지를 해독하는 데 능하며 상대의 거짓말을 알아차리는 능력이 탁월하다. 여성은 평생 16개월 동안 운다는 통계에서 알 수 있듯이, 우리는 감성에 이끌리는 섬세한 존재들이다. 논리와 분석만으로 성공하던 시대는 끝났다. 여성의 촉이 발휘되어야 하는 세상을 이제야 만난 것이다.

그뿐인가? 별별 사소한 걸 다 기억하는 여성들의 정밀한 뇌는 정말 기막힌 보고賣庫다. 때때로 아주 사소한 것이 결정적인 역할을 하는 경우가 많다.

예컨대 그냥 준비해간 사소한 물건 덕에 큰 위기를 모면할 때도 있고, 아무도 기억해내지 못하는 사소한 디테일이 문제해결에 결정적 단초를 제공하기도 한다. 이게 다 '그냥' 우연히 일어난 일일까? 아니다. 여성들만이 가진 기민한 '촉', 혹은 직감이 무의식과 결합해 만들어낸 성과다. 별 걸 다 기억하는 여자들을 보며 남자들은 놀라워한다. 이거야말로 여자들의 막강한 무기이며 살 길이다.

○ 살림하고 쇼핑하며 몸소 익힌 알뜰살뜰함

매일 장을 보고 요리를 하며 가계부를 적는 등 '살림'은 종합예술이나 다름없다. 이런 다양한 일들을 수행하면서 여러 가지 기량이 개발되고 생계형 액티비티에 대한 스킬도 상당히 좋아진다. 예컨대 여성들에게 회사의 총무팀 업무를 맡긴다면 30% 이상 비용을 절감할 수 있을 것이다. 디테일에 강하다 보니 비용은 줄이면서도 이전보다 훨씬 더 쾌적하고 즐거운 환경을 만들어낼 것이다.

○ 생명을 잉태하고 양육한 힘

여성들은 아이를 낳은 후에 인생의 새로운 국면을 맞이한다. 아무리 철없고 막무가내였던 여성들도 아이를 둘 정도 낳게 되면 철이 들고 책임감도 생기며 심오해진다. 엄마가 되면 머리도 저절로 좋아지고 인내력도 급격히 향상된다. 이유식, 유모차, 젖병, 장난감, 자전거 같은 자잘한 아이 물건을 손수 챙기고 나르며 멀티태스킹 능력도 향상된다.

○ 섬세한 감성과 직관력

필feel이 발달한 남자를 보면 사람들의 반응은 두 가지다. '혹시 게이 아니야?' 아니면 '사내자식이 계집애 같기는!'

하지만 이제 '감성'은 창조의 시발점이며 21세기의 가장 큰 자산이다. 영국 캠브리지 대학교 심리학 및 정신의학과 교수인 사이먼 배런 코헨 교수는 "여자의 뇌는 감정이입을 하기 위해 연결되어 있고, 남자의 뇌는 시스템을 이해하고 설계하기 위해 만들어졌다."고 말했다.

○ 타고난 배합솜씨

여성은 어릴 적부터 엄마를 졸졸 따라다니며 어깨너머로 살림살이를 배운다. 소꿉장난을 할 때도 요리도구나 음식재료를 벗삼아 놀았다. 아무리 남성적인 성향을 가진 여성이라도 자취를 하거나 결혼을 해서 독립하면, 어지간한 음식은 스스로 곧잘 해 먹는다. 감각이 좀 남다른 사람들은 괜찮은 요리까지 척척 해낸다. 타고난 손맛 덕분에 눈대중으로 해도 맛이 난다.

직감으로 풀어내는 요리 솜씨, 이것은 신이 여성들에게만 특별히 부여한 재능이다. 남성이 앞치마를 두르고 요리책을 보며 아무리 열심히 한다손 쳐도 도저히 따라잡을 수 없는 본능적인 감각이기도 하다. 이러한 감각 역시 새로운 콘텐츠를 창조해낼 수 있는 단단한 자본이 될 수 있다.

○ 타고난 준비성

동방박사들이 여자였다면 아마도 예수님을 그렇게 방치해두지는 않았을 것이다. 출산에 필요한 용품들을 미리 이것저것 챙겨서 산파도 동반하고 출산장소도 미리 물색하여 떠났을 것이다. 여자들은 무슨 일이든 세심하게 챙길 줄 안다.

준비성 역시 대단하다. 친구들과 1박 2일 여행을 떠날 때도 온갖 사태에 대비해 별 걸 다 챙겨들고 간다. 살림을 차려도 될 만큼 말이다. 게다가 여자들은 준비하는 것 자체를 즐긴다.

소프트파워의 시대, 여성의 본능이 곧 새로운 가치다

구시대의 핵심가치였던 통일성이나 집단주의 하에서는 여성이 힘을 발휘하기 어려웠다. 그러나 이제는 자본이 요구하는 방식이 확연히 달라졌다. 또한 공동체가 쥐고 있던 권력은 개인에게로 이동하고 있다. 이미 오래 전부터 애플 같은 조직이 새로운 기업의 형태로 각광받고 있고, 하드웨어 중심의 기업들은 소프트웨어 중심으로 방향을 선회할 수밖에 없게 되었다. 그와 함께 기업이 바라는 인재상도 달라졌다.

소프트웨어 중심의 조직이 바라는 인재상은 알다시피 '독창성'이다. 이 시대의 경영화두인 독창성은 이윤을 최대한 올릴 수 있는 유일한 방법이 되었다. 개인의 창의력과 유연함이 힘을 발휘하는 시대가 도래하면서 새롭게 조명되고 각광받게 된 것이 있었으니, 그것은 바로 '여성성'이다.

남성성을 대표하는 산업화 시대의 생산성 증대라든가 기술진보 같은 것들도 이제는 모두 포화상태에 이르렀다. 그러므로 이제 잉여가치를 만들어낼 수 있는 힘은 창의성밖에 없다. 똑같은 냉장고라도 디자인과 색상만 달리 입히면 이윤은 배가 된다. 여기에 바로 여성들의 역할이 존재하는 것이다.

냉장고의 타깃 소비자는 누구인가? 바로 우리 여자들이다. 여자들이 좋아하는 디자인, 컬러를 누가 잘 알겠는가? 바로 우리 여자들이다. 본능적으로 여자가 여자의 마음과 취향을 잘 알 수밖에 없다. 여기에 해답이 있다.

세상은 여성들에게 고단한 시간들도 많이 주었지만 지금처럼 세상이 여성에게 유리하게 돌아간 적도 없다. 기회란 기다릴 줄 아는 사람에게 주는 포상이다. 기회가 올 때까지 최선을 다해 준비한다면, 그 모든 금밭을 차지할 수 있다.

남자들을
'이해'하지 말고
'인정'하라

직장이라는 전쟁터에서 그들과 30년 가까이 지내며 내린 결론은 "하
나부터 열까지 남자와 여자는 전부 다 다르다."다.
금성과 화성 정도가 아니라 수성과 해왕성만큼이나 멀다.
내가 직장 정글에서 겪고 만난 남자들의 특징을 10가지로 정리해보았다.
주위의 남자동료들을 돌아보며 정말 이런 성품을 가졌는지 생각해보기 바란다.

하나부터 열까지 전부 다 다르다

남자들은 사회생활을 시작할 때 선배들로부터 전수되어온 정
신훈련을 받으며 처음부터 각오를 단단히 다진다. 특히 군대는
사회생활의 전초전으로서 다양한 조직 경험을 미리 해볼 수 있
는 경험의 장이다. 남자들이 '군필' 여부를 그토록 중요하게 여

기는 이유가 바로 그것이다. 어쩌면 군대의 연장선으로 볼 수도 있는 직장이라는 조직이, 그렇게 만만한 곳이 아니며 치열한 삶의 현장임을 처음부터 확실히 인지하고 출발하는 것이다.

하지만 여자들은 어떠한가? 아무 준비 없이 시작한다. 기초체력 훈련도 하지 않고 등반대열에 합류하는 꼴이다. 그래서 처음부터 삐걱거리고 나가떨어지는 대원들이 속출한다.

많은 여성 사회초년생들이 공통적으로 저지르는 실수가 있다. 여기가 학교인지 직장인지 제대로 구별을 못하고, 얼굴에 '나 지금 화났음' 혹은 '좋아 죽겠네!' 같은 마음속 감정을 또박또박 쓰고 다닌다는 것이다. 그러다 보니 조직생활에서 번번이 헛발질이다. 그녀들이 보기에는 좀처럼 속내를 드러내지 않는 남자들이 더더욱 이상한 존재들이다. 하지만 조직의 그 복잡다단한 위계와 미묘한 질서를 몸으로 부딪혀가며 하나하나 깨닫고 나면, 회사라는 조직이 그리 만만한 곳이 아님을 알게 된다. 안타깝게도 자신보다 훨씬 앞서 나가고 있는 남자동기들의 등을 바라보며 뒤늦게 파악하는 것이다. 연습할 기회도, 방어할 틈도 없이 속수무책으로 당하느라 몸과 마음은 이미 만신창이가 된 채 말이다.

《금성에서 온 남자 화성에서 온 여자》는 남자와 여자의 확연한 차이에 대해 조목조목 알려주는 책이다. 남자와 여자는 무엇이 다를까? 정말 각기 다른 행성에서 온 사람들일까? 내가 직장이라는 전쟁터에서 그들과 30년 가까이 지내며 내린 결론은 "모든 게 다르다. 하나부터 열까지 남자와 여자는 전부 다 다르다."다. 금성과 화성 정도가 아니라 수성과 해왕성만큼이나 멀다.

내가 직장 정글에서 겪고 만난 남자들의 특징을 10가지로 정리해보았다. 주위의 남자동료들을 돌아보며 정말 이런 성품을 가졌는지 생각해보기 바란다. 어쩌면 당신만 몰랐던 무언가가 있을지도 모른다.

1. 누가 남자를 과묵한 동물이라 했던가?

언뜻 남자보다는 여자가 더 수다스럽고 말이 많을 거라고 생각하지만, 함께 직장생활을 해보면 남자들이 얼마나 말이 많은지 쉽게 알 수 있다. 여자를 만날 때, 이 여자가 자신에게 넘어올(?) 때까지는 대화도 많이 나누려 하고 진심을 얘기하(는 척하)며 다정하게 굴지만, 일단 '내 꺼! 찜!' 하게 되면 입을 꼭 다문다. 그래서 애인이나 아내 앞에서는 약점을 잡히지 않으려고 절대로 속내를 다 보여주지 않는다. 하지만 친구들과 만나면 매우 원색적이고 유치한 농담을 나누며 시간 가는 줄 모르고 논다. 그런 것을 통해 스트레스를 발산한다.

가령, 저녁 7시부터 시작된 술판이 새벽까지 이어지는 경우도 부지기수다. 8시간이고 10시간이고 수다가 끊이지 않는다. 집에서 10년 동안 해도 못할 만큼 많은 말을 그 자리에서 전부 다 하는 것이다. 그러니 집에 가서는 입을 꼭 다물 수밖에.

게다가 그 대화의 수준은 얼마나 원색적이고 적나라한지. 어쩌다 남자동료들의 수다 판에 끼어보면, 온갖 비밀 이야기와 충격 스캔들 등을 매우 디테일하게 들을 수 있다. 날 새는 줄 모르고 줄줄이 나오는 인물평과 '뒷담화'는 책으로 쓰면 수십 권도 모자랄 것이다. 끊임없는 남자들의 수다! 누가 남자를 과묵한 동물이라고 했던가?

한 가지 덧붙이자면 남자들 사이에서는 말을 많이 하는 게 강한 권력의 상징이다. 남자들은 조직에서도 힘센 순서대로 말을 한다. 좌중을 좌지우지하며 말을 많이 하는 사람이 그 집단에서 제일 힘이 센 사람이다. 직급이 낮은 직원은 끽소리도 못하고 끄덕끄덕 맞장구치는 게 남자들 사이의 예의이자 암묵적 규범이다.

술자리에서 '야자 타임을 하자'는 상사의 농담에 분위기 파악을 못하고 신이 나서 상사에게 "OO야! 너 인마!" 했다가 퇴사하는 그날까지 곤욕을 치렀다는 얘기 못 들어봤는가? 남자들은 뒤끝이 상당히 길게 남는 편이라서 자기에게 상처준 이들에게 언젠가는 반드시 복수한다. 아무리 온순하고 사람 좋아 보여도 남자들은 힘 있는 자리에 앉으면 말수가 늘고 까다로워진다.

2. 정치적인 두뇌를 타고났다

남자들은 정보력이 강할 뿐만 아니라 자기들끼리 단합도 잘한다. 굽혀야 할 때 굽힐 줄 알고, 인간 네트워크를 잘 만들고 잘 유지한다. 이런 특징들을 종합해보면 정치적인 두뇌를 타고난 것이라 볼 수 있다. 어릴 적부터 삼국지를 여러 번 독파해서 그런지, 사람 다루는 솜씨들도 대체로 능란하다.

남자들은 삶 자체를 정치라고 여긴다. 그래서 밀고 당기는 것에 대단히 익숙하고, 적과의 동침도 마다하지 않는다. 눈앞의 먹이를 결코 놓치지 않겠다는 의지가 강하기 때문이다. TV 뉴스에서 보면 국회에서 서로 고함지르고 멱살 잡는 국회의원들이 철천지원수지간일 것 같아 보여도, 사실은 그렇지 않다. 밖에서는 '형님 아우' 하며 술자리에 합석하여 즐겁게 논다.

그리고 남자들이 술자리에서 인사불성이 될 정도로 마시면, 아무것도 모르고 정신줄을 놓는 줄 알지만 절대 아니다. 진짜 정신 나간 몇몇을 빼고는, 만취한 척하며 술기운을 빌어 괜히 친해지려고 과도하게 행동하는 것이다. 중요한 비즈니스 자리에선, 평소 주량의 몇 배 넘게 마셔도 비틀거릴지언정 절대 정신을 놓지는 않는다. 갑을관계를 깍듯이 구분하며 모든 일을 다 기억한다.

3. 이기기 위해 놀이한다

여자들이 친목을 도모하기 위해 함께 수다를 떨거나 영화를 볼 때, 남자들은 악착같이 내기 당구, 내기 볼링을 친다. 반드시 무엇이든 걸고 승패, 혹은 우열을 가려야만 직성이 풀린다. 여자는 좋아하고 잘하는 것을 할 때 만족감을 느끼지만, 남자들은 적성과 상관없이 목표가 있으면 곧장 돌진한다. 명예와 돈이라는 보상이 있다면 목숨이라도 걸고 덤빈다. 상사가 어떤 일을 지시하건 꾸물대지 않고 달리는 그들. 상사들이 남자직원들을 더 믿음직스럽게 여기는 이유는 바로 그런 점 때문이다.

4. 사기 진작(Cheer up)에 능하다

한번은 넉살 좋은 남자후배의 과한 아부에 당황한 적이 있다. 예전 회사의 이사님 댁에 초대를 받아서 동료들과 방문했는데, 그 댁 강아지를 보자마자 이렇게 말하는 게 아닌가?

"아이고, 이사님 댁 강아지는 이사님을 닮아서 눈에 총기가 번득입니다. 강아지가 주인 눈빛을 닮는다더니, 정말이네요!"

아부인 줄 알면서도 이사님은 무척 좋아하셨다.

내가 아는 모 대표님은 엘리베이터에서 마주치는 여성 10명 중 3명에게는 "아이고, 우리 미인!"이라고 하신다. 아무한테나 입버릇처럼 해주시는 덕담인 줄은 알지만, 그래도 들으면 일단 기분은 좋다.

한 학장님은 언제나 음식점에 들어가면 서빙하는 여성분들 중에 아무에게나 "미인이시네요. 피부가 어쩜 그리 고우세요?" 한다. 그러면 꼭 서비스 음식이 나오고 대우가 좋아진다.

그런데 이런 얘길 스스럼없이 하는 여자들은 쉽게 찾아볼 수 없다. 남자들이 가진 이런 사기 진작 능력을 '속 보이고 유치한 짓'이라고 하찮게 여기거나 무시한다. 그것이 얼마나 대단한 스킬인지도 모르고 말이다.

5. 불가능도 가능해지는 보고 스킬을 가졌다

직장 초년병일 때만 해도 능력 면에서는 여성들이 다소 앞서가는 경우가 많다. 그러나 어느 순간부터 조금씩 밀린다. 왜 그럴까? 내가 보기에 그 결정적인 이유 중 하나가 보고하는 태도 때문인 것 같다. 여자들은 흐느적흐느적 들어와서 들릴락 말락 하는 목소리로 말끝을 얼버무리며 문서나 대충 들이밀고 나가는 반면, 남자들은 절도 있게 들어와 또박또박 말한다. 보고하는 사람이 이런 태도를 가지고 있으면, 그가 내미는 보고서도 왠지 각이 잡혀 있는 것 같다.

군대에서 단련한 것인지 모르겠지만, 아무튼 남자들은 '불가능'도 '가능'으로 포장하고, 잘 안 되는 일도 상사가 걱정하지 않게끔 하는 보고 스킬을 가졌다. 똑같은 보고서라도 당당한 태도로 보고를 받으면 느낌이 다르다. 그런 태도는 공사구분을 확실히 할 줄 아는 사람으로 보이고, 상사로 하여금 '저 친구, 쓸 만하군. 어디 내놔도 제 몫은 하겠어.' 하는 생각이 들게 만든다.

6. 밥 한 끼도 전략적으로! 지원군 확보에 능하다

혼자 잘났다고 일이 되는 것이 아니라는 것, 주위에서 도와주는 아군이 있어야 유리하다는 것을 간파하고 지원군 확보에 주력한다. 마치 초등학교 시절, 반장 선거 때 급우들에게 떡볶이와 순대를 사주며 미리 표를 착착 확보하듯이 말이다. 남자들은 식사시간을 비즈니스의 장으로 잘 활용한다. 매일매일 파트너를 바꾸어가며 밥 한 끼를 먹어도 전략적으로 먹는다.

또한 남자들이 가진 중요한 특징 중 하나는 상대가 자신보다 한 수 위임을 간파하면 즉시 칼을 던지고 납작 엎드린다는 점이다. 어제의 부하를 오늘의 상사로 군말 없이 잘 모신다. 위계질서에 대해서는 눈치도 빨라서 상황 변화를 즉시 간파하고 기민하게 대처한다.

여기서 주의할 점 하나! 남자에게 여자의 존재는 늘 전부가 아닌 일부다. 여자들은 간혹 '그 사람이 내 전부'인 것처럼 굴지만, 남자들은 그렇지 않다. 모든 남자가 그런 것은 아니지만, 내가 직장에서 만난 많은 남자들은 명예와 재물, 자기 울타리를 지키려는 욕망을 중시했다. 그 울타리 속엔 부모, 자식, 친구, 지인, 아내 등이 다 들어 있다.

7. 장례식장에서 어떻게 처신해야 하는지 안다

최근 어느 회사의 CEO인 지인이 부친상을 당했다. 그분의 회사는 남녀 비율이 반반이지만, 웬일인지 장례식장에는 남자직원들만 눈에 띄었다. 왜 그럴까? 총무부서와 같은 직속 부서가 아니면 여직원들은 대부분 눈도장만 찍고 대충 사라지거나 아예 얼굴도 비치지 않는다. 그러나 남자들은 가깝건 멀건, 만사를 제쳐두고 새벽녘까지 장례식장을 지키며 궂은일도 마다하지 않는다. 한 번이라도 가족상을 치러본 이들이라면 큰일을 겪을 때 이런 도움이 얼마나 큰 힘이 되는지 잘 알 것이다. 정치적인 뇌를 타고난 남자들은 이런 것까지 다 간파하고 있다.

8. 본능적으로 여자를 쉽게 여긴다

남자들은 아무리 연년생이라 해도 형에게는 깍듯하게 예의를 갖춘다. 내 남편도 바로 위의 형, 즉 나의 시아주버님과 연년생인데 형 앞에서 굉장히 조심스럽게 행동한다. 남자들끼리는 위아래 서열이 매우 중요하기 때문이다.

그런데 누나한테는 안 그런다. 열 살 이상 나이 차이가 나도 누나들 앞에서는 "여자들이란 참~" 하며 거드름을 피우는 게 남자들이다. 직장에서도 여자상사는 조금만 친해지거나 틈을 보이면 한참 어린 남자직원들이 엉기려고 해서 카리스마 있는 '아우라'를 유지하기가 쉽지 않다.

한 번은 새파란 신입사원이 조금 친해졌다고 나에게 "누님!"이라고 하는 것이 아닌가? 나는 버럭 화를 내며 "무슨 얼어 죽을 누님! 부장님이라고 불러야지.”라고 따끔하게 혼을 냈다. 남자들은 자기들이 어린 여자를 좋아하니까, 자기보다 나이가 많은 여자들이 연하남에게 까무러치는 줄 안다. 세상에! 여자들의 마음속엔 오빠에게 기대고 싶은 열망이 얼마나 그득한데! 그들은 이런 점을 잘 모른다.

코미디 프로그램에도 자주 등장하는 소재인데, 남자들이 여자에 대해서 궁금한 것은 단 한 가지, “예뻐?”뿐이다. 예쁜지 아닌지만 알면 된다. 아니다, 한 가지 더 있다. “몇 살이야?”도 중요하다. 아무리 미모가 출중하고 매력적이어도 나이가 많으면 별로라고 생각한다. 대체 나이를 어디로 잡수셨는지 모를 한심한 남자일수록 여자의 나이에 대해 집착한다.

그뿐이랴. 내가 직장에서 만난 최악의 남자동료 베스트3 안에 드는 어떤 분은 10년 전에 자신과 동침한 여성동료에 대해서도 술자리에서 능청맞게 까댔다. 그녀의 실명까지 거론하면서 말이다. 지금도 당신의 남자동료들은 어딘가에서 당신 얘기를 하고 있을지 모른다.

9. 밥 먹듯이 삐친다

자신의 권위가 조금만 손상되어도 삐친다. 남자들이 삐쳐 있을 때는 그냥 ‘그러려니’ 해야 한다. 그런 것까지 일일이 신경 쓰고 해결하려다 보면 직장생활 오래 못한다.

우리가 늘 그러왔던 키다리 아저씨는 이 세상에 절대로 없다. 당신의 상사가 '인격자'가 아니어도 속상해하지 말자. 상사가 되면 남자들은 더욱더 잘 삐치게 된다.

중요한 이유 중 하나는 호르몬의 변화 때문이 아닐까 싶다. 마흔이 넘으면 남자들도 여성호르몬의 분비량이 늘어 여자들보다 더 섬세한 감성을 발휘한다. 그래서 더 잘 삐치는 것 같다. 나는 남자들이 여자들의 강점인 감성 부분까지 침범할까 봐 걱정이다. 어떤 땐 남자들이 여자보다 훨씬 더 섬세하고 아기자기하게 느껴지기도 하니까 말이다.

10. 새 것만 좋아한다

남자들은 새 카메라, 새 차에 열광하고 새 여자(?)도 좋아한다. 새것이라면 무조건 다 좋아한다.

만약 성품이 훌륭하고 신뢰할 만한 '오래된 여자'와 성품도 별로고 신뢰할 수도 없는 '새 여자'가 있다면 어느 쪽을 선택할까? 아무리 별로여도 후자에게 눈이 간다. 그래서 신입 여직원들이 들어오면 한 6개월 정도는 남자상사들로부터 특급 대우를 받을 수 있다.

남자와 여자가 오랫동안 우정을 유지하기 어려운 이유 역시 새로운 것에만 눈이 돌아가는 성향 때문일 것이다.

직장에서 마주치는 이상한 남자들

다시 말하지만, 여자와 남자는 다른 행성에서 온 완전히 다른 존재들이다. 사회생활 경험이 풍부하지 못한 여자 신입사원들은 초창기에 남자상사나, 남자동료의 노골적인 태도에 무척 당황한다.

부당하거나 불합리한 것을 알면서도 뻔뻔하게 요구하는 응석이나, 시시때때로 당당하게 얼굴을 바꾸는 특유의 넉살 등을 극복하지 못하면 마초 조직에서 튕겨져 나올 수밖에 없다.

적을 알아야 승리하는 법! 직장에서 여자들을 괴롭히는 이상한 남자 유형 4가지를 소개한다. 이런 남자들이 당신을 힘들게하고 있는 건 아닌지, 주위를 잘 살펴보기 바란다.

○ 열등감이 깊은 남자

열등감이 깊은 남자는 강자에게 약하고 약자에게 강하다. 자기보다 잘난 남자에게는 꼼짝 못 하고, 상대적으로 약자인 여자들에게는 온갖 못된 짓을 다 한다. 여자들에게는 편들어줄 사람이 없다는 걸 간파하고 말이다. 그런 남자들은 여성을 평가할 때 제일 먼저 나이부터 따지며 35세가 넘은 여자는 여자도 아니라고 우긴다. 자기보다 잘난 여자들에 대해 별별 꼬투리를 다 잡으며 대놓고 평가절하하고 깔본다.

이들은 여성들을 하대함으로써 평소에 받은 설움을 보상받으려 든다. 그러나 예쁘장하고 어리고 만만해 보이는 여자가 나타나면 대단히 친절하게 굴면서 지분거린다.

○ 여자를 연애상대로만 보는 유형

이런 남자들은 보통 사내에서 입지가 굳건하고 파워가 있어서 여자가 많이 꼬인다. 말이 좀 그렇지만 '꼬인다'라는 표현을 쓴 이유는, 일부 몰지각한 여자들이 남자의 후광에 힘입어 편안한 삶을 살려고 남자들을 적당히 이용해 먹기 때문이다. 드라마에만 나오는 얘기가 아니다.

어쨌거나 이런 경우에 자신들의 사내연애에 대해 아무도 모를 것이라 생각하지만 애정행각은 곧 발각된다. 많은 조직에서 실제로 빈번하게 일어나는 일이다. 나 역시 자주 목격했다. 그들의 연애사가 내 귀에까지 들려올 즈음이면 절대적으로 여자에게만 불리한 파국으로 치닫는다. 여자만 조용히 사직하거나, 그냥 덮고 넘어간다 해도 그녀는 위대한 '스캔들의 여왕'으로 등극해 회사 문 닫는 그날까지 대대손손 회자된다. 반면 남자는 어떨까? 남자는 계속 회사에 남아서 또 다른 예쁜이들과 즐겁게 연애하며 룰루랄라 잘 지낸다.

○ 여직원을 질투하는 유형

자신의 아내보다 별로 잘난 것도 없어 보이는 옆자리 여직원이 고액 연봉에 남편까지 팍팍 잘나가니 너무나 샘이 나는 것이다. 거기다가 요즘엔 자기 자리까지 넘보는 것 같아 더욱 심기가 불편하다. 그래서 앉으나 서나 사람 앞에서 그녀를 흉보는 데 여념이 없다. 이런 남자들과 일할 때면, 이상하게 퇴근 후에도 귀가 간지럽다. 특별한 방법이 없다. 그냥 무시하는 수밖에. '잘난 내가 못난 너를 용서하노라' 하고 무시해버리자.

○ 사이코패스 유형

사이코패스에게 당해보지 않은 사람들은 이렇게 말한다. '그 사람은 상사고 너는 부하니까 네가 참고 잘 대하라'고. 당해보질 않았으니 이런 무식한 소리를 하는 것이다. 사이코패스 유형들은 상대가 약자일 때 더욱 기승을 부린다. 여자들에게 더 심하고, 보이지 않는 곳에서 악랄하게 괴롭히는 경우도 많다. 이런 사람을 만났다면 분명한 태도로 단호하게 행동해서 '나 만만한 사람 아님!'을 알려야 한다.

나도 중증, 경증 막론하고 이런 종류의 남자들을 여럿 만났다. 사이코패스 상사를 만났을 때가 나의 30년 가까운 직장생활 중 최대의 위기였다. 그런 사람들은 조직 내에서 약자로 분류되는 여자들부터 보란 듯이 공격하며 위세를 자랑한다. 그들을 이겨낼 방법은 당당함과 실력뿐이다. 나 역시 그들 덕택에 내공을 키울 수 있었지만, 당시에는 악몽 그 자체였다.

일과 직장에 대해 얼마나 절박한가?

전부 그런 건 아니지만, 일부 여직원들은 집에 꿀단지라도 묻어놓았는지 퇴근시간이 되면 단 1초도 지체하지 않고 총알같이 집으로 달려간다. 야근이라도 좀 하게 되면 엄청 억울하다는 표정들이다. 반대로 남자직원들은 회사 일에 모든 것을 걸고 달려드는 모습을 보인다. 당신이 상사라면 과연 어느 쪽에 중요한 일을 맡기겠는가? 어느 쪽이 더 미덥겠는가?

커리어 관리에 관해서도 여자들은 좀 취약하다. 남자들은 퇴사할 때 이직할 곳을 미리 정해놓고 떠나지만, 여자들은 그냥 쉬면서 적성에 맞는 일을 찾아보겠다며 대책 없이 그만둔다. 공백 기간이 길어지면 길어질수록 다음번에 들어가게 되는 직장은 예전만 못한 경우가 다반사다. 당최 '업業'에 대한 절박함이라고는 찾아볼 수가 없다. 그녀들은 대체 어느 별에서 왔기에, 사는 게 이리도 여유롭고 나른한 걸까? 옆에 있는 남자들은 살아남으려고 피 튀기며 전쟁중인데!

회사 내 신우회의 개인기도 내용들을 비교해봐도 확연히 다르다. 남자직원들의 경우, 기도제목 1순위가 일과 직장에 관한 것들인 반면, 여자들은 지극히 개인적인 소망들뿐이다. 한 직장인 전문 카운슬러는 오랜 세월 상담하며 느낀 바를 이렇게 피력한다.

"여자들은 일에 대한 절박함이 부족해요. 주로 상담하고자 하는 내용들이 '일을 그만두고 싶다'는 것, 아니면 '남자친구와의 갈등' 같은 주제들이에요. 그러나 남자들은 달라요. '지금 직장에서 이런 문제가 있다. 어떻게 극복해나가야 하나?'라든가 '상사의 성격이 이렇다. 나는 어떻게 대응해야 하나?' 등의 구체적인 극복책을 상의해요."

결국 태도의 문제다. 일에 대해서든 삶에 대해서든, 주체적이지 않으니 모든 것을 걸지 않고 주저하는 것이다.

마초들의 전쟁터,
직장생활
서바이벌 가이드

여자후배들을 만나면 말투만 봐도
나는 이 친구가 전문가로 성장할 사람인지 아닌지 맞출 수 있다.
예스든 노든 자신의 의사를 당차게 밝히는 후배들은 나중에 꼭 무언가를 이루어낸다.
그리고 그녀들은 일 속으로 풍덩 뛰어들어 '왜요?'라고 자주 묻는다.
'왜요?'라는 질문이 잦은 후배들은 깊이 있는 대화를 이어나갈 줄 아는 사람들이다.

한밤의 반란

광고대행사 AE 시절의 일이다. 우리 회사의 클라이언트인 어느 기업이 타사로 넘어갈 판이었다. 그 회사에 다니다가 경쟁 광고대행사로 이직한 직원의 로비 때문이었다. 당시 나의 상사는 나에게 프레젠테이션을 아무리 잘해봐야 그들은 어차피 떠날 것이니 그냥 단념하라고 지시했다. 몇 날 며칠 골똘히 생각하던 나는 그렇게 공들여 관리해온 광고주를 속절없이 경쟁사에 빼앗기는 것이 너무 속상했다. 아니, 솔직히 말하면 분통이 터졌다.

구정 아침에(그 당시에는 음력 설을 '구정'이라 불렀다) 나는 한복 곱게 차려입고 그 회사 사장님 댁을 찾아갔다. 당시 결혼한 지 얼마 안 된 새색시였지만, 시댁에 양해를 구하고 정초부터 그 회사 사장님 댁에 세배를 하러 간 것이다. 없는 돈을 탈탈 털어 최고급 코냑도 한 병 사들고 갔다.

"이득렬 사장께서 그간 많이 감사했다며 이 선물을 직접 전해드리라고 했습니다. 그리고 사장님께 꼭 세배도 드리고 오라고 하였습니다."

한 달 후 프레젠테이션이 열렸다. 상사가 단념하라고 했던 프레젠테이션이었지만, 나는 최선을 다해서 준비했다. 그런데 이게 웬일인가! 당연히 경쟁사로 넘어갈 줄 알았던 광고주가 이제껏 진행해왔던 예산보다 2배나 올린 금액으로 계속 우리 회사와 계약을 하겠다고 통보해온 것이 아닌가!

이후 고故 이득렬 사장께서 감사 차 그 회사를 방문했다. 그 자리에서 그 회사 사장님은 "지난번에 보내주신 귀한 양주 덕분에 구정 때 기분 좋게 취했습니다. 직원까지 직접 보내시다니, 더욱 감사했습니다."라고 하셨단다. 회사로 돌아온 사장님은 당시 내 상사였던 부장을 불러서 누구 아이디어냐고 물었다. 결국 아주 자연스럽게 나의 숨겨진 노력이 드러나게 되었다.

사족이지만, 혹자는 내가 양주를 들고 간 게 일종의 '로비' 아니냐고 비꼬기도 한다. 하지만 나는 그 상황이 '로비에는 로비로 대응한다'는 의미보다 나의 '절실함'을 표현하는 수단이었다고 항변하고 싶다. 일을 '일'로서 정당하게 평가받지 못하는 상황이었기에, 내 나름의 강수를 둔 것이었다.

어쨌거나 분위기가 늘 이렇게 화기애애하게 돌아간다면야 일할 맛이 나겠지만, 아무리 애를 써도 안 될 때가 있다. 아니, 보통은 계획대로 안 되는 게 정상이다. 그러나 나중에 후회하거나 아쉬워하지 않기 위해, 나는 경우에 어긋나지 않는 범위 안에서 최대한 노력한다.

회사에서 가장 실력 있는 카피라이터나 디자이너는 영향력이 막강한 선배 AE들에게만 돌아갔다. 힘없는 나에게까지 차례가 돌아올 리 없다. 그러다 보니 아무래도 실력이 부족한 3진 스태프들을 모시고(!) 일을 진행할 수밖에 없었고, 그런 경우 아무리 노력해도 답이 안 나왔다. 고만고만한 창의력의 소유자들이 도출해내는 제작물과 시안이라는 게 아무리 애를 써도 늘 촌스러워서 AE를 미치게 만든다. 광고주가 원하는 것은 1등급인데 일하는 스태프들은 3등급이니, 이럴 때엔 진짜 일할 맛이 안 난다. 하지만 그렇다고 포기할 내가 아니다.

고민 끝에 찾아낸 방법은 바로 외부인력을 활용하자는 것이었다. 내가 유능한 디자이너와 카피라이터를 외부에서 데리고 오겠다고 하자, 부서장님은 추가예산과 제작부서와의 갈등을 고려해보라며 웬만하면 내부인력으로 대충 때우라고 했다. 나의 그 어떤 설득도 먹히질 않자, 나는 '한밤의 반란'을 계획했다. 이대로 가다간 프레젠테이션에서 분명히 미끄러질 것이고, 기존의 광고주는 우리 회사를 떠날 게 뻔했기 때문이다.

매우 필사적이었던 나는 회사에는 함구하고 프레젠테이션에 임박해서 최고의 외부 스태프들을 모아서 며칠 밤에 걸쳐서 새로운 시안을 만들어냈다. 결국 마음에 드는 시안이 나왔고, 나는 그걸 들고 광고주에게로 향했다. 바짝 긴장해서 밤샘의 피로도 잊어버릴 정도였다.

결과는 어떻게 되었을까? 당연히 광고주로부터 호평을 받았고, 기존의 클라이언트는 우리 회사를 떠나지 않았다. 그래서 한번 내게 온 광고주는 좀체 떠나지 않았으며, 광고예산은 해마다 올라갔다.

지금 돌이켜보면 나의 이런 돌발행동이 100% 잘한 것이라고 생각되지는 않는다. 특히 내가 부장이 되고 이런저런 상황들을 고려해야 하는 입장이 되고 보니까, 나 같은 '똘끼' 충만한 팀원은 '약'도 없을 거라는 생각도 든다. 하지만 당시 나는 너무 절박했고 다시 돌아간다고 해도 분명 그렇게 할 것이다.

그런데 생각해보시라. 광고주에게 호평은 받았을지언정 회사 내부에선 얼마나 악명이 높아졌겠는가? '쟤는 뭐야?' 하는 뒷담화(?)에 뒤통수가 따가울 지경이었다.

여자의 직장생활 첫 3년은 갓난아기의 첫 세 돌과 같다

공부도 시기가 있듯이 일도 배우는 시기가 있다. 특히 여성들은 신입사원일 때 얼마나 치열하게 일하느냐가 앞으로의 커리어에서 중요한 관건이 된다. 직장생활의 첫 3년은 갓난아기가 보내는 첫 세 돌과 같을 정도로 대단히 중요한 시기다. '세 살 버릇 여든 간다'는 말처럼, 이때 제대로 배워놓아야 한다.

나 역시 그런 시절을 보냈다. 내가 처음 몸 담았던 광고계는 선후배 관계가 마치 '도제 시스템'과 같아서, '사수'와 '조수'의 구별이 엄격했다. 그래서 선배들은 심하게 참견하고 지시하면서 후배들을 혹독하게 가르쳤다. 내가 광고대행사에 다닐 당시에는 광고판에 정말 기라성 같은 인재들이 많았는데, 그런 선배들의 혹독한 트레이닝 덕분에 나는 어딜 가도 '일 잘한다'는 소리를 들을 수 있게 되었다.

사원에서 출발해 대리와 차장을 거치는 동안, 광고대행사에서 정말 고생을 많이 했다. 프레젠테이션이 있을 경우, 집에 들어간다는 것은 상상조차 못했으며 하루이틀씩 밤을 새는 게 기본이었다. 또한 컨셉 회의는 장장 10시간씩 이어지기도 했다.

프레젠테이션에 임박해서는 정동 MBC 사옥 근처에 있던 프레지던트 호텔의 온돌방을 잡고 여러 날 밤을 새우며 기획서 작업에 몰두했다. 곁에 남자동료가 있어도 아랑곳하지 않고 한 귀퉁이에서 잠시 눈을 붙이고, 새벽에 팀장님이 툭툭 쳐서 깨우면 부스스 일어나 청진동 해장국을 한 그릇 비우고는 다시 작업에 돌입했다. 누구도 '힘들다'는 말을 입 밖에 꺼내는 사람이 없었고, 가족들과 통화하는 것도 자제해야 했다.

그렇게 호텔에 갇혀(?) 수십 번씩 수정하고, 틀부터 완전히 새롭게 바꾸기를 수차례 반복했다. 그러다 보니 무엇이든 '될 때까지' 하는 인내심도 붙었고, 집요하게 파고들면 무언가를 건질 수 있다는 것도 실감했다. 또한 아무리 뛰어난 사람이라도 한 사람의 머리보다는 여러 사람의 머리가 합쳐지면 더 멋진 작품이 만들어질 수 있다는 사실도 그때 절감했다. 뿌듯한 성취감과 성공의 경험이 차곡차곡 쌓이면서 자신감도 더욱 커졌다.

당시 광고대행사 AE들은 거의 다 남자들이었다. 여자가, 그것도 20대에 일찍 결혼해서 아이도 둘씩이나 있는 나 같은 여성 AE는 거의 없었다(국내 10대 광고대행사 가운데 유부녀 AE는 정말 손에 꼽을 정도였다). AE란 직업은 그만큼 '금녀의 영역'이었고, 그래서 여성 AE들에게는 언론 인터뷰 요청도 자주 들어왔다.

여자들에게 더더욱 중요한 일의 '내공'

남녀를 불문하고 일하면서 만난 사람들끼리는 상대의 내공을 쉽게 파악할 수가 있다. 일에 내공이 깊은 사람들은 겉돌지 않고 한 번에 핵심을 꿰뚫는다. 보통 일에서 겉도는 사람들은 인생에서도 겉돌곤 한다.

여전히 여자들은 직장에서 입지가 불리하고 조건이 열악한 편이다. 안타깝지만 이것이 부정할 수 없는 현실이다. 상황이 이러하니 일에 대한 내공을 초장에 확실히 터득해두어야 한다. 어떻게 해야 할까?

한 가지 조언을 하자면, 진지하게 배우려는 태도를 갖추어야 한다는 것이다. 요즘 후배들은 '발로 뛰면서' 배우려는 태도가 부족하다. 특히 여자들의 경우 적극성이 좀 떨어진다.

가장 대표적인 것이 '인터넷 의존증'이다. 인터넷 검색만 하면 모든 게 나오니까, 마치 세상 모든 것을 다 아는 것처럼 착각한다. 이론만 아는 것은 아무 소용이 없다는 걸 왜 모르는 것일까? 눈물, 콧물 흘리며 얻어낸 체험만이 진짜 자기 것이 된다. 직접 찾아가서 조사하고 눈으로 확인한 것과 전화 한 통 거는 것조차 귀찮아서 인터넷으로 찾은 정보는 질적으로 차원이 다르다.

인터넷만 대충 뒤져서 작성한 보고서는 한눈에 봐도 딱 티가 난다. 월급 받아가면서 대학생 수준의 보고서를 쓴다는 게 부끄럽지도 않은가? 그렇게 남의 눈치나 보며 '적당주의자'로 살다

가는 20년이 지나도 나아지는 게 없다.

그렇게 함께 일하다 보면 인격과 성격까지 훤히 보인다. 얼마나 성실한지, 차분한지, 정서가 안정되었는지도 알 수 있다. 마치 함께 여행을 가면 상대를 단박에 파악할 수 있듯이 말이다. 일에 임하는 태도가 진지하고 열정적인 사람들은 자신의 인생 또한 상황이나 주변 사람에 휘둘리지 않고 차근차근 항해한다.

대한민국에서 일하는 여자로 산다는 것은 여전히 풍랑이 많은 바다를 항해하는 일과 같다. 나 역시 그랬다. 오랫동안 직장생활을 하면서 분하고 억울한 일이 왜 없었겠는가? 그런 상황에 직면하면 나 나름대로 푸는 방법이 있다. 거울을 보며 결연한 모습으로 "10년 후, 20년 후에 너 두고 보자." 하고 외친다. 그러면 특유의 오기가 발동하면서 신세한탄이 저절로 멈춰지고 결연한 의지가 불끈 샘솟는다.

오기는 때로 삶의 어려움을 극복하는 데 양념장 노릇을 한다. 나에게 몹쓸 짓을 한 사람에게 복수하는 길은, 마냥 서러워만 하는 게 아니라 더 멋지게 사는 모습을 보이는 것이다. 그래서 나는 '어디 두고 보자' 하고 외치며 나를 더 강인하고 씩씩하게 준비시키는 것이다.

어쩔 수 없이 독한 마음 품고 담당자를 교체하는 최강수를 두어야 할 때가 있다. 수년 전에도 비슷한 일이 벌어졌다. 맡고 있는 방송 프로그램의 무대 시안과 타이틀이 도저히 마음에 들지 않아서 기존의 담당자를 교체했다. 당연히 인간적으로는 몹시 마음 아프고 고통스러웠지만 지지부진하게 붙잡고 늘어져봤자 결국 또 '그 밥에 그 나물'임을 잘 알기 때문이다. 선수가 괜히 선수인가. 그럴 땐 각오하고 결단을 내려야 한다. 각오하고 책임지고 끌고 나가지 않으면 좋은 결과를 기대할 수 없다.

나는 전문가 정신으로 무장한 후배들에게는 자주 격려를 해주는 따뜻한 선배지만, 그렇지 못한 후배들에게는 아주 못된 선배다. 좋은 게 좋은 거라며 무능하고 게으른 직원을 감싸고도는 조직 분위기에 결단코 편승하지 않는다.

여자후배들을 만나면 말투만 봐도 나는 이 친구가 전문가로 성장할 사람인지 아닌지 맞힐 수 있다. 예스든 노든 자신의 의사를 당차게 밝히는 후배들은 나중에 꼭 무언가를 이루어낸다. 그리고 그녀들은 일 속으로 풍덩 뛰어들어 '왜요?'라고 자주 묻는다. '왜요?'라는 질문이 잦은 후배들은 깊이 있는 대화를 이어 나갈 줄 안다. 나는 그렇게 묻는 후배들이 믿음직스럽다.

500파운드와 자기만의 방
우리 시대가 요구하는 인재상은 창의적이고 예술적인 사람들이다. 그러나 그런 조건을 갖춘 이들이 조직에서 살아남기란 쉽지가 않다. 아무리 뛰어난 인재라도 일단 조직에서 얼마간 버텨내야만 빛을 발휘할 수가 있는데, 보통 창의적이고 예술적인 능력을 갖춘 인재들은 그 고된 시기를 감내하지 못하고 조직을 떠나 자유로운 길로 나선다. 그래서 조직에서 재능 있는 인재를 찾기가 쉽지 않은 것이다.

자기만의 문학 영토를 개척해낸 페미니즘 여성작가 버지니아 울프는, 영국 빅토리아 시대 가부장제 관습에 저항해 문학으로 돌파구를 만든 위대한 여성이다. 그녀는 남성과 여성을 철저히 구분하는 이분법적인 남녀관 자체에 이의를 제기하고 모든 성性을 '인간'이라는 하나의 관점으로 보았다. 철저한 가부장제 사회였던 당시에는 그 사실만으로도 엄청난 파장을 일으켰다.

울프는 인생이란 남성, 여성 모두에게 '힘들고 어려운, 영원한 투쟁'이라는 강렬한 주장을 한다. 그러한 주장 속에서 탄생한 것이 《자기만의 방》으로 울프의 '여성문학사'에서 가장 중요하게 여겨지는 작품이다.

당시 영국은 특출한 여자에 대한 사회적 적대감이 극에 달했었다. 이에 울프는 여성이 작가로서 살아가려면 최소한 '500파운드와 자기만의 방'이 있어야 한다고 주장했다. "내가 여러분에게 돈을 벌고 자기만의 방을 가지기를 권하는 것은, 여러분이 현실에 직면하여 활기 넘치는 삶을 영위하라는 조언입니다."

사람다운 삶을 영위하는 데 필요한 현실적인 기반이 바로 '500파운드와 자기만의 방'이다. 울프는 어떤 상황에서도 결코 활기와 유머를 잃지 않았으며 여성이 처한 상황에 대해 남성의 탓으로 돌리거나 시대를 증오하지 않았다. 상황을 인간이라는 넓은 범위로 확대하고, 재해석한 것이다.

설명이 길었지만, 요는 여성들이 사람대접을 받고 살게 된 시간이 그리 길지 않다는 것이다. 아직도 대한민국의 일터 곳곳에서는 여성의 존재란 한 사람의 일꾼이라기보다 팔로어follower의 이미지가 강하다. 그냥 고만고만한 스펙을 들고 남성 사회에 뛰어든다면, "쟤는 내세울 것도 하나 없으면서 무슨 배짱으로 내 영토에 뛰어들어 이리 설치는 거야?!" 하며 심히 불쾌해한다.

바로 1세기 전까지만 해도 남성과 동등하게 살기를 희구하는 여성들이 남성들의 하대를 모면하기 어려웠다. 여성의 지위가 우리보다 훨씬 나은 서구에서도 유능한 여성들이 자살, 혹은 정신병으로 생을 마감하는 경우가 빈번했다. 1900년대 초반 우리나라 신여성들의 고난사처럼, 어느 시대에나 무언가 해보려고 꿈틀대는 여성들이 받았던 대가란 대단히 혹독한 것이었다.

남성들이 전유하고 있는 밥그릇, 즉 권력과 명예, 재산 같은 기득권에 감히 손을 대는 여성들이 남성 입장에서는 대단히 골치 아픈 존재였던 것이다. 직업전선에서 오래 몸담아온 내가 체감하기에는 현재까지도 유리 천장은 분명 유효하다. 그런 것은 깨진 지 오래 아니냐고 순진한 얼굴로 물을 사람이 있을지 모르지만, 여성이 남성 사회에 뛰어들어서 떳떳하게 자리를 차지하고 동등한 승진 기회를 가지게 된 역사도 그리 길지 않다. 이것이 엄연한 우리의 현실임을 직시해야 한다.

미국 사회에서 흑인들이 사람대접 받고 산 지 그리 오래되지 않은 것과 마찬가지로 우리 여성들도 고난의 역사를 구구하게 거쳐 오늘날 이 자리에 이른 것이다. 여기까지 오면서 선배 여성들이 겪은 수난사를 떠올리면 격앙된 감정을 누를 수가 없다. 우리 할머니나 어머니, 언니 세대도 누리기 힘들었던 많은 기회를 누리게 된 지금, 나는 온갖 감정이 교차한다.

욕 좀 먹어도 안 죽는다

이렇게 아픈 투쟁의 역사를 거쳐 여성의 지위가 한껏 올라왔건만 대한민국 여성들의 표정은 결코 밝지가 않다. 왜 그럴까? 유교주의가 깊숙이 뿌리박힌 대한민국에서 직장 다니랴 애 키우랴 살림하랴, 아내로서 엄마로서 딸로서 며느리로서 살기가 심히 힘들어서다. 나 역시 예외가 아니다.

그러나 우리가 꼭 기억해야 할 분명한 사실이 하나 있다. 우리는 여전히 '500파운드와 자기만의 방'이 간절한 사람들이라는 것이다. 어떤 난관이 닥쳐도 '500파운드와 자기만의 방'은 포기하면 안 되는 것이다. 경제권이 전혀 없던 바로 윗세대 여성들이 겪은 비루한 삶을 그대로 답습할 수는 없지 않은가?

반세기 전만 해도 한국 여성들의 삶이 어떠했는가? 매일 아침 남편이 건네는 쥐꼬리만 한 반찬값을 받아 쓰며, 냉장고 같은 살림살이조차 돈을 버는 남편이 선택했다. 여인들의 저축이라는 것은 고작 쌀 한 움큼을 쌀독에 감추는 게 전부였다. 경제권이 없다 보니 자두 한 봉지조차 마음대로 사먹을 수 없었다.

그러나 지금은 어떤가? 일부 재력이 어마어마한 남편을 둔 경우를 빼고는, 대부분 가정의 경제권이 여자에게 있다. 사소한 소비재부터 자동차, 주택을 포함한 모든 것들이 여성들에 의해 선택된다. 백화점 VIP고객도 여성이 더 많다. 최우량 고객으로 선정되면 각종 사은행사와 프로모션에 초대되어 융숭한 대접을 받는다. 고급 음식점이나 커피 전문점에 가봐도 여성들이 바글바글하다. 기업들은 이미 오래 전에 "여성의 마음을 사로잡아야 성공할 수 있다."며 여성 타깃의 감성 마케팅에 집중한다.

그러나 여성들의 마음을 사로잡아야 한다면서도 기업의 마케팅 수장들은 하나같이 남자들이다. 그래서 여자들의 심정을 모르는 답답한 서비스만 20년째 계속하고 있는 것이다. 예를 들어 백화점에서 늘 하는 VIP고객 초청 행사의 경우, 대중가수의 공연과 스테이크 요리 등 해마다 똑같은 패턴으로 진행된다. 사은

품도 매년 똑같다. 백화점 로고가 징그럽게 박힌 수건 세트나 아니면 맛없는 와인 2병이다.

여자도 남자의 진짜 마음을 모르겠지만, 남자도 여자들의 속마음은 알 수 없다. 이 세상에 여자 마음을 잘 아는 남자는 게이, 바이, 아니면 바람둥이 아저씨밖에 없을 것이다. 여자들이 차지해야 당연한 자리를 남자들이 꿰차고 있으니 이런 진부한 이벤트는 도돌이표처럼 매년 똑같이 돌아간다.

여성 마케팅을 지휘하는 수장의 자리는 당연히 여성이 차지해야 한다. 화장품, 샴푸, 기저귀, 이유식, 생리대, 우유, 분유, 화장지, 싱크대, 가전제품…. 모두 여성들의 영역이 아닌가? 판촉부서에서 관리, 영업 현장까지 모두 여성의 역할이 절실하다.

곧 여성임원 할당 의무제의 시대가 도래할 것이다. 그렇게 되면 남자들이 중역 자리 하나를 놓고 50대 1의 게임을 치를 때, 우리는 마치 골키퍼 없이 골을 넣듯이 쉽게 진입할 수 있다. 멀지 않은 시기에 분명히 올 거라고 본다. 그때까지만 딱 버티고 있으면 된다. 마음과 몸을 건강히 다스리며, 엉뚱한 일에 에너지 쏟지 말고, 괜한 일로 흠잡히지도 말자. 도 닦는다 생각하고 기다리면서 전투력을 갖추자.

조직에서 성공한 여성들을 보면 대부분 투쟁력이 뒷받침되어 있다. 여성은 약자다. 약자는 남이 주는 밥이나 얻어먹겠다는 사고를 하면 굶어 죽기 딱 좋다. 부딪히고 깨지고, 욕먹고 죽었다가 다시 부활하는 일련의 과정을 뚝심 있게 해나가야 그나마 반 푼어치라도 권리를 누릴 수 있다.

부디 열심히 일하고 당당히 투쟁해서 자기 자리를 쟁취하기 바란다. 세계적인 하이테크 예술의 황제, 고故 백남준 선생은 일에 대한 자신의 철학을 이렇게 말했다.

"일 안 하면 욕 안 먹고 편하게 살 수 있다. 일하면 욕먹지만 그만큼 발전이 있다. 그런데 욕하는 부류의 상당수는 일 안 하면서 시기하는 자들이기 때문에 결국 일은 해야 한다."

성공학의 대가 나폴레온 힐의 말처럼, 긍정적인 마음은 영혼을 살찌우는 보약이다. 보약처럼 우리의 마음을 강하게 만들어준다. 일단 긍정적인 마음을 가졌다는 것만으로도 우리는 성공의 절반을 가진 셈이다.

직장생활 서바이벌 가이드 22

마지막으로 직장에서 살아남는 데 반드시 필요한 태도와 마음가짐, 꼭 알아야 할 유의사항을 22가지로 정리해보았다. 30년 가까이 직장생활을 하면서 몸으로 체득한 것들이다.

1. 세상은 기 싸움! 기를 펴고 목소리도 키워라

'목청 큰 놈이 이긴다'는 말이 있다. 목소리가 우렁차다는 것은, 소신이 강하고 자존감이 높다는 뜻이다. 잘난 사람의 중요한 특성은 자기 소신을 제대로 밝힐 줄 안다는 데 있다. '아무거나 다 좋아요'보다는 '저는 이게 좋아요'라고 콕 찍어 말하자.

2. 세상 모든 사람과 잘 지내려 하지 마라

모든 사람에게 '좋은 사람'이 세상에 있을까? 조직 안에서 100명 중에 100명과 잘 지내는 것은 불가능에 가까운 일이다. 대신 내 편을 분명히 챙기는 것에 집중하라. 100장의 부동표보단 1장의 따뜻한 지지표가 훨씬 유효하다.

3. 자책은 금물이다

성품이 여린 여성일수록 자책이 심하다. 사람은 누구나 '잘못'을 할 수 있다. 잘못한 일이 있으면 즉시 인정하고 수습하면 된다. 그리고 스스로에게 '괜찮아! 다음번엔 잘할 수 있을 거야!' 하고 격려하라. 자책감에 괴로워하기보다는, 일단 맛있는 것을 좀 먹고, 목욕도 하면서 푹 쉬는 게 낫다.

4. 우중충한 얼굴보다는 차라리 건방을 떠는 게 낫다

가을 여자 연출은 이제 그만. 우울모드는 본인에게도 안 좋지

만, 잘될 일도 그르치게 만든다. 표정이 어두운 사람과는 누구
도 함께 일하고 싶어 하지 않는다.

5. 때로는 얼굴이 두꺼울 필요가 있다

물론 너무 눈치 없는 스타일도 곤란하다. 그리고 지나치게 눈
치를 안 보는 스타일도 얄밉다. 하지만 눈치를 너무 보면 결국
남는 건 골병든 몸과 마음뿐이다.

6. 초반에 지나치게 전력질주 하지 마라

마라톤에서는 초반에 앞으로 뛰어나가는 사람이 제일 먼저 쓰
러진다. 그래서 조급증은 금물이다. 처음부터 잘 보이려고 너무
애쓰다 보면 오히려 스트레스 받아 먼저 나가떨어진다.

7. 성품이 고약한 사람들은 어디든 양념처럼 꼭 있다

고약한 사람을 만나면, 그냥 그러려니 하라. 과민반응을 보이
면 내 몸과 마음만 상한다. 가족이나 지인 중에 비슷한 유형, 이
를테면 심술쟁이 고모나 괴팍했던 선생님을 떠올리며 '아! 저 사
람도 그 유형이구나!' 하고 생각해버리자.

8. 솔직한 게 최선이다

어디서나 솔직한 게 최선이고 가장 오래갈 수 있는 방법이다.

가면을 벗어야 자유롭다.

9. 가끔은 자존심을 확 버릴 줄도 알아야 한다

먹고사는 문제에 자존심을 내세우면 평생 굶고 산다. 기분 나쁜 말을 몇 마디 들었다고, 울컥하는 감정에 자기 밥그릇을 포기하는 여자들을 보면 '참 철이 없구나' 하는 생각을 하지 않을 수 없다. 이전 세대 여성들의 '또순이 정신'을 계승하자.

10. '근성'이 '스펙'보다 훨씬 나을 때가 많다

오래 버티는 사람이 이기는 게 세상의 이치다. 여자들은 인내의 무서운 힘을 잘 모른다. 그래서 그런지 작은 일에도 쉽게 흔들리고 방황한다.

11. 만날 몰려다니는 여자들끼리만 밥 먹지 말자

남자들에게 식사시간은 중요한 사교의 장이자 소통의 장이다. 고급정보도 다 거기서 나온다. 조직에서 나만 빼고 남들이 다 아는 정보가 있다면, 그걸 혼자 모르는 것도 문제다.

12. 남들이 다 나보다 잘났을 거란 생각을 버려라

알고 보면 잘나봐야 다 거기서 거기다. 승패를 가르는 첫 단추는 자신감이다. 회의시간에 틀린 말을 할까 봐 남들 눈치 보면서 침묵하는 여자들이 꽤 많다. 그런 소심한 마음을 가지고는 이 거친 세상을 상대할 수가 없다. 맞든 틀리든 활발하게 말을 하다 보면 생각도 정리되고 에너지도 얻게 된다. 어디서든 말하고 설득하고 주장하라. 부딪치고 깨진 후 다시 일어서는 것, 그게 바로 '사는 것같이 사는' 것이다.

13. 시샘하는 세력에 휘둘리지 마라

능력이 뛰어난 여성일수록 주위에 시샘하는 세력이 많다. 남자들은 잘나가면 사람이 붙는데, 여자는 정반대다. 어쩔 수 없다. 속상해하지 말고 잘난 것에 대한 대가려니 생각하고 '잘나서 미안~!' 해버리자.

14. 나만의 탁월한 장점 한 가지를 키워라

남보다 탁월하게 빛나는 장점 한 가지가 어중간한 재주 10가지보다 나은 경우가 많다. 예컨대 어중간한 외국어 능력보다 탁월한 추진력 하나가 일터에서는 더 큰 효과를 발휘한다는 말이다. 추진력이나 기획력, 섭외력 등 탁월한 한 가지 장점을 갖추려면 일단 자신에 대한 신뢰, 믿음이 탄탄해야 한다.

15. 밝은 표정을 갖도록 노력하라

여자는 '일단 예쁘고 볼 일'이라는 말도 있지만, 어쨌거나 남녀 불문하고 '인상 좋은 얼굴'이 일터에선 더 잘 먹힌다. 좋은 인상은 '밝은 표정'에서 비롯된다. 거울 앞에서 연습하면 누구나 충분히 가능한 일이다.

16. 스스로를 자주 칭찬하자

사실 직장에서 칭찬을 들을 일은 많지 않다. 결국 나를 칭찬해줄 사람은 나밖에 없다. 사소한 것이라도 예전보다 좋아진 것, 혹은 더 잘하게 된 것에 대해 스스로를 칭찬해주자. 1년 전보다 나아진 업무능력이나 깊어진 눈빛, 늘어난 지인들, 여행 경험, 불어난 통장, 너그러워진 심성 등등, 저절로 자신이 대견해질 것이다.

17. 다양한 분야의 사람들을 골고루 만나라

단짝 친구와 팔짱 끼고 매일 붙어 다니는 것은 10대까지만 하면 충분하다. 그 이후에도 그런 상태라면 사회성이 여중생 수준에 머물고 있다는 방증이다. 사람을 통해 놀라운 역사가 일어남을 잊지 말자. 특히 우울하거나 위축될 때는 혼자 방구석에 처박히기보다 도움이 될 만한 선배나 지인을 만나라.

18. 직장을 만만한 곳이라 생각하지 마라

일터는 어리광부리고 대우 받는 장소가 아니다. 때로는 총성도 들리는, 살벌한 생존의 장임을 잊지 말자. 그러니 각오를 단단히 해야 한다.

19. '실수'를 즐기고 '거절'을 반겨라

여자들은 남자들에 비해 유독 '실수'에 엄격하다. 그렇게 자책할 필요 없는데도 자신의 실수를 칼처럼 휘두르며 스스로를 상처 낸다. 실수가 두려워서 아예 도전조차 하지 않는 경우도 있다. 하지만 '실수'를 해야 문제점을 간파하고 본 게임을 잘 치러 낼 수 있다. 리허설 때 실수를 하는 출연자들이 본방에선 오히려 잘해낸다. 그러나 리허설 때 일사천리로 잘해내는 출연자는 생방송에서 결정적인 실수를 한다. 실수를 해봐야 어디가 문제인지를 알 수 있다.

또한 여자들은 거절당하는 일에 너무 취약하다. 나의 지인 중에 명문대를 나오고 일본과 미국에서 유학하면서 박사학위도 받고 포스트 닥터까지 한 분이 있다. 그런데 그런 고급인력이 아무 일도 안 하고 산다. 시간강사 자리에 이력서를 넣었는데 몇 번쯤 거절당한 이후로 두려움이 생겼다는 것이다. 거절당하는 게 두려워서 그 아까운 지식과 재능을 썩히다니 기가 찰 노릇이다. 한두 번쯤 거절당하면 어떤가? 아니, 수십 번 거절당해도 도전하고 또 도전하다 보면 더 좋은 기회를 만날 수 있다. 실수와 거절에 대한 맷집을 단단히 키울 필요가 있다.

20. 확인하고 또 확인하자

깔끔하고 군더더기 없는 기안은 일 잘하는 사람의 표상이다. 기안을 올릴 때는 좀 더 신중해지자. 이미 알고 있는 부분도 다시 짚어보고 확인해야 한다. 예상치 못한 곳에서 허점이 발견되기 때문이다.

21. 의리 있는 사람이 되자

의리 있는 사람이 되려면 손해를 좀 보고 살아야 한다. 그래야 사람을 얻을 수 있다. 사람을 얻어야 일도 할 수 있고 세상도 얻을 수 있는 것 아닌가. 그리고 함께 일하는 사람들을 너무 혹사시키면 안 된다. 자기만 생각하다 보면 남이 모두 수레의 바퀴로만 보여서 사람을 물건 취급하게 된다. 똑똑한 여자들이 종종 이런 우를 범하는데 사람을 너무 힘들게 만들면 주변에 아무도 안 남는다. 의리와 인간미를 함께 갖추자.

22. 에디팅 능력을 키워 나만의 판을 짜라

조직에서 자신만의 독보적인 판을 짠 사람들을 보면 에디팅 능력이 특출한 경우가 많다. 여기저기서 좋은 것을 따와서 요리조리 구성해 자기만의 판을 새로이 짜는 것이다. 스티브 잡스도 그런 사람 중 하나였다. 여자로 태어났다는 것 자체만으로도 이미 훌륭한 에디팅 능력을 보유했다는 사실을 잊지 말자.

직장에서 잘 살아남는 법에 대해서는 여기서 마무리하겠다. 이제부터는 내 인생에 어떤 남자를 들여야 할지, 나와 시너지를 낼 수 있는 남자는 어떤 남자인지 알아볼 것이다. 직장에서 마주치는 남자가 우리의 생계와 커리어에 직간접적으로 영향을 주는 사람이라면, 이제부터 알아볼 남자는 연애와 결혼을 비롯해 어떤 형태로든 우리의 인생을 함께할 남자라고 생각하면 된다.

인간은 환경의 동물이다. 어떤 사람과 고락을 함께하고 인생의 소중한 순간들을 보내느냐는, 삶의 품질을 직접적으로 결정한다. 남자에게 '내 인생 책임져!' 하는 의존적인 삶이 아니라, 주체적으로 나에게 맞는 남자를 현명하게 선택하고, 끝까지 스스로의 행복을 만들어가는 삶이야말로 진짜 보람 있고 즐거운 삶이 될 것이다.

내 인생에
어떤 남자를 들일까?

여자들은 아무리 철딱서니 없고 유약해 보여도
아이를 낳으면 책임감도 생기고 없던 철도 생기게 마련이지만,
남자들은 '영원히 자라지 않는 아이들'이다. 혹은 '덜 자란 아이'라고 보면 된다.
그래서 여자들은 '어떻게 하면 내 남자를 바꿀 수 있을까?' 하고 별별 궁리를 다 하지만,
사실 사람은 절대 바뀌지 않는다.

학벌 좋고 돈 많고 성격 좋은 남자가 널 왜 만나니?

일반적으로 부모들은 딸이 재력 있는 집안의 며느리가 되어서 떵떵거리고 살기를 바란다. 그러나 실제로 '재력 있는 집안'이라는 게 만만치 않은 시집살이는 물론이고 시부모, 시누이, 남편까지 하나같이 까다로워서 고생이 이만저만한 게 아니다.

결정적으로 이런 집안의 아드님들은 대체로 남을 섬길 줄 몰라서 사회생활에 문제가 있다. 100% 그렇다고 단정 지을 수는 없지만, 어릴 적부터 지나치게 풍족하게 살다 보면 평범한 사람들이 겪는 고통을 비슷하게라도 경험해본 적이 없어서 남의 아픔을 쉽게 이해하지 못하고 공감하지 못한다. 관심과 지원을 많이 받고 자라 구김살 없고 긍정적인 성품은 장점이겠지만, 반대로 유약하고 철없을 수 있다는 얘기다.

뿐만 아니라 잘사는 집일수록 시어머니 모시기도 쉽지 않다. 평생 왕비처럼 사셨으니 며느리에게도 이것저것 요구하며 군림하려 든다. 그래도 재산이 많으니 괜찮지 않느냐고? 그 재산, 생각보다 빨리 없어진다. 설령 재산이 아무리 많이 남아 있다손 쳐도, 아들 며느리에게 쉬이 넘기지도 않는다. '언제쯤 재산을 물려주시려나?' 하며 몸 바쳐 마음 바쳐 노력봉사로 기다리겠노라고? 그러다 상처 받고 스트레스 받아 골병 난다. 그 시간과 에너지와 정성이면 차라리 스스로 버는 게 낫다.

선배 언니 K의 시댁은 소위 말하는 강남 재벌이다. 시아버지가 돌아가시자 시어머니는 당신 아들은 재복이 없어서 상속하면 돈 다 날린다고 용한 점쟁이가 경고했다며, 전 재산을 움켜쥐고는 며느리에게 생활비만 조금씩 준다. 대신 손자손녀들의 용돈이나 학비는 손수 전하시며 온갖 위세를 다 부린다. 시어머니는 그렇다 치고, 문제는 K의 아들과 딸들이다. 이 아이들이 머리가 크더니 돈줄 쥐고 있는 할머니만 따르고 경제력 없는 엄마는 슬슬 무시한다. 아무리 야단을 쳐도 안 먹히고 할머니 비위만 맞추려든다. 최근 그녀를 만나보니 우울증에 갑상선 기능 항진증까지 겹쳐 몸과 마음이 종합병원 신세다. 곱디곱던 예전 모습은 다 어디 갔는지 정말 가슴이 아팠다.

결국 며느리가 고된 시집살이를 못 견디고 이혼을 청구하게 되면, 그들은 수완 좋은 일류 변호사들을 대동하여 양육권과 재산을 모두 빼앗고 어떻게든 맨몸으로 나가게 만든다. 요는 남자 쪽이 재력가인 경우, 여자 쪽도 거기에 상응하는 재력을 갖추어야 순탄한 결혼생활을 이어나갈 수 있다는 말이다. 그렇지 않으면 크고 작은 갈등으로 결혼생활이 평탄치 못하다. 재력이 있는 집안일수록 돈에 대한 집착이 강해서 남의 자식이 자기 돈을 쓰는 꼴을 못 본다. 쉽게 말해 며느리가 친정에서 받은 용돈으로 명품을 걸치는 꼴은 봐도, 자기 집안 돈을 여유롭게 쓰는 모습은 그냥 넘어가지 않는다. 너무 극단적 사례만 든 것 같지만, 세상에 공짜란 없는 법이다.

내 얘기를 좀 하자면, 우리 집은 딸만 넷이다. 남자형제가 없어서인지 나도 남자 보는 눈이 젬병이었다. 언제나 가족에게 헌신적인 아버지만 보며 자랐으니 세상 남자들이 기본적으로 다

저 정도는 되나 보다 했다. 그래서 우리 자매들은 남자를 볼 때 내면보다는(내면은 당연히 다 훌륭할 거라 생각했으니까) 다른 것들, 일테면 집안, 학벌, 나이 등에 솔직히 후한 점수를 주었다. 그러나 그렇게 해서 고른 자기 또래 신랑감들은 자존심만 강하고 가족에 대한 서비스 정신이 부족하여 아내 입장에서 아쉬운 점이 한둘이 아니다.

최근 만난 선배 언니 왈 "우리 남편, 좋게 말해 호인이지 세상물정 모르고 자존심만 세고 생활력이라곤 하나도 없어서 정말 힘들어." 다들 부러워하는 방직회사 사장 댁 맏며느리로 시집간 그녀, 하지만 IMF를 거치며 시댁이 한순간에 몰락하고 그새 생활고로 폭삭 늙어 있었다. 그녀 혼자 동동거리며 겨우 생계를 꾸려 나가는데, 남편을 비롯해서 평생 호의호식하던 시댁 식구들은 그녀만 바라보며 산다.

그 많던 재산이 순식간에 사라지면 부잣집 도련님들은 패닉에 빠진다. 낯선 상황에 적응을 못하니, 한 번 나가떨어지기라도 하면 도무지 재기할 줄을 모르고 평생 백수로 살면서 아내 속을 어지간히 썩인다.

그래도 남편 직업이 번듯하면 괜찮지 않겠느냐고? 남들에게 번듯해 보이는 직업들이 기실은 허울 좋은 3D업종이다. 판검사? 좋다고 환호하지만 만날 날밤을 새며 일하느라 가족들 얼굴도 잘 못 보고 산다. 공인 회계사? 안정된 직업일 것 같지만 이들

역시 아예 집에 못 들어오는 날이 1년 중 100일이다. 의사 역시 아픈 사람들 얼굴만 봐서 그런지 늘 지쳐 있고, 스트레스 지수 역시 가장 높은 직업군 중 하나다. 그리고 예전만큼 높은 수입이 보장되는 것도 아니다.

학벌 역시 밥 먹여주지 않는다. 학벌은 좋은데 잘 안 풀리는 사람들이 주위에 많지 않은가? 가족이나 친척 중에도 소위 일류 대 출신이면서 집안의 골칫덩어리인 사례가 여럿일 것이다. 솔직히 학벌이 변변치 않으면 오라는 데가 별로 없기 때문에 현재 자신이 있는 자리에서 최선을 다하고 인내하며 버틴다. 그러나 반대의 경우는 조금만 수가 틀려도 자존심 상한다며 쉽게 그만둔다. 좋은 학벌이 도리어 철새인생을 만들 수 있다.

핫한 남자와는 연애만

남자의 '얼굴값'은 어디까지가 진실일까? 남자를 볼 때 '외모' 가 가장 중요하다고 말하는 후배들은 이렇게 자주 말한다. 그래도 잘생긴 사람이 좋은데 어떡하느냐고. 결혼생활 고참인 내가 보기에는 외모라는 게 참 부질없다. 그리고 외모에 연연하는 여자들은 더더욱 안쓰럽다.

나름 애써서 괜찮은 남자를 소개해주면, 꼭 이런 말을 한다. "필이 안 땡겨요!", "제 타입이 아니에요!" 이런 경우, 100의 99는 남자의 외모가 마음에 안 든다는 뜻이다. 신기한 건, 사회적으로 성공한 여자일수록 남자의 외모에 집착한다는 사실이다. 사회적인 유능함과 정신적 성숙은 별개의 문제일까? 소위 잘나가는 남자들이 어리고 예쁜 여자를 밝히듯이, 아니 그보다 더 외모를 따진다. 어쩌면 그녀들의 '사회적인 성공'이라는 것 자체가 일정 부분은 마초적인 측면을 포함하기 때문인지도 모르겠다.

솔직히 10대든 80대든 여자라면 누구나 키 크고 몸 좋고 잘생기고 세련된 남자를 동경한다. 마다할 리 없지 않은가? 그러나 그런 타입은 딱 연애할 때만 좋다. '키 크고 몸 좋고 잘생기고 세련된' 남자들은 자신이 그렇다는 걸 잘 안다. 그리고 그런 점을 은근히 즐기며 인간관계에 적절히 활용해왔을 것이다. 쉽게 말하면 '왕자병'이 상당히 심하다는 말이다.

그런데 그런 남자들의 장점이 연애할 때는 자랑스럽기도 하고 멋있어 보여 괜찮은데, 결혼 후에는 아주 괴로운 상황이 된다. 주변에서 달려드는 여자들이 많아서 데리고 살기가 무척 힘들어지기 때문이다.

미국 테네시 대학교의 제임스 맥널티 박사 팀은 신혼부부 83쌍을 대상으로 조사한 결과, "남자의 외모가 여자에 비해 매력도가 높을수록 결혼생활은 덜 행복하며, 반대로 여자가 남자보다 더 매력적이어야 부부생활이 더 행복하다."고 발표했다. 그 이유가 참 재미있다.

"모든 남성들은 바람둥이 전략을 추구하지만 바람둥이 전략이 성공하느냐 실패하느냐는 결국 여성의 선택에 달려 있다. 그래서 외모가 보통인 남자는 바람둥이 전략에 실패하여 어쩔 수 없이 한 여자에게만 집중하는 삶을 택하지만, 출중한 외모를 가진 꽃미남의 경우는 반대의 경우가 되기 때문이다."

즉 외모가 별로라면 아무리 바람둥이가 되려고 해도 여자들이 거부하기 때문에 어쩔 수 없이 착실한 남편의 삶을 살 수 밖에 없지만, 잘생긴 남자들은 시도하는 족족 여자들이 'OK' 하니까 여난의 인생을 살 수밖에 없다는 말이다.

여자들은 외모도 외모지만, 말발 좋고 매력적인 사람, 소위 '핫한' 남자들에게 끌리게 마련이다. 그러나 결혼해서 실제 생활에 돌입하면 그런 남자들은 예민하고 변덕스러우며 방황이 잦다. 심지어 생활력도 별로다.

물론 감성적인 면과 이성적인 면이 적절히 잘 조화된 남자를 만난다면야 '베리 굿'이겠지만, 내 생각에 그런 남자는 지구를 탈탈 털어도 인류 전체 중에 2%도 안 될 것이다.

남자들이 인정하는 '좋은 남자'란?

여성들에게 결혼문제는 그야말로 엄청난 스트레스다. 성적순으로 배우자를 고를 수 있는 것도 아니고, 마음먹은 대로 쉽게 되는 일도 아니다. 시대가 아무리 바뀌어도 어른들은 여전히 '여자 팔자 뒤웅박 팔자'라며 여자들을 압박한다.

내 주위에도 과년한 따님들 혼사문제로 걱정이 태산이라는 어르신들이 무척 많다. 가끔 그런 어르신들로부터 중매 부탁이 들어오기도 하는데, 대부분 신랑감의 직업, 학벌, 집안 재력부터 따지신다. 여기에다 추가로 당사자들이 남자의 외모와 세련미까지 원하니 성사가 쉽지 않다.

그럼 어떤 남자와 만나야 좋을까? "외모, 학벌, 재력만 포기하면 바로 결혼할 수 있다."는 말까지 있다. 농담이 아니다. 그만큼 허황된 배우자 조건을 가진 여성들이 많다는 뜻이다.

일반적으로 남자들이 좋다고 평하는 남자가 좋은 남자다. 소개팅이나 선을 볼 때는 가급적 가까운 사람이 진지하게 고민해서 연결시켜주는 경우에만 만나는 것이 좋다. 자신을 걱정해주고 잘 이해해주는 사람들이 소개하는 남자를 신중하게 만나고, 믿을 만한 분이 소개한 경우에는 마음이 잘 내키지 않더라도 애프터 요청이 들어오면 최소한 3번은 겸손하게 만나볼 것을 권하고 싶다.

여자들끼리는 같은 여자를 보면 대충 어떤 유형인지 파악할 수 있다. 결혼해서 알뜰살뜰 살림을 잘 꾸릴 '현모양처' 과인지, 흥청망청하다 집안 말아먹을 '허랑방탕' 과인지 말이다. 마찬가지로 남자도 남자끼리는 잘 안다. 보통 "형부가 함께 일하던 직원을 소개시켜주었어요.", "오빠 친구예요.", "오빠 고등학교 후배예요." 같은 경우는 100 중 90은 좋은 남자다. 귀중한 여동생, 혹은 처제에게 소개해주는 남자이니 당연히 건실한 사람일 것이다. 그래서 중매인이 누구인가가 매우 중요한 것이다. 중매자가 내 편이고 나를 이해해주고 아껴주는 사람일 때 진짜 좋은 남자를 소개받을 수 있다.

우리 부서 여직원 L은 나의 지인이 소개해준 사람과 좋은 만남을 이어가고 있다. 1년 전, 처음으로 소개받은 다음 날 그녀는 "제 타입이 아니에요!"라며 딱 잘라 말했다. 나는 그녀에게 신뢰할 만한 분의 소개이니 몇 번 더 만나보라고 권했다. 결국 한참이 흐른 지금 그녀는 생활력도 강하고 착한 남자라며 처음에 외모만 보고 거절했더라면 괜찮은 남자를 놓칠 뻔했다고 나에게 고마워한다.

남자를 볼 때 한 가지 더 살펴봐야 할 것이 있다. 남자 쪽 어머니의 성품이다. 그렇다면 어머니의 성품은 어떻게 파악할까? 얼굴 표정을 보면 80% 정도는 나온다. 밝고 긍정적이고 적극적인 여인이 키운 남자는 대체로 온유하고 책임감이 강하다. 남자들이 아버지를 닮을 것 같지만 기실은 어머니를 닮는 경우가 많다. 어떤 성품을 가진 여인이 아들을 양육했느냐에 따라 성품이 결정된다는 말이다. 여자들이 왜 시어머니 흉을 많이 보는지 아는가? 남편과 꼭 닮은 시어머니에게 남편에 대한 섭섭함을 투영하기 때문이다.

하나 더, 그가 지고지순한 사람인지를 확인해보라. 일에서도 사랑에서도 '한주먹 움켜쥐고' 가는 이들은 대체로 지고지순하다. 한결같고 소박한 사람들이 지고지순한 열정을 꽃피우고 향기도 은은하게 오래 간다. 시간이 흐르면 진실이 다 드러나기 마련이기에 지고지순함은 끝내 승리하는 인생을 선사한다.

여자들은 아무리 철딱서니 없고 유약해 보여도 아이를 낳으면 책임감도 생기고 없던 철도 생기게 마련이다. 하지만 남자들은 '영원히 자라지 않는 아이', 혹은 '덜 자란 아이'라고 보면 된다. 그래서 여자들은 '어떻게 하면 내 남자를 바꿀 수 있을까?' 하고 별별 궁리를 다 하지만, 사실 사람은 절대 바뀌지 않는다. 내 경험에 비추어보면 특히 남자는 여자들보다 훨씬 더 바뀌기 어려운 존재다. 당신의 남자 역시 '나중에 바뀌겠지' 하는 헛된 기대는 갖지 말기 바란다. 그러니 처음 고를 때 결함이 없는 건전한 남자로 진지하게 잘 선택해야 한다.

그러나 보통의 경우, 포장에 혹하는 여자들은 알맹이에 해당하는 성품이나 성향을 제대로 살피지 않는다. 겉은 멀쩡해 보여도 내면이 황폐한 사람들이 생각보다 참 많다는 사실을 아직 몰라서일까? 그렇다고 너무 큰 기대도 할 필요 없다. 내용물에 하자 없는 물건만 골라도 성공이다. 결혼 후에 하자가 발견되면 시댁에서 A/S를 해줄 것 같은가? 천만에! 하자 보수는 아무도 안 해준다. 평생 그 '하자'에 시달려야 할 사람은 바로 당신이다. 게다가 한 번 맺은 인연을 깨기란 결코 쉽지 않다.

사람마다 영적 레벨이 다 다르다. 겉으로 보이는 부분에만 치중하지 말고, 영적 레벨이 높은 사람을 고를 수 있는 안목을 기르길 바란다.

나와 함께
시너지를 낼 수 있는
좋은 남자 구별법

연애할 남자와 결혼할 남자는 확실히 구분해야 한다.
이것저것 다 떠나서, 한마디로 정리하자면, 결혼은 자기 식구 잘 챙길 남자와 하는 것이다.
내가 주변 여자후배들에게 늘 강조하는
'제대로 된 남편감을 고르기 위한 8가지 조건'을 소개하겠다.
수많은 커플을 분석한 결과이자, 기혼선배의 조언이라고 생각하고 새겨듣기 바란다.

"그 사람, 알고 보면 괜찮은 사람이에요."

평소 영리하고 여우 같기만 하던 P가 사랑에 빠졌다. 그러나 P는 누가 들어도 이상한 남자의 거짓말을 한 치 의심 없이 모두 다 믿어버린다. 일테면 "난 S대에 합격했었어. 그런데 나름 사명이 있어서 지방대로 간 거지."라든가, "대기업 S사에 합격했지만, 내 갈 길이 아니라 즉시 포기했어." 같은, 누가 들어도 거짓말인 게 뻔한 것들을 철석같이 믿으며 친구들에게 "우리 오빠, 원래는 대단한 사람이야." 하고 자랑까지 늘어놓는다.

2년간의 열애 끝에 결혼에 골인한 H. 그녀의 집엔 이혼소송에 필요한 각종 증거서류들이 잔뜩 쌓여 있다. H의 남편은 연애 시절부터 술만 들어가면 폭언과 폭력을 휘둘렀다. 몇 번이나 헤어지려고 했지만, 술만 깨면 선물을 한 아름 들고 와 무릎을 꿇고 '절주'를 맹세하는 그를 보고 H는 마음이 약해졌다. 그리고 남자의 화려한 집안배경은 이런 결심을 무너뜨리는 데 한몫했다. "결혼하면 달라지겠지. 단점 없는 사람이 어디 있어?" 하고 자위하며 결혼까지 이어졌으나 결혼한 지 이제 11개월, H는 경찰서를 셀 수 없이 들락거렸다. 지나가는 행인에게 시비를 걸고, 술집에서 행패를 부리고, 한번은 먹던 찌개를 친구 얼굴에 부어 큰 화상을 입히기도 했단다. 아파트 베란다 유리창을 박살낸 경우도 허다하다.

고등학교 동창 R은 S여대 약대를 나온 재원이다. 고등학교 시절부터 공부벌레에 성품도 반듯했던 그녀는 친구들 사이에서도 신망이 높았다. 대학 졸업 후, 부모님의 도움으로 약국을 개원했고, 재원이라 그런지 동창들 중 제일 먼저 신랑감이 나타났다. 명문대를 졸업하고 대기업에서 대리로 근무하는 남자였고 준수한 용모와 멋진 노래솜씨로 단박에 R을 사로잡았다. 결국 만난

지 6개월도 안 되어 R은 25세의 꽃다운 나이에, 무엇이 그리 급한지 31세의 그 남자와 서둘러 결혼했다.

그런데 이게 웬일인가? 결혼 후 남자는 매일 술에 절어서 새벽에 귀가하더니, 꼬박꼬박 월급을 가져오기는커녕 첫 딸을 낳은 지 채 한 달도 안 되어 회사에 사표를 낸다. 그 후 사업을 시작하겠다며 요란하게 해외로 나돌아 다니더니 1993년 당시 돈으로 9억 원 가량의 빚을 그녀에게 남기고는 홀연히 자취를 감추었다. 들리는 소식에 의하면, 재력이 굉장하고 과거사가 요란한 여인과 해외로 도주했다고 한다. R은 남겨진 딸과 약국 뒷방에 기거하며 거의 18년 동안 전 남편의 빚을 갚았다.

매번 나쁜 남자에게 헌신하는 '연애패턴'이 문제

아, 이 세상에 나쁜 남자가 왜 이렇게 많은 걸까? 나쁜 남자는 종류도 많다. 극도의 이기주의자, 그럴싸하게 속임수를 쓰는 사람, 바람둥이, 변덕쟁이, 한탕주의자, 알코올 중독자, 무책임한 사기꾼, 거짓말쟁이, '양다리' 걸치는 남자, '어장관리' 하는 남자, 사디스트… 등등. 그러나 의외로 똑똑하고 멀쩡한(?) 여자들이 그런 남자들에게 홀딱 빠진다. 왜 그럴까?

이유는 하나다. 나쁜 남자들에게는 모성애를 자극하는 묘한 재주들이 있기 때문이다. 한결같이 그렇다. 웬일인지 공부나 일은 똑 부러지기로 정평이 난 그녀들이 그런 문제투성이 남자에게서 묘한 매력을 느낀다. 반대로 성실하고 책임감 강한 착한 남자들은 '답답하고 재수 없다'고 외면한다. 연민인지 사랑인지 모를 안타까움을 안고, 그녀들은 이렇게 말하며 평강공주가 되기를 자처한다. "내가 이 남자를 잘 보듬어주면 분명 좋아질 거야."

아무리 잘생겨도 말이 어눌하면 여자들이 쉬이 넘어가지 않는다. 그런데 나쁜 남자들은 다들 어찌나 그렇게 말을 잘하는지 모른다. 시크한 '차도남'과 다정다감한 '훈남' 사이를 자유자재로 넘나드는 것은 물론이고, 냉탕과 온탕을 왔다 갔다 하는 '밀고 당기는' 스킬도 남다르다. 이상하게도 똑똑한 여자들이 이런 '밀당'에 속절없이 무너진다.

결혼을 미끼로 달려드는 악질 사기꾼에 걸려드는 경우도 상당하다. 나 역시 그런 일은 뉴스에나 나오는 일인 줄 알았는데, 최근 지인의 조카가 당하는 것을 보고 남의 일이 아님을 알게 되었다. 사기꾼들 중에는 유독 자신을 '서울대' 출신, '유학파'라고 소개하는 자들이 많다. 그리고 죄다 재력가의 아들이나 조카라고 떠든다. 신분상승 욕구가 강한 여성과 그런 여성의 부모들이 이런 덫에 쉽게 걸려들고 만다.

이런 낭패를 보지 않으려면 친해지기에 앞서 상대방에 대한 객관적인 평가과정이 꼭 필요하다. 관계가 더 발전하기 전에 상대방에 대한 신분확인과 이력조회는 필수다. 상대방과 그 가족의 행적을 알아본다거나 사실 관계를 객관적으로 잘 살펴보라는 말이다. 여자란 동물은 일단 사랑에 빠지면 상대가 팥으로 메주를 쑨다고 해도 믿어버리기 때문이다.

나쁜 남자는 여자를 결코 귀하게 여기지 않는다. 자신을 위해 희생하는 희생양으로 취급한다. 그들은 아무리 잘해주어도 한 여자에게 만족하지 않으며 평생 방황하다 끝날 공산이 크다.

그런데 문제는 그 나쁜 남자에게 당하는 연애가 반복된다는 것이다. 왜 나쁜 남자에게 빠져드는 여자들은 다음번에 또 나쁜 남자를 만나는 걸까? 나쁜 남자를 만나서 호되게 당한 후에도 또 다시 나쁜 남자를 만나는 여자들이 꽤 많다. 이것은 패턴의 문제다. 본인은 아무리 아니라고 해도 매번 똑같이 나쁜 남자를 만나서 상처받고 후회하는 연애패턴을 가진 여자들 중에는 말 못 할 내면의 상처가 있는 사람이 많다.

드라마 '아들과 딸'의 '후남이'를 기억하는가? 그녀처럼 철저히 소외받고 자란 아픔이 있거나, 아니면 무능한 아버지에 대한 깊은 원망이 깔려 있는 경우가 그렇다. 겉으론 당차고 똑똑해 보이는 그녀들이지만 유년기에 받은 이 깊은 불안감과 거절에 대한 두려움 때문에 스스로를 '대우받을 수 없는 존재'라 여기며 비관적인 자아상을 만든다.

이런 정서가 나쁜 남자와의 만남을 '숙명'으로 받아들이게 만든다. '사위는 장인을 닮는다'는 말이 이래서 생겨난 것이다. 나쁜 남자를 좋아하는 사람이라면, 먼저 자신의 취향에 큰 문제가 있음을 간파하는 것이 좋겠다. 지금이 고구려 시대도 아니고, 현실에서 평강공주란 결코 존재하지 않는다. 남자에게 헌신하는 여자는 결국 헌신짝처럼 버림받는다.

방송국에서 플라워아티스트로 활동하는 N은 남편의 외조에 힘입어서 결혼 이후에 오히려 발전적인 삶을 살고 있다. N의 남편은 대기업 부장이라 평일에는 상당히 바쁘다. 그러나 주말에는 아내가 운영하는 플라워숍의 잡일을 묵묵히 하며 10년 이상 아내의 공부를 지원했다.

"대학교 2학년 때 남편을 처음 만났어요. 키도 작은 데다, 처음엔 눈에 잘 안 들어오더라고요. 그러나 한결같고 부지런한 성품이 믿음직해서 결혼을 결심하게 되었지요."

N은 배우 이영애 씨를 닮은 남다른 미모 덕분에 주변에 잘생기고 화려한 남자들이 끊이지 않았다. 하지만 그런 사람들을 뿌리치고 소박하고 반듯한 이 남자를 선택한 것이다.

가까이는 내 시누이의 경우도 그렇다. 남편의 극진한 도움으로 대학교수까지 되었다. 시누이는 평범한 집안의 막내아들, 게다가 나이도 여섯 살이나 많은 남자를 신랑감으로 선택했다. 그의 곧은 심성과 성실함에 끌린 것이다. 출발은 좀 초라했지만 알뜰살뜰한 남편 덕분에 지금은 부자가 되었다. 그녀의 남편에 대해 부연하자면, 아내가 공부할 때는 방해가 될까 봐 아이들을 데리고 밖에 나가는 배려심에, 온갖 집안일까지 마다하지 않는 자상함까지 갖추었다. 나의 시누이는 그런 남편의 지원에 힘입어 현재 특수교육 분야의 최고 전문가가 되었다.

어떤가? 위의 두 남자는 모두 화려한 외양과 거리가 멀다. 일류대 출신도 아니고 집안이 부유한 것도 아니다. 그러나 바른 생활태도, 절제된 행동, 착한 성품이 몸에 배인 남자들이다.

드러나는 조건이 아닌 평생을 함께할 본질

남자취향부터 바꾸어야 운명이 핀다. 건달과에 까무러치는 L은 만나는 족족 사기꾼에 바람둥이, 허풍쟁이들뿐이다. 그래서 늘 남자에게 당하고 뜯기고 산다. 결말은? 언제나 울고불고 한바탕 난리가 나야 끝난다. 어느 날 자신의 남자취향에 큰 문제가 있음을 간파한 그녀, 취향을 바꾸는 작업에 돌입한다. 사실 사람이 취향을 바꾼다는 것이 본성을 바꾸는 것만큼이나 힘든 일이지만, 그녀는 좋은 카운슬러를 만나 오랜 기간 심리치료를 받고 드디어 '나쁜 남자들과의 연애패턴'에서 벗어났다. 이후 그녀는 대단히 인품이 따뜻한 남자를 만나 행복하게 잘 살고 있다.

조인성 같은 외모에 돈 많고 유능하고 착하기까지 한 남자를 자신의 이상형이라고 자신 있게 말하는 과년한 아가씨들을 보면 참 철없다는 생각이 든다. 인생을 살 만큼 산 어른들은 한결같이 "남자 외모는 하나도 중요하지 않다. 남자는 처자식 굶기지 않을 만큼의 책임감만 있으면 된다."라고 말씀하신다. 그만큼 처자식을 평생 먹여살린다는 게 쉽지 않은 일이고, 또 그만큼 능력 있는 남자를 만나는 것도 쉽지 않다는 말이다.

우리 아버지는 딸들이 의사가 되는 것을 말리셨다. 나야 공부가 부족해 의대를 꿈도 못 꿨지만, 내 위로 두 언니들은 충분히 의대에 가고도 남았다. 그런데도 아버지는 한사코 의대 진학을 반대하셨다. 아버지는 의사회 회장을 오래 하시며 동료 여의사들의 결혼생활을 자주 목격하셨는데, 딸들만 주욱 있다 보니 그녀들의 평탄치 않은 결혼생활이 남의 일 같지 않으셨던 모양이다.

아버지는 종종 "남편들이 허우대는 배우 뺨치는데, 한결같이 밥벌이를 못 해서 어지간히 속 썩고 산다."고 말씀하셨다. 똑똑하고 유능한 여자일수록 자신의 능력만 믿고 이런 우를 범하는 사례가 많다. 내 둘째 딸아이가 어느 날 이런 말을 한다.

"나는 잘 생기고 내 말 잘 듣는 남자가 집에서 살림해주면 좋겠어. 나는 열심히 돈 벌고, 남편은 맛 좋은 요리해주고."

이런 생각은 10대까지만 하면 충분하다. 성인이 되어서도 이렇게 생각하는 건 '현실감각'에 좀 문제가 있는 것이다. 환상을 깨서 미안하지만, 대한민국에 집안에 들어앉아 내조할 여자는 있어도 차분히 살림만 할 남자는 없다. 설령 2~3년쯤은 집에서 살림하며 잘 지낸다 하더라도, 어느 날 갑자기 사업하겠다고 나선다. 그러다 다 말아먹는다. 죽어라 열심히 해도 사업이라는 건 잘 안 될 확률이 큰데, 어떻게 잘되겠는가?

배경 좋고 학벌 좋고 전문직까지 가진 유능한 남자가 심각한 성격장애라면 어떻게 하겠는가? 잘생기고 말솜씨도 뛰어난 남자가 '억' 소리 나는 카드빚이 있다면 어떻게 하겠는가? 우리 선조들은 귀한 딸을 아무 집안에나 보내지 않았다. 속속들이 잘 알고 있는 집안이라야 귀한 딸을 보냈다. 요즘은 술집, 클럽은 물론이고, 휴대전화 어플리케이션으로 만나 쉽게 가까워질 정도이니, 세상이 변해도 많이 변했다.

마음에 드는 남성이 나타난다면 최소한 6개월 이상은 예의주시해서 이모저모 살펴보기 바란다. 이것저것 잘 알아본 후 마음을 정해도 늦지 않다. 냉장고나 노트북을 구입할 때도 최소한 1주일은 이것저것 따져보고 알아보는데 인생을 걸 남자를 선택하는 그 순간에 우리는 너무나 조급하다. 인생의 가장 중요한 순간인데 이성은 딱 접어놓고 감정의 노예가 되는 것이다.

결혼은 내 식구 잘 챙길 남자와 하는 것

내가 주변 여자후배들에게 늘 강조하는 '제대로 된 남편감을 고르기 위한 8가지 조건'을 소개하겠다. 수많은 커플을 분석한 결과이자, 기혼선배의 조언이라고 생각하고 새겨듣기 바란다.

1. 어머니의 성품이 어떤가?

남자의 어머니가 명랑한 성품인가, 사람들과 잘 어울리는 분인가를 살펴야 한다. 어머니 쪽이 유독 별난 성격인 경우, 심각하게 다시 고려해봐야 한다.

2. '왜?' 라고 자주 묻는가?

남자의 입에서 '왜?' 라는 질문이 자주 나오는지 체크할 것. 물론 자주 나올수록 좋다. 이런 남자는 결혼한 후에도 친구같이 다정한 남편이 될 수 있다. 내가 무슨 말만 하면 눈을 반짝거리며 '왜?' 라고 물어봐줄 테니까 말이다. 아무것도 궁금해 하지 않는 남자는 몇 년 안 가서 '화분' 이나 '가구' 처럼 보일 것이다.

3. 신속하고 적극적으로 문제에 대처하는가?

문제가 생겼을 때 방관하는 스타일인지 적극적으로 대응하는 스타일인지를 살펴라. 문제가 생겼을 때 마치 119 구급대원처럼 즉각 달려와 신속하게 처리하는 남자는 결혼 후에도 아내의 마음을 잘 헤아려주고 화도 잘 풀어준다. 물론 대인관계도 훌륭해서 사회생활도 잘한다.

4. 혼자서도 재미나게 잘 지내는가?

혼자서도 재미나게 잘 지내는가를 살펴라. 혼자서도 잘 사는 사람이 남과 살아도 잘 사는 법이다. 혼자 있을 때 시무룩한 사람은 남과 있어도 시무룩하다.

5. 내면이 안정된 사람인가?

한결같은지 살펴라. 시시때때로 얼굴이 바뀌거나, 상황에 따라 태도가 달라지는 사람은 내면이 불안한 상태다.

6. 소박한 것에서 기쁨을 찾는가?

소박한 것에서 기쁨을 찾는 사고구조를 가졌는지 알아보자. 늘 '핫한' 것에만 열광하고 일상을 지루해하는 남자는 언젠가는 꼭 사고를 친다.

7. 공감능력이 있는가?

남의 마음을 잘 헤아리는 능력이 있는지를 살피자. 보통 옹졸하고 자기중심적인 사람, 즉 이기적인 사람들은 남의 감정을 감지하지 못하여 배우자는 물론 주변을 힘들게 만든다. 그래서 공감능력, 즉 자아확장 능력이 높은 사람을 만나야 한다. 이런 남자들은 타인에 대한 이해와 배려심이 많아 타인의 아픔을 자신의 일처럼 헤아림은 물론 상대를 편하게 만들어준다.

키와 외모가 어떻든, 명문대를 나왔든 안 나왔든, 상대방을 편안하게 해주고, 먼저 다정하게 말을 잘 붙이는 따뜻한 성품을 가진 사람은 살면서 위기가 닥쳐도 적극적으로 대처하여 극복해낸다. '공감능력'은 곧 '반죽이 좋은' 성격과 직결된다. 나이가 들면 들수록 나는 '반죽이 좋은' 남자들이 괜찮아 보인다. 자존심 강하고 고집 센 남자들은 위기에 약하다. 하지만 공감능력이 뛰어나고 어디서나 잘 적응하는 남자들은 어떤 상황에서도 자기 식구를 굶기지는 않는다.

8. '단순무식' 해도 '솔직순수' 한가?

정신세계가 복잡하고 골치 아픈 남자는 안 된다. 감정기복이 심하고 지나치게 여리거나 감성적인 남자도 피곤하다. 매사에 남자의 감정까지 챙겨야 하기 때문이다.

지극히 개인적인 견해로는, 이공계 출신의 남자를 만나는 경우에 좀 더 평탄한 삶을 사는 것 같다. 내가 보고 들은 여러 커플들에게서 발견한 공통점 중 하나인데, 작가나 예술가는 말할 것도 없고 문과 출신 남자들은 삶의 굴곡이 좀 심한 편이다. 물론 이건 어디까지나 내 개인적인 경험적 통계의 결과일 뿐이고,

현재 문과 출신 남자와 잘 지내고 있다면 이 항목은 무시하시기 바란다.

자상한 아빠를 보고 자란 여자들은 자신을 잘 챙겨주는 자상한 남자를 만난다. 그러나 아빠와 관계가 서먹했던 여성들은 그런 아빠에게 이미 익숙해져서 남자가 아무리 이상해도 '우리 아버지도 그랬는데 뭘' 하고 그러려니 한다. 길들여진다는 게 이토록 무서운 일이다. 알코올 중독인 아버지에 익숙한 여성들은 나중에 아버지와 비슷한 남자와 결혼하는 경우가 많다. 아버지의 술 때문에 그토록 힘든 유년시기를 보냈건만, 또 다시 술에 쩔어서 사는 남자를 만난다. 언뜻 이해가 안 되겠지만, 이미 익숙해졌기 때문에 벌어지는 일이다.

웬일인지 자신에게 잘 대해주는 남자가 시시하고 답답하고 재미없어 보인다면, 집중해주기 바란다. 연애할 남자와 결혼할 남자는 확실히 구분해야 한다. 이것저것 다 떠나서, 한마디로 정리하자면, 결혼은 자기 식구 잘 챙길 남자와 하는 것이다.

part 2

여자들이
앓고 있는
7가지 속병

태내에 아기를 둔 엄마는 좋은 것만 보고 듣고, 주변을 아름다운 것들로만 채우려 한다. 그런 심정과 똑같이 자신을 사랑하게 되면 좋은 마음. 반듯한 몸가짐이 저절로 우러나온다. 마치 태내에 '나'라는 아기를 가지고 있는 것처럼 그렇게 스스로를 애지중지하게 된다.

그런데 스스로를 사랑할 때도 '제대로 된 사랑'인지 아닌지를 잘 생각해봐야 한다. 집착이나 애증 같은 것은 남녀관계에서만 일어나는 일이 아니다. 나는 나를 제대로 사랑하는가? 스스로를 제대로 사랑할 줄 모르는 사람들은 종종 우를 범한다. 인간답게 살겠노라 선언하며 무작정 회사를 그만둔다거나, 자유로운 영혼으로 남겠다며 무책임하게 하던 일을 내던진다. 그리고 일이 잘 안 풀리면 자신을 원망하고 구박한다. 자기외면, 자기착취, 자기학대, 자기기만, 등등 스스로에게 저지르는 '셀프범죄'가 알게 모르게 엄청나다. 세상이 아무리 흔들어대어도 스스로에게는 절대 그러면 안 된다. 상황이 어떠하건 철저히 자기편이 돼주어야 한다. 그러려면 적절한 선에서 절제하는 법을 알아야 한다.

●
돈에 휘둘리는
자신을 냉정하게
돌아보라

지금부터라도 돈에 대한 철학을 쌓아나가기 바란다.
돈에 대해 집착하지 않으면서도 절제하는 습관, 알뜰살뜰 꾸려나가는 재치가 필요하다.
돈을 잘 사용하고 잘 누리는 것이 만사의 기본임이므로
돈을 지배하는 역량을 키워나가자는 것이다. 이는 학습과 훈련을 통해 충분히 가능한 일이다.

제대로 쓴 것도 없는데, 월급은 다 어디로?

나는 광고계와 방송계라는, 나름 화려해 보이는(?) 분야에서
꽤나 길게 직장생활을 해오면서 제법 다양한 계층의 사람들을
만날 수 있었고, 그러다 보니 자연스럽게 사람 보는 눈도 키울
수 있었다. 거기서 체득한 '사람 보는 노하우' 중 중요한 것을 하

나 소개하자면, 바로 '돈'을 대하는 태도다. 돈을 벌고, 쓰고, 모으는 방법이나 태도는 물론이고, 남의 돈을 대하는 태도를 보면 그 사람을 믿어도 되는지 아닌지 대충 감이 온다.

후배 E는 경락 마사지 비 150만 원과 남자친구에게 생일선물로 줄 명품가방 50만 원, 합쳐서 200만 원을 한 자리에서 서슴없이 결제한다. 그녀의 연봉은 결코 적다고 할 수 없는 3,500만 원. 하지만 이렇게 생각 없이 쓰다 보니 직장생활 9년차임에도 저축해둔 돈이 한 푼도 없다. 저축은커녕 퇴직금까지 중간정산해서 빚을 막기에 바쁘다.

그렇다고 변변한 정장을 한 벌 가진 것도 아니다. 남들처럼 해외여행을 제대로 다닌 것도 아니다. 게다가 가족에게 인심이라도 후하게 썼으면 덜 억울하련만, 그녀의 월급은 단순히 먹고 마시고 피부과 시술받고, 이것저것 눈길 가는 대로 '지르는' 데 속절없이 부서졌다. 그녀의 재정상태는 이미 부도 일보 직전. 빚이 5,000만 원이 넘고 매달 이자로만 수십 만 원이 나간다.

돈을 많이 버는, 소위 전문직 종사자라고 해도 별로 다를 것이 없다. 내 주위만 해도 빚에 허덕이는 전문직 여성들이 꽤 많다. 가만히 살펴보면 그녀들의 공통점은 '수입보다 지출이 크다'는 것이다. 36세의 치과의사 T는 개업의로, 제반비용을 제하고도 월평균 1,300만 원 정도의 수입이 들어온다. 그러나 그녀는 언제나 쪼들리며 산다. 왜 그럴까?

그녀의 지출내역을 살펴보면, 의류와 화장품 구입비가 매달 약 200만 원, 자동차 할부금이 70만 원, 친구들이나 직원들과의 회식비가 약 80만 원, 주유, 피부관리, 헬스클럽에 들어가는 돈이 매달 120만 원 정도다. 그 외에도 그녀가 살고 있는 강남의 고급 오피스텔의 임대료와 관리비가 다달이 130만 원씩 나가고, 개원할 때 은행에서 빌린 융자금의 이자, 의료기기 리스 비용까지…. 나가는 돈이 이렇게 많다 보니 한 달 한 달 넘기기가 벅차다. 게다가 최근에는 옆 건물에 새로 문을 연 치과로 환자들이 몰리면서 그녀는 더 큰 타격을 입었다. 다급한 마음에 여기저기 광고까지 게재하지만 효과는 별로 없다.

홧김에 서방질한다고 화가 나면 무언가를 질러야 직성이 풀리는 여자들이 주위에 무척 많다. 남자친구와 헤어지고 중고 외제차를 산 K는 월급의 반 이상이 차 유지비로 나간다. 회사에서 상사와 부딪칠 때마다 고급 스파를 찾는 P. 처음엔 단순히 스파만 즐기러 갔지만 이것저것 하다 보니 스파 나들이 몇 번에 100만 원이 훌쩍 넘는다. 늘 카드회사의 독촉전화에 시달리는 R은, 소문에 따르면 갚아야 할 카드빚이 3,000만 원도 넘는다고 한다. 그녀는 말끝마다 이렇게 말한다.

"어디 돈 많은 늙은 놈 하나 없나? 나 좀 사갈."

"왜 하필 늙은 사람이야?" 내가 물으니 씩 웃으며 답한다.

"그래야 빨리 저 세상으로 보내고, 제가 재산 다 차지하죠!"

요즘 들어 그녀는 소위 '신상' 가방을 많이 가진 친구가 몹시 부러워졌단다. 명품으로 치장한 친구에겐 왠지 그만한 레벨의 남자가 붙는 것 같다나.

빚 무서운 줄 모르고 저질러대는 사람들 치고 끝이 좋은 사람을 결코 보지 못했다. 오랜 지기의 오빠는 여기저기 빚을 지고도 그 상황의 심각성을 전혀 깨닫지 못했다. 보다 못한 친구가 오빠를 설득하여 정신과 전문의를 찾았는데, 심각한 '성인 주의력결핍증'이라는 진단을 받았다. 이처럼 씀씀이가 헤프고 충동적이며 금전개념이 희박한 것에 대해 대부분의 사람들은 단순히 '돈에 대한 개념이 부족한 탓'이라고 돌린다. 하지만 그것은 병이다. 병 때문에 사리분별을 제대로 못해 벌어진 결과다.

여자에게는 더더욱 필요한 '돈에 대한 철학'

내가 어릴 때만 해도 우리나라에는 '신용카드'라는 게 없었다. 대신 동네에서 '돈놀이'를 하는 사람들이 고리로 이자를 떼고 돈을 빌려주었다. 그러나 제때 안 갚으면 동네 시끄러워지는 사태가 꼭 벌어진다.

돈을 빌려준 사람은 깡패를 대동하여 나타나 빚쟁이 집에 드러누워 온갖 협박과 욕설, 폭력을 휘두르고, 부엌까지 다 뒤져 은수저라도 기어이 들고 나온다. 돈을 갚지 못한 여인네들이 쥐

약을 먹고 자살하는 경우도 있었고, 온 가족이 야반도주하는 사례도 빈번했다. 대체로 끝이 좋지 않았다.

1600년대 초반, 미국의 인디언들은 지금의 뉴욕 맨해튼 땅을 단돈 24달러에 해당하는 구슬과 장신구 등을 받고서 백인들에게 팔았다. 이 24달러는 연 복리 5%로 치면 400년이 지난 지금 미국 화폐로 30억 달러를 웃도는 거액으로 불어난다. 복리라는 게 이렇게 무섭다. '직장인 무담보 대출 8%'에 혹해서 개념 없이 빌려 쓴 돈이 이자에 이자가 붙어서 눈덩이처럼 불어난다는 상상을 한다면 아마 잠이 확 깰 것이다. 우리가 잠잘 때도, 토요일과 일요일에도 대출 금리는 저절로 계산되고, 한두 달만 연체해도 원리금이 눈덩이처럼 불어난다. 무섭지 않은가?

요즘 젊은 연인들 중에는 상대방의 카드 값을 대신 내주다가 헤어진 경우가 의외로 많다. 물론 그 돈을 돌려받은 이는 거의 없다. 그나마 사귀다 깨진 경우는 다행이다. 지인 중에 '빚 문제'로 결혼 1년 만에 이혼한 커플이 있었다. 신부가 결혼 전에 수천 만 원의 빚을 졌는데 이 사실을 감쪽같이 숨기고 결혼했다가 1년 뒤에 들통이 난 것이다.

여자들의 착각 중 하나가 외모를 멋지게 꾸미면 격에 맞는 신랑감이 올 거란 생각이다. 괜찮은 남자들이 과연 그런 여자를 좋아할까? 입장을 바꿔놓고 생각해보라. 빚내서 외모를 꾸미는 남자와 미래를 함께할 수 있겠는가? 제대로 된 사고구조를 가진 남자는 결코 사치스런 여자를 선택하지 않는다.

현명한 남자들은 여자의 경제관념부터 허영지수, 집안형편, 연봉까지, 서너 번만 만나도 다 파악한다. 총각들끼리는 결혼 전에 여자에게 빚이 있는지 여부를 반드시 알아봐야 한다는 말을 서로 경험담처럼 나누기도 한다.

모든 인간관계에 가장 큰 흠집을 남길 수 있는 무기가 바로 돈 문제다. 동서고금을 막론하고, 부부, 가족, 연인, 친구, 동료…, 누구라고 할 것 없이 사람 사이에 돈이 끼면 꼭 탈이 난다. 돈 앞에서 인간은 가장 추잡해질 수 있으니, 돈을 잘 다스려야 험한 꼴 안 겪고 살 수 있다. 돈에 휘둘리는 삶이란 절대로 평화로울 수 없다.

늘 월세로 살면서도 고급차를 고집하고 백화점을 제 집 안방처럼 드나드는 사람들은 20년 전이나 지금이나 똑같이 허덕이고 산다. 절제력 있는 소비패턴이야말로 자신의 명예를 지켜낼 수 있는 반석이다. 빈곤한 노후가 과연 우아할 수 있을까? 소비가 과도해 보이는 어느 후배에게 걱정 섞인 충고를 던졌더니 "굵고 짧게 살겠노라."며 들은 척도 안 한다.

여자에게 돈이란 무엇일까? 이제까지 '돈에 대한 태도'는 어떠했는가? 한 남자선배로부터 이런 말을 들은 적이 있다.

"남자들이 쓰는 돈 중에는 사람에 대한 투자가 많다. 매일 밤 모여서 쓸데없이 노는 것 같아 보여도, '형님아우' 하며 인맥을 쌓다 보면 밥 벌어먹고 사는 데 큰 도움을 준다. 그러나 여자들이 돈 쓰는 것을 보면, 정말로 고스란히 낭비 같다. 주로 '사치'에 사용되기 때문이다. 사치에 쓰는 돈은 아무리 써도 끝이 없다. 하루 만에 수천만 원도 쉬이 없어질 수 있다."

모든 여자를 싸잡아 말하는 것 같아서 살짝 짜증이 나긴 하지만, 나 역시 그 말에 동의할 수밖에 없었다.

한 가지 덧붙이자면, 돈을 물 쓰듯 개념 없이 펑펑 쓰는 것만큼이나 '제대로 쓸 줄 모르는 것'도 문제다. 가령 남편이나 자식 물건은 값비싼 것을 척척 사면서 오랜만에 친구들을 만날 때는 밥 한 끼 먼저 살 줄 모르는 얌체 친구들, 직장상사나 선배에게 밥이다 술이다 늘 얻어먹기만 하면서 커피 한 잔 먼저 대접할 줄 모르는 얄미운 여자후배들을 생각해보라. 솔직히 이들이 10년, 20년 후까지 사회생활을 잘할 수 있을지 걱정이 앞선다. 조금만 투자해도 엄청 큰 결과가 돌아온다는 걸 왜 모를까?

뿐만 아니라 나는 '우리 남편~', '우리 아들~'을 입에 달고 살며 남의 눈깔사탕을 뺏어서라도 자기 식구만 먹이려드는 여자들의 모습을 보면 또한 화가 난다. 그게 진정한 사랑일까? 엄마가 베풀고 배려하고 남을 챙겨야 그 집에 덕 마일리지가 차곡차곡 쌓이고, 그래야 자녀들이 복을 받는다는 사실을 왜 모를까? 이것도 결국 돈 문제로 귀결된다. 강퍅하고 이기적인 엄마, 가족 이기주의에 사로잡힌 얌체 엄마 밑에서 자란 아이들은 어느 곳에서도 환대받지 못하며 사회에 나가서도 설 땅이 없다.

돈 쓰는 일보다 더 재미있는 게 얼마나 많은데

제인 구달은 평범한 회사원이었다. 침팬지 연구로 세계적인 업적을 남긴 그녀는 독학으로 동물학을 공부하고 침팬지를 연구해 세계 최고의 대가가 되었다. 동물을 몹시 사랑한 이 여인은 독학으로 인생의 새로운 기회를 잡은 것이다. 그리고 《인간의 그늘에서》라는 세계적인 베스트셀러도 썼다.

어딘가에 몰두하게 되면 돈을 쓸 짬이 없어서 소비도 줄고 물욕도 줄어든다. 정신적으로 속이 꽉 찬 상태가 유지되어서, 덜 배고프고 덜 목마르고 덜 방황한다. 나는 독학으로 작가가 되었고 독학으로 미술에 대한 안목을 키웠다. 대학 시절에는 국문과 서클에 가입하여 어깨너머로 시작詩作을 했고, 시화전에도 출품해 입상했으며, 한 월간지에서 공모한 문학상에 수필이 당선되는 기쁨을 맛보기도 했다. 독학으로 깨친 문재文才 덕에 책도 쓰고 '김 작가' 소리도 듣고 산다.

미술에 대한 공부 역시 마찬가지다. 나는 미술을 전공하거나 학원을 다니며 그림을 그려본 적은 없지만, 꾸준히 혼자 미술 공부를 하면서 그림 고르는 안목을 키워왔다. 덕분에 지인들로부터 작품을 골라달라는 요청을 받기도 하고 이것을 '먹고사는 데' 활용하기도 했는데, 미술 공부를 하면서 키운 안목으로 2001년에 '몽골화첩기행'을 기획해 방송 프로그램으로 제작하는 한편 판화전을 열어 크게 성공을 거두었다. '몽골화첩기행'은 대한민국 판화 판매 역사상 가장 대중적인 반향을 일으킨 프로젝트로 꼽히고 있다.

만약 당신이 30대라면 이미 지나가버린 20대는 어차피 그렇게 흥청망청 날렸더라도, 지금부터라도 돈에 대한 철학을 쌓아나가기 바란다. 돈에 대해 집착하지 않으면서도 절제하는 습관, 알뜰살뜰 꾸려나가는 재치를 키워나가자는 것이다.

나는 자기 분수에 맞게 잘 쪼개어 살림하는 여인의 손길을 보면 기분이 좋아진다. 유행이 지난 옷이라도 멋지게 리폼해서 입고, 알뜰장터에서 '빈티지' 운동화를 사고, 재활용 수거함을 뒤져서 필요한 물품을 조달하며 알콩달콩 사는, 그런 재미에 맛들여보는 건 어떨까? 저녁 늦은 시간에 시장을 찾으면 모든 게 반값인 데다, 마음씨 좋은 상인을 만나면 값나가는 것들도 '떨이'로 저렴하게 살 수 있다. 전기절약만 잘해도 1년에 수십만 원은 아낄 수 있다. 내 이웃 중 한 분은 전기요금을 매달 70만 원이나 내는 반면, 나의 경우에는 전기밥솥, 진공청소기, 정수기, 전자

레인지, 대형 TV 등을 사용하지 않아서 그런지 단 한 번도 6만 원을 넘긴 적이 없다.

그렇다고 무조건 '짠돌이'처럼 인색하게 살라는 의미가 아니다. 돈을 잘 사용하고 잘 누리는 것이 만사의 기본임을 깨닫고, 돈을 지배하는 역량을 키워나가자는 것이다. 이는 학습과 훈련을 통해 충분히 가능한 일이다.

●
사람이 아닌 물건으로
외로움을
달래는 그녀

물질보다 체험을 즐기는 쪽으로 시야를 이동할 필요가 있다.
단순히 쇼핑을 하느냐 안 하느냐의 문제가 아니다.
오늘보다 내일 더 성숙한 인간으로 거듭나는 것, 바깥이 아닌 나 자신에 집중해서
삶의 목표를 찾는 것, 그것이야말로 인생을 보석처럼 빛나게 해주는 비결일 것이다.

"남자 없인 살아도 쇼핑 없인 못 살죠."

몇 해 전, 이사를 하기 위해 집을 보러 다닌 적이 있다. 그런
데 희한하게도 담보가 과다하게 잡혀 있는 집이나, 경매로 넘어
가기 일보 직전의 집일수록 화려한 물건과 값비싼 가구들로 가
득 차 있었다. 여러 채의 골프 장비부터 화려한 가구들, 음식점

을 차려도 될 만큼 많은 그릇 세트, 방마다 설치된 대형 에어컨, 드레스 룸을 가득 채운 고급 의상, 여러 대의 대형 냉장고, 즐비한 고가의 장식품들….

그러나 알짜 부잣집들은 그렇지 않았다. 대단히 소박하고 단출했다. 이촌동 T맨션에 사는 80대 노부부는 30년 전 입주했던 당시의 모습 그대로 살고 있는데, 값나가는 물건은 하나도 안 보였다. 하지만 깔끔하게 나이 드신 노부부는 편안하고 온화한 표정이었다. 함께 간 복덕방 주인은 이렇게 귀띔해주었다.

"고가 부동산이 여러 채 있지만 늘 겸손하세요. 재산 일부를 사회에 환원하려고 이 집도 정리하시는 겁니다."

사실 쇼핑에 관한 일화와 무용담은 그야말로 '네버엔딩 스토리'다. 내 주위 '쇼퍼홀릭'들의 사례를 몇 가지만 나열해보겠다. 주위에서 흔히 들어본 얘기이거나, 아니면 '어머, 이거 내 얘기잖아!?' 할 수도 있을 것이다.

회사 후배 D는 "남자 없이는 살아도 쇼핑 없이는 못 산다."고 외친다. 오랜 연인과 이별한 후, 더욱 심해진 그녀의 쇼핑벽. 월급의 2배 이상을 쇼핑으로 지출한다. 꽤 오래 전부터 카드를 돌려 막아가며 겨우 버텨왔다는데…. D의 오피스텔에 가본 동료들의 증언에 따르면, 침대 위에 걸려 있는 명품 가방 시리즈 때문에 머리를 꼿꼿이 세울 수조차 없었다고 한다.

어느 날, 회사의 남자선배 L이 아주 어두운 표정으로 나에게 자문한다. "요즘 우리 딸이 주문한 홈쇼핑 물건들이 하루에도 여러 차례 배달되는 데 이걸 어쩌지요? 여자아이들이 원체 그럽니까?"

예전 회사의 부하직원 중에는 회사 공금을 유용하면서까지 명품 운동화를 수집해온 후배도 있었다. 그의 작은 아파트엔 포장조차 뜯지 않은 명품 운동화가 무려 100컬레 이상 쌓여 있었다고 한다. 또한 방송계의 한 유명 여성 진행자는 옷이 얼마나 많은지, 집이 옷으로 꽉 차서 남편이 드레스룸 전용으로 쓸 오피스텔을 따로 구해주었다고 자랑한다.

지인의 친구는 남편이 대학교수인데도 월세에서 벗어나질 못하고 전전긍긍하며 산다. 값비싼 핸드백과 구두가 100여 점도 넘는 그녀. 빚을 내가며 쇼핑을 한다. 수입이 안정적이더라도 이렇게 쇼핑을 해대면 계속 월세를 전전할 수밖에 없을 것이다.

먼 친척 중에는 끊임없이 무언가를 사야 직성이 풀리는 분이 있다. 아직 많이 남았는데도 참기름을 짜고, 생선을 사들이며, 온갖 건강식품들로 언제나 식탁이 비좁다. 냉장고 2대, 김치냉장고 2대, 대형 냉동고에 음식물이 가득하다. 무언가 사들이고 쌓아두어야만 안심이 된다는 그분은 고등학교 교사인 착실한 남편을 두었지만 늘 생활비가 부족하다. 평범한 4인 가족의 경우 식료품과 생필품을 구입하는 데 100만 원 내외를 쓰는 게 보통이지만, 그녀는 300만 원 이상을 쓴다. 가족의 건강을 위해서라고 항변하지만 정작 가족들은 그녀의 쇼핑벽에 힘들어한다.

전설적인 쇼핑의 여왕, 고故재클린 여사도 빼놓을 수 없다. 미국 케네디 대통령의 부인이자, 세계 최고의 부자, 선박왕 오나시스의 부인이었던 세기의 여인 재클린. 그녀는 하루라도 쇼핑을 거르면 배기질 못했다. 한 번 입은 옷은 절대로 다시 입지 않았으며 천문학적인 돈을 쇼핑에 몽땅 써버렸다. 케네디 대통령은 재클린의 과도한 쇼핑에 제동을 걸고자 따로 회계사를 고용했지만 소용이 없었다. 케네디와 사별한 후, 오나시스와의 재혼을 선언한 그녀를 두고 호사가들은 쇼핑할 돈을 대줄 물주를 잡았노라 수군대기도 했다.

재클린은 재혼한 지 얼마 안 되어 오나시스와 나란히 테헤란을 방문한다. 그러나 새 신랑 오나시스에게는 전혀 관심이 없고 오로지 쇼핑에만 열중한다. 페르시아 양탄자, 고 미술품, 골동품, 철갑상어까지 닥치는 대로 사고 또 사는 그녀를 보고 오나시스는 화가 치밀어서 "제발 그만해!" 하고 고함을 쳤다고 한다.

쇼핑을 하면 정말 스트레스가 해소될까?

요즘처럼 백화점과 마트가 흔하지 않았을 때, 재래시장이 전부였던 때까지만 해도 여자들의 유일한 해방구는 동네 시장에 들러 저녁 장보고 순대 사먹는 일이었다. 밀고 당기며 한 푼이라도 더 깎고 실랑이를 벌이다 보면, 울적한 심사가 날아가고 포근한 인정에 삶의 활기가 솟아나곤 했다. 고 박완서 선생도 젊은 날에 자신의 유일한 해방구는 시장통이었노라고 회고했다.

독일을 여러 번 방문하며 놀랐던 것은 백화점에 젊은 쇼핑객이 하나도 없다는 사실이었다. 오로지 할머니들만 잔뜩 몸단장을 하고 쇼핑에 열중하고 있었다. 1995년 독일 뒤셀도르프에서 열린 웰라 세미나를 마치고 그곳에 거주하던 한국인 지인을 만나 '왜 백화점에 젊은 사람들이 없느냐'고 물었다.

"젊은 사람들은 모두 일하기 바쁘고 근검절약하느라 백화점에 잘 안 가요. 여기 사람들은 만날 똑같은 옷만 입고 다녀요. 젊은 친구들이 오히려 더 알뜰해서 10원 한 장 허투루 쓰는 법이 없고, 20대부터 노후준비에 들어가요. 독일인들은 나이 들어 비참해지지 않으려고 부단히 애씁니다. 가구나 옷은 물론이고 자잘한 생활용품들도 거의 새로 사지 않고 남이 쓰다 버린 것들을 재활용해요. 그걸 당연하게 여기고, 오히려 사치스러운 걸 이상하게 생각하죠. 백화점 같은 곳은 나이 들어서나 다니는 곳으로 알아요. 젊어서는 열심히 일하고, 나이 들어서는 여행 다니고, 취미활동하고, 운동하고 그래요. 물건 사들이는 것은 노인들, 혹은 아주 거부들이나 하는 것으로 알아요."

자본주의 시스템 속에 살면서 무언가를 사지 않을 수는 없다. 그런데 이 소비활동이 부자연스러워지거나 과도해지면 문제가 생기는 것이다. 동료 K는 쇼핑을 하는 순간만큼은 근심걱정이 싹 사라지고 마음이 편안해진다며, 평소에 가지고 싶었던 물건을 세일가격으로 구입했을 때의 그 희열과 짜릿함은 무엇과도 비교할 수 없다고 한다.

'중독'이라는 말이 좀 무섭게 느껴지겠지만, '쇼핑중독'이 그리 먼 얘기만은 아니다. 스트레스가 쌓였으니까 뭔가를 사야 한다고(혹은 사도 된다고?) 합리화하는 보상심리부터, 쇼핑할 때 누리는 여왕 대접에 대한 탐닉, 비싼 물건으로 자신을 치장하려는 과시욕과 '지름신의 강림'이라 미화된 충동적 욕구에 반응한 데서 오는 본능적인 쾌감을 모르는 사람은 아마 없을 것이다.

그렇다면 쇼핑을 하면 정말로 스트레스가 해소될까? 확실히 쇼핑에는 오르가즘과 비슷한 묘한 흥분감이 있긴 하다. 아슬아슬하게 딱 한 개 남은 마지막 상품을 샀다거나, 같은 물건을 다른 사람보다 저렴하게 샀을 때 스릴과 기쁨을 느낄 수 있다. 하지만 거기서 스톱! 더 나아가면 병적인 상태로 급격하게 발전한다. 필요하지도 않은 물건까지 마구 사들이거나, 자기가 무엇을 샀는지조차 정확히 기억하지 못하는 경우(그래서 같은 걸 또 사는 경우도 있다), 과도한 쇼핑을 후회하며 가족들 모르게 쇼핑한 물건을 숨기는 것도 요주의 신호다.

결국 그렇게 되면 쇼핑을 못하게 되었을 때 금단현상 같은 게 나타나서, 일부 사람들은 불안감, 두통, 우울증, 소화불량 등 심리적, 육체적 부작용까지 호소한다. 또한 스스로 제어가 안 될 만큼 집착해 일상생활에 큰 지장을 주기도 한다.

어느 날 한 동료는 똑같은 모양과 사이즈의 앙고라 스웨터를 색깔별로 5벌이나 샀단다. "70%나 세일을 하더라고…."라며 말끝을 흐리는 그녀는 그렇게 정신없이 쇼핑을 해대는 자신이 무척이나 밉고 한심했지만 그 순간의 쾌감 때문에 끊지 못하겠다고 고백했다. 과연 그 쾌감의 실체는 무엇이고, 대체 어떤 종류의 허전함과 불균형을 채우기 위한 반작용일까?

물건에 집착하는 이유, 사랑받지 못해서?

외롭거나 허전할 때 남자들이 술집을 찾듯 여자들은 물건을 사들인다. 집집마다 오랫동안 안 쓴 흔적이 역력한 식기와 옷가지들이 찬장과 장롱에 가득한 장면, 다들 많이 봤을 것이다.

가난하던 시절에는 무엇이든 쌓아놓고 사는 것이 부러움의 대상이었다. 라면을 여러 박스 쟁여놓는다거나, 미제 통조림을 찬장에 가득 채워두는 것이 부유함의 상징이었다. 그러나 지금은 아니다. 멋진 집이라고 소개되는 집들은 대체로 깔끔하고 심플하다. 살림에 군더더기라고는 도통 찾아볼 수가 없다. 외국의 신홍 거부들 역시 이전 세대와는 다르게 오히려 단출함을 즐긴다. 작은 집을 선호하며 심플하고 정갈한 라이프스타일을 구가한다. 건축 분야에서도 "깔끔하고 작은 집이 럭셔리하다."는 게 새로운 조류로 자리를 굳히고 있다.

최근 뮤지컬 배우 겸 탤런트인 H씨가 '저장 강박증'이라는 낯선 병명을 진단받는 장면이 방송돼 화제가 되었다. 저장 강박증이란 안 쓰는 물건을 버리지 못하고 간직하려 드는 행동질환의 일종이다. 그런데 이 저장 강박증은 주변 사람들에게 충분한 사랑을 받게 되면 사라진다는 연구결과가 나왔다.

미국 뉴햄프셔 대학교의 에드워드 리메이 교수팀은 주변 사람들에게 사랑과 인정을 충분히 받지 못한 사람들이 물건에 과도한 애착을 쏟는다는 연구결과를 발표하며 "사람은 주변 사람에게 사랑과 인정을 받을 때 안정감을 느끼지만 인간관계에서 안정감을 찾지 못하는 사람은 어떤 물건을 가졌다는 사실에서 부족한 안정감을 보상받으려든다."고 분석하며 인간관계에서 안정을 찾고 충분히 사랑받고 있다는 느낌을 갖게 되면 저장 강박증은 자연스럽게 사라지게 된다고 결론 내렸다.

'쇼핑중독'의 경우 인지적 접근과 행동치료적 접근을 병행해야 한다. 인지적 접근은 충동적 구매에 대한 잘못된 인지기능을 고쳐주는 치료법이다. 지금 구매하지 않으면 이 물건을 다시는 살 수 없을 것이라는 조급한 마음을 바로잡는 것이다. 또한 행동치료적 접근은 백화점 같은 곳에서 물건을 구경하면서 사고 싶은 충동을 참고 견디는 훈련을 하는 치료법이다.

앞서 말했지만, 쇼핑은 살아가는 데 있어서 꼭 필요한 행위다. 필요한 물건을 잘 구매하여 모두가 유용하게 잘 사용한다면 참으로 유익한 일이다. 하지만 거기에 온통 정신을 빼앗긴다든가, 스스로 죄책감을 느낄 정도로 과다하게 쇼핑을 한다면 분명히 심각한 병이다.

인생을 아름답게 채우는 건 물질보다 체험

'대인관계가 불안할수록 물건에 대한 집착은 커진다'는 앞의 연구결과처럼, 쇼핑에 기대어 위로받고자 하는 심리의 중심에는 '영혼의 허기'가 있다. 사재기에서 재미를 찾다 보면 세상이 온통 물질 덩어리로만 보일 것이다. 물질이라는 것은, 마실수록 갈증이 더 커지는 바닷물처럼 아무리 많이 가져도 점점 더 배가 고파지는 것이다.

그렇다면 '영혼의 허기'는 무엇으로 채울까? 먼저, '의미 있는 일'들을 적극적으로 찾아보라고 제안하고 싶다. 정신적인 만족감은 심오한 포만감을 준다. 쉬운 예로 독서는 정신적인 성숙을 이끄는 가장 저렴하고 간편한 방법이다. 당장 책을 사서 보는 게 부담스럽다면 집 근처 도서관에 가면 된다.

또한 물질보다 체험을 즐기는 쪽으로 시야를 이동할 필요가 있다. 새 물건을 사면 마냥 행복할 것 같지만, 실제로 미국 코넬 대학교 연구팀의 연구결과에 따르면 '체험'이 주는 행복감보다는 못하다고 한다. 체험의 즐거움이 훨씬 더 오래 간직된다. 왜냐하면 물건은 갖고 난 후에 다른 것과 계속 비교하게 되지만, 체험을 하고 나면 마음속에 남은 그 순간의 행복감을 계속 생각하기 때문이다.

더 행복하고 싶다면 명품가방이나 시계, 휴대전화기를 새로 살 것이 아니라 영화를 보거나 책을 읽거나 여행을 떠나자. 음악이나 공연, 전시회도 좋다. 나의 경우, 안목을 잘 키워두었더니 나중에 돈도 저절로 따라왔다. 20~30대를 보내는 동안 나는 틈날 때마다 작은 화랑, 오페라, 미술관을 테마로 해외 배낭여행을 다니곤 했는데, 그 덕에 글로벌한 미적 감각을 차곡차곡 쌓을 수 있었고, 과분하지만 그 방면으로 안목이 특출하다는 평가도 받게 되었다. 결과적으로 그러한 경험들은 치열한 광고계와 방송계에서 여태까지 잘 살아남게 해준 큰 밑천이 되었다. 잘 고른 미술작품이나 높은 안목으로 고른 친구, 애인, 신랑감은 분명 우리의 인생에 부와 기쁨을 안겨줄 것이다.

더 쉽고 간단한 팁을 하나 공개하자면, 단 며칠만이라도 물건을 사지 않고 지내는 시도를 해보는 것이다. 실제로 '아무것도 사지 않는 날(Buy Nothing Day)'이라는 날도 있다. 1992년부터 몇 몇 사회운동가들이 소비주의에 대한 저항으로 1년 중 하루를 구매활동을 하지 않는 날로 정했다.

한 친구는 4박 5일 동안 템플 스테이를 하기 위해 절에 들어갔는데, 휴대전화도, 인터넷도, TV도, 편의점도 없는 곳에서 새로운 희열을 체험했다고 한다. 그중 가장 인상적인 것은 닷새 동안 껌 한 통조차 사지 않는 경험이었다. 별것 아닌 것 같아도 '아무것도 사지 않는 것'이 처음에는 굉장히 답답하고 공허했다고 한다. 하지만 하루이틀이 지나자 가슴 깊은 곳으로부터 새로운 종류의 평온함과 포만감이 차오르더라는 것이다. 물질을 떠나 머리는 맑아지고 마음은 평화로워지는 경험이라니, 정말 멋지지 않은가.

단순히 쇼핑을 하느냐 안 하느냐의 문제가 아니다. 오늘보다 내일 더 성숙한 인간으로 거듭나는 것, 바깥이 아닌 나 자신에 집중해서 삶의 목표를 찾는 것, 그것이야말로 인생을 보석처럼 빛나게 해주는 비결일 것이다.

진짜 중요한 걸
잃어버린
다이어트 홀릭

회사라는 조직에서 오래 생활해보니, 씩씩하게 밥 잘 먹는 후배들이 제일 예쁘다.
함께 일을 해야 하는 사이일 경우는 더더욱 그렇다.
밥을 잘 챙겨 먹는 친구들이 일도 더 잘하고 정보력도 우수하며
결과적으로 사회생활도 더 잘한다. 우리를 지탱해줄 열쇠는 몸과 마음과 정신의 강건함뿐이다.

"아직 한참 더 빼야 한다니까요."

직장 후배인 T는 책상 밑에 체중계를 숨겨두고 수시로 체중을 체크하던 친구였다. 작년 이맘때쯤 혹독한 다이어트로 거의 30kg을 감량하는 데 성공한 그녀. 아침식사는 밥 1/2공기와 된장국 몇 숟가락, 간식은 방울토마토 7알과 바나나 1개, 점심식

사는 닭가슴살 100g과 채소 반 주먹, 저녁은 바나나 3개가 전부다. 이렇게 38일 동안 버텼단다. 그러나 곧 요요현상이 나타나 다시 20kg이 붙으면서 그녀는 초조해지기 시작했다. 어느 날 나에게 이런 사연을 말했다.

"살을 쫙 뺐더니 그제야 친구들이 소개팅을 주선해주더라고요. 그 전까지 남자친구를 사귄 적이 한 번도 없었거든요. 미팅이나 소개팅에서 애프터 신청을 받아본 적도 한 번도 없고…. 그래서 남자와 키스했다는 친구들이 너무 부러웠어요."

체중감량 직후에 만난 남자친구와 첫 키스도 했다며 한동안 너무 좋았다는 그녀. 그런데 체중이 다시 불어나자 '남자친구가 헤어지자고 하면 어쩌나', '다시 예전으로 돌아가면 어쩌나' 등등, 고민이 이만저만이 아니다.

내가 "지금이 보기 딱 좋아! 더 감량하면 건강에 무리야!"라고 격려와 걱정을 건네도, 그녀는 "부장님! 그런 말씀 마세요." 하고 금세 우울해한다.

직장생활을 오래 하다 보니, 다이어트에 울고 웃는 여자후배들을 참 많이 만났다. 줄잡아 수십 명 넘게 지켜보며 내가 내린 나름의 결론이 있다. 짧은 기간 내에(예컨대 보름이나 한 달 만에) 갑작스럽게 전체 체중의 10% 이상 빼면 꼭 문제가 발생한다는 것이다. 80kg이었던 친구가 70kg이 되는 건 그나마 덜한데, 같은

10kg을 빼더라도 50kg인 친구가 2주 만에 40kg이 되었다면 그것은 '자연스러운' 감량이라 보기 어렵다.

물론 적당한 선에서 감량하면 활기 있어 보이고 날렵해 보여 좋다. 하지만 급격한 감량은 득보다 실이 훨씬 크다. 앞에서 말한 T의 상사는 그녀에게 일을 맡기기가 겁난다고 털어놓았다.

"살 빼고 나서 굉장히 산만해졌어요. 실수도 많아지고요. 예전에는 안 그랬는데, 참 이상해요. 이제 T에게는 중요한 일을 못 맡기겠다니까요."

산만해지고 집중력이 떨어지는 것은 단기간에 무리하게 체중을 줄인 사람들이 겪는 흔한 증상이다. 다이어트를 하게 되면 우선 탄수화물 섭취부터 확 줄이게 되는데, 탄수화물이 없으면 우리의 이마 부분에 있는 앞쪽뇌가 잘 돌아가지 않는다.

앞쪽뇌는 계획과 동기, 충동을 조절하는 브레이크 같은 곳으로, 단기기억을 처리하고 감각을 종합하여 표현하는 곳이다. 그런데 탄수화물 공급이 부족해지면 앞쪽뇌의 진두지휘 체계가 제대로 가동되지 못해 결과적으로 뭔가 자주 잊어버리거나 산만해지고 집중력이 떨어진다. 심각한 경우, 충동을 억제하지 못하거나, 주의력결핍행동장애(ADHD)가 올 수 있다. 그러니 당연히 업무 집중도가 떨어지고 실수도 많아질 수밖에.

무엇이 중요한지 잘 판단해보기 바란다. 체중 몇 kg을 감량하는 게 길고 긴 인생에서 과연 그렇게 중요한 문제일까? 평판이나 신뢰와 같은 중요한 걸 잃어버려도 될 만큼?

나는 고도의 집중력이 필요한 중요한 일을 치를 때엔 평소보다 2배 이상 먹는다. 그래야만 집중도 잘되고, 긍정적인 마음도 길게 유지되며, 머리가 안정적으로 팍팍 돌아가기 때문이다. 기름이 있어야 자동차가 쌩쌩 달릴 수 있듯이, 우리 몸도 좋은 음식을 든든하게 먹어두어야 잘 돌아간다는 것이 내 지론이다.

과연 사회생활이 제대로 될까?

E는 만두나 찐빵을 먹을 때, 겉의 빵은 버리고 속만 빼먹는다. 피자도 밀가루 테두리와 바닥은 다 떼서 과일 껍질 모아놓듯 한쪽으로 치워 놓는다. 치킨을 시켜도 가슴살만 발라먹고 껍질은 다 버린다. 새 모이만큼도 안 될 것 같은 양을 깨작깨작 먹고는 유난스럽게 탄성을 지르며 배가 부르다고 자기최면을 건다. 다이어트하느라 친구들과 만나지도 않고, 모임도, 수다도 피하는 그녀. 스트레스 풀 데가 없어서 그런지 갈수록 예민해지고 얼굴은 점점 어두워지며 전체적으로 의기소침해졌다.

P는 누가 보아도 키 163cm에 몸무게 44kg의 마른 체형이다. 그러나 그녀의 관심사는 온통 다이어트뿐이다. 친구나 지인을 만나도 상대방의 몸매부터 살핀다. 허벅지가 얼마나 얇은지, 허

리가 몇 인치인지, 자기보다 팔뚝이 굵은지, 부위별로 훑어보느라 정신이 없다. 자신과 비교해서 조금이라도 우월한 구석이 발견되면(즉 더 가늘거나 더 말랐다면) 즉시 그 부위를 집중적으로 공략하는 다이어트에 들어간다. 혹독한 식단조절과 격렬한 운동이 애처롭기만 하다. 제대로 먹지 않아서 그런지 피부도 부석부석하고 감정기복도 대단히 심하다.

이 정도면 '집착'으로 분류할 만하지 않은가? 사회적인 조류도 다이어트 집착증을 부추기는 데 한몫한다. 모두들 무엇에 홀리기라도 한 듯 다이어트 신봉자들이 되어버렸다. 무슨 서커스 시범도 아니고, 보름 만에 사람 몸을 고무풍선처럼 늘렸다 줄였다 해대는 데도, 이상하리만치 열광한다.

회사에 건강음료를 배달하는 아주머니가 있다. 어느 날 보니 10년은 폭삭 늙어 있는 게 아닌가. 나는 속으로 깜짝 놀라 '이게 어인 일인고?' 했으나, 본인은 무엇이 그리 좋은지 함박웃음이다.

"아이고, 부장님 오랜만입니다. 제가 그동안 독하게 마음먹고 확 뺐어요. 무려 15kg이나요! 완전 살맛 나는 거 있죠. 호호호."

그런데 그로부터 두세 달 뒤에 만난 그녀는 병색이 완연했다. 이번엔 또 어떻게 된 일이냐고 묻자 그녀 왈, "그간 아파서 한 달 동안 병원에 있었어요. 뇌졸중이 와서요, 그만."

우리나라 여자들이 '뚱뚱하다'고 여기는 기준은 외국 여자들

에겐 평균치다. '날씬한 것'도 아니고 '완전 깡마른' 몸매에 집
착하다 보니, 오랜만에 만나서 "너, 살 빠졌구나!"라고 말하면
무조건 예뻐졌다는 칭찬으로 알아듣고, 활짝 웃으며 "어머, 감
사합니다~!" 한다. 사실 상대방은 속으로 '그새 확 늙었네!'라
고 생각하는지도 모르고.

내 주변에만 해도 여자 3명 중 1명은 과거에, 혹은 현재 다이
어트 약을 복용한 사실이 있다. 몸이 아파도 좋으니 제발 날씬
하기만 하면 좋겠다는 말도 스스럼없이 한다. 또한 건강식품에
는 무조건 '다이어트 효능이 있다'는 문구를 집어넣어야만 잘 팔
린단다. 사실은 그렇지 않더라도 말이다.

광화문 세종문화회관의 돌기둥이 그렇게 웅장한 것은 그럴 만
한 이유가 있다. 그래야만 건물을 지탱할 수 있기 때문이다. 신
은 우리에게 각기 다른 체형조건을 주었다. 우리 몸이 이렇게 생
긴 데는, 하나하나 그렇게 만들어진 이유가 있다.

내 경우는 5kg 정도 체중이 늘고 나서부터 오히려 혈액순환도
잘되고 팔다리가 저리던 증상도 사라졌다. 예민한 성격도 너그
러워졌고 날카로워 보이던 인상도 편안하게 바뀌어서, 만나는
사람마다 훤해졌단 소리를 듣는다. 솔직히, 나는 나의 이런 변
화가 매우 마음에 든다.

회사라는 조직에서 오래 생활해보니, 씩씩하게 밥 잘 먹는 후

배들이 제일 예쁘다. 함께 일을 해야 하는 사이일 경우는 더더욱 그렇다. 밥을 잘 챙겨 먹는 친구들이 일도 더 잘하고 정보력도 우수하며 결과적으로 사회생활도 더 잘한다.

간혹 다이어트를 핑계로 밥은 굶으면서 과자나 빵, 커피 같은 것으로 끼니를 때우는 후배들을 본다. "그러다 뼈 삭는다!"고 반협박을 해도, 차라리 밥을 끊지 군것질은 죽어도 못 끊겠단다. 20대 때는 나 역시 하루 종일 굶어도 힘이 넘쳤다. 그러나 요즘은 한 끼만 걸러도 맥을 못 춘다. 실버타운의 영양사에게 들으니, 어르신들은 식사가 단 10분만 늦게 나와도 성화라고 한다. 나이 들수록 '밥심'으로 산다는 말이 이해되는 대목이다.

과자로 끼니를 때우는 것은 일차적으로 건강에 무척 안 좋지만, 사회생활에서도 손해가 이만저만이 아니다. 사실 이런 얘기까지 하면 좀 꼰대(?) 같아 보이겠지만, 회사에서는 점심시간에 중요한 일이 많이 벌어진다. 사석에서 오가는 회사의 중요 정보들을 혼자서만 모른다면, 그 조직에서 어떻게 버틸 수 있겠는가?

윗사람이든 동료든 밥으로 쌓은 정은 쉽게 무너지지 않는다. 회식도 업무의 연장이라는 말을 괜히 하는 게 아니다. 회식에, 사우나에, 상사와 담배까지 피워드리며 네트워크를 만드는 남자들을, 구석에서 혼자 과자 부스러기나 먹고 있는 여자가 어떻게 당해낼 수 있을까?

진짜 중요한 게 뭔지 모르는가?

다이어트, 좋다. 대신 천천히, 건강하게, 체계적으로 하길 바란다. 무리하게 다이어트를 하면 뇌세포가 줄어든다는 실험결과도 있다. 음식 섭취량이 갑작스럽게 줄어들면 뇌세포가 에너지를 보충하기 위해 최후의 영양공급원으로 스스로를 갉아먹는다는 것이다. 체중 조절보다는 스트레스 조절이 먼저다. 실제로 뱃살을 늘리는 주범은 스트레스를 받을 때 분출되는 호르몬이라고 알려져 있다. 스트레스가 많은 사람들을 보면, 안 본 사이에 배들이 유난히 많이 불러 있다.

내가 아는 유명 학원강사인 T는 강의와 교재 집필로 매일 15시간 이상 죽도록 일만 했다. 이렇게 격하게 일한 지 2년 만에 12kg이 불었다. 실제로 T처럼 장시간 일할수록 살이 많이 찐다는 연구결과가 발표되었다.

3년에 한 번 꼴로 회사를 옮기는 후배가 있다. 그녀는 이직할 때마다 새로운 환경에 적응하느라 스트레스가 심해져 체중이 급격하게 늘었다. 급격한 환경변화는 심신을 스트레스 상태로 몰고 간다. 극복책은 의외로 간단하다. 가급적 급격한 환경변화를 주지 않는 것이다. 나 역시 얼마 전에 이사를 하면서 이런저런 스트레스가 꽤 컸는지 보름 만에 3kg이 늘어난 것을 보고 깜짝 놀랐다. 이렇듯 환경의 변화는 스트레스에 큰 영향을 미친다.

이 책은 다이어트 책도 아니고 운동 책도 아니므로, 다이어트 비법을 알려줄 생각은 없다. 그러나 꼭 추천하고 싶은 게 있는데, 그것은 바로 '충분한 수면'이다. 충분한 수면이 다이어트의 절대조건이라는 것을 내가 몸소 경험했기 때문이다. 실제로 수면시간과 다이어트에는 깊은 상관관계가 있다. 일반적으로 고등학교 3학년 청소년들이 체중이 확 느는 이유는 수면부족 때문이라고 전문가들은 말한다. 7시간 이상의 숙면은 다이어트에 큰 도움을 주는데, 내 경우만 해도 주말에 푹 자고 나면 체중이 1.5kg 정도는 내려가 있다.

잠은 휴식이자 충전이다. 하룻밤을 꼬박 새우거나 1주일 동안 매일 4시간 정도만 자는 것은 혈중 알코올 농도 0.1% 상태와 맞먹는다고 한다(혈중 알코올 농도 0.1%인 상태로 운전대를 잡으면 면허취소다). 또한 1주일간 아예 잠을 자지 않으면 뇌의 알파파가 없어져서 통제하기 힘든 흥분상태에 빠져든다고 한다.

사실 2~3kg 뺐다고 해서 인생이 바뀌거나 외모가 크게 달라지는 것도 아니다. 심지어 주위 사람들이 알아보지 못할 수도 있다. 물론 스스로 느끼기에 몸의 컨디션이 확연히 좋아지고, 자신감이 높아지는 심리적인 효과가 확실하다면 말리고 싶지 않다. 하지만 충분히 먹고 잘 자야 사회생활도 잘할 수 있고 인생도 잘 풀린다는 사실을 잊지 말았으면 좋겠다.

누구나 몹시 마음 아프고 괴로운 일이 있을 때 맛있는 음식 덕분에 기운을 차리고 이겨낸 적이 있을 것이다. 사람이 살아가는 데 먹는 재미가 없다면 얼마나 팍팍하겠는가? 사람들이 괴로운 일들을 곧잘 잊고 살 수 있는 것도 바로 먹는 즐거움 때문이다. 세상의 온갖 맛있는 것들을 먹기 위해 사람들은 아픔도 잊고 준령도 넘을 수 있다. 어쩌면 그것 때문에 죽는 것도 거부하고 어떻게든 살려고 기를 쓰는 것 아닐까?

비만치료를 전문으로 하는 어느 한의사는 지방제거 수술로 없애는 게 아니라면 '1개월 동안 자신의 체중에서 5% 넘게 감량하는 것은 주의해야 한다'라고 말한다. 예를 들어 60kg이라면 1개월에 3kg이상 빼지 말라는 소리다. 특별한 사정이 생겨서 어쩔 수 없이 감량할 경우에도 7%가 마지노선이라고 경고한다.

길게 보면 결국 사회생활은 외모가 아닌 실력과 근성으로 승부가 난다. 그러니 앙상하게 말라야 좋은 외모라는 착각부터 깨부수기 바란다. 날씬하면 뭐하는가? '저질 체력'에 마음의 병까지 가졌다면 끝까지 갈 수가 없다. 아니, 이 악물고 죽을힘을 다해 끝까지 갈 수는 있어도, 절대 행복할 수는 없다. 우리를 지탱해줄 열쇠는 몸과 마음과 정신의 강건함뿐이다.

마흔, 혹은 쉰을 넘긴 여자선배들에게 물어보시라. 가장 후회하는 건 '젊었을 때 몸을 아끼지 않은 것'이라고 한결같이 말한다. 살 빼느라, 일하느라, 애 키우고 살림하느라 혹사시킨 몸….

아무리 소중히 보살피고 돌보고 사랑해주어도 고장 없이 100세까지 잘 버텨줄지 모르는데, 왜 그렇게 몸을 무시하고 학대하는가? 이미 그 자체로 사랑스럽고 완벽한 몸인데 말이다.

지금의 내 모습이
왜 이렇게
싫을까?

정신이 복잡해지고 심경이 사나워져 있을 때는 얼굴과 몸 전체에서
기가 쏙 빠져나가며 마치 진액이 빠져버린 화초처럼 축 늘어져버리고 만다.
눈앞에 보이는 얼굴이나 몸뚱이만 중요한 것이 아니다.
정신이 육체를 지배하는 순간들을 경험하며 심신을 잘 다스려야
외모도 보기 좋게 유지된다는 진리를 깨닫곤 한다.

늙고 미워지니까 괄시받는다?

강남 압구정동의 어느 유명 백화점 식당가. 눈, 코, 입은 물론
이고, 헤어스타일까지 붕어빵처럼 똑같은 여성들이 삼삼오오 모
여 식사를 한다. 웃음소리는 나는데 얼굴은 웃는 것 같지 않고,
뭔가 대단히 어색한 표정들이다.

어느 중년의 여성 탤런트는 "얼굴에 자가 지방을 이식하는 수술을 하고 싶었지만, 표정 연기를 실감나게 하기 위해 그 유혹을 물리쳤다."고 고백했다. 배우로서 어쩌면 당연한 말인데도, 요즘은 그런 그녀의 결심이 대단해 보인다. 이렇듯 성형수술에 대한 우리 사회의 시선은 매우 관대해졌다. 취미생활, 혹은 스트레스 해소법 정도로 쉽게 생각하는 사람들도 많다. 심지어 우리나라의 소문난 기술력과 '성형 공화국' 타이틀을 자랑스러워하기도 한다.

M은 남편과 문제만 생기면 성형외과 수술대에 오른다. 뛰어난 외모와 사교성으로 처녀 시절에는 남자들에게 인기가 많았던 그녀였다. 그런데 결혼한 후로는 웬일인지 사람들과 관계가 소원해지고 의기소침해졌다. 밖으로만 나도는 남편 때문에 일종의 우울증이 생긴 것이다. 시아버지의 재력이 아쉬워서라도 '이혼' 소리는 꺼낼 수가 없다. 그러한 그녀의 약점을 잘 파악하고 있는 남편은 대놓고 바람을 피운다.

이럴 때마다 M은 자신이 늙고 미워지니까 괄시받는다는 분노와 자책감이 들었고, 온갖 피부과 시술과 성형수술에 목숨 걸고 매달렸다. M처럼 행복하지 않은 결혼생활을 이어가고 있는 기혼 여성의 경우, 남편을 사랑해서가 아니라 자신을 무시하는 남편에게 복수하기 위해 성형수술을 하는 경우도 많다고 한다.

어느 중년의 연기자 부부가 이혼을 했는데, 한때 그 이유가 장안의 화제였다. 허구한 날 성형하느라 얼굴과 온몸에 붕대를 칭칭 감고 누워 있는 아내의 모습에 정나미가 떨어져서 남편이 이혼을 요구했다는 것이다. 한때 유명했던 가수 J는 본인 스스로 성형횟수가 60회째라며 100번을 채우고야 말겠다고 말하며 기염을 토했다고 한다.

한 방송국에 새로 입사한 20대 여성 PD는 동료가 농담 반 진담 반으로 던진 "살 좀 빼!"라는 말에 충격을 받고 복부지방 제거수술을 했다. 하지만 불행히도 수술 후유증 때문에 현재는 식물인간으로 병상에 누워 있다.

지금의 내가 아닌, 다른 자신을 원하는가?

누구나 특정 부위에 대한 열등감이 있다. 나도 오랜 세월 열등감이 깊었던 부분을 시술한 후, 한층 밝아진 나를 발견할 수 있었다. 그러나 이것이 반복되고 나쁘지 않은 부위까지 습관처럼 손을 댄다면 큰 문제다.

정상적인 외모를 가졌음에도 자신의 외모를 극히 불만족스럽게 생각하거나 심지어 혐오하는 일종의 강박증을 '신체이형장애'라고 한다. 어떤 의미에서는 한국 사회 전체가 이미 신체이형장애 수준에 와 있다고 봐도 무리가 아니다. 실력과 인품으로 정정당당하게 승부하기보단 인물만 괜찮으면 대접받고, 취직이나 결혼도 잘할 수 있다는 생각이 저변에 깔려 있기 때문이다. 이러한 사회적 인식과 관행이 개개인의 신체이형장애를 부추긴다.

실제로 한 설문조사에서 보면, 응답자 10명 중 8명 이상이 우리 사회에서 외모는 경쟁력을 높일 수 있는 수단이라고 답하고 있다. 혹시라도 성형수술을 결심했다면, 먼저 지인 10명에게 반드시 의견을 물어보기 바란다. "왜 성형수술을 하는가?"에 대해서 스스로에게도 진지하게 질문해보자. 성형으로 다른 외모를 얻고 싶다는 것은, '다른 자신을 원하고 있다'는 뜻이기도 하다. 대체 왜 지금의 자신을 못마땅해하고 못 받아들이는 것인지, 그것에 대해서 먼저 고민해보고 해답을 찾아야 한다.

한 지인은 오랜 시간 외모에 대한 비관에 시달리며 강남 일대의 유명 성형외과를 거의 다 섭렵했다. 그 후 참다못한 남편의 강권에 못 이겨 정신과 치료를 받으며 주치의의 권유로 철학서를 보기 시작했다. 처음에는 어렵고 낯설게 느껴졌으나 점점 철학서를 통해 자신을 재발견하고 자기 정체성을 새롭게 인식하게 되었다. 또한 자신이 가지고 있는 근본적인 마음의 병을 객관적으로 들여다볼 수 있게 되었다.

《마음, 철학으로 치료한다》에서는 "철학은 치료학이다!"라고 선포한다. 자존감이 약할 때 우리는 외부 요인에 크게 흔들리게 되며, 이를 잊고자 몰두할 대상을 찾곤 한다. 우리의 내면세계를 잘 들여다보고 자신을 위로하는 긍정적인 자기만의 방법들을 만들어내어야 한다.

성형으로 가꾼 인공적인 아름다움은 진정한 멋스러움을 안겨주지 않는다. 영원하지도 완벽하지도 않다. 얼굴이 아무리 팽팽하면 무엇하는가? 에너지가 없으면 괴상하게 겉늙어 보일 뿐이다. 사실 겪어보면, 얼굴이 아무리 예뻐도 언행이 고상하지 못한 경우에 참 많이 실망스럽다. 품격 있는 언행이야말로 사람을 다시 보게 만드는 중요한 자산이다. 내면의 고상함이 은은하게 지성으로 표출될 때에 원숙미도 드러나는 것이다.

그런데, 잠깐! 이런 도덕 교과서 같은 얘기를 누가 모르느냐고? 당연히 모르는 사람은 없다. 그런데 대체 왜 알면서도 이렇게 집착하는 것일까? 바로 마음이 허해서다. 뻥 뚫린 마음을 무엇으로 채울까 고민하다가 겨우 찾아낸 답이 성형인 것이다.

우리가 소위 선진국이라고 부르는 미국이나 유럽 등지의 여성들은 성형수술에 대해서 우리처럼 쉽게 생각하지 않는다. 어느 신문기사에 따르면, 영국 여성들은 공짜로 수술을 해준다고 해도 절대로 미용성형을 하지 않겠다고 대답했단다.

나이 들수록 그윽해지는 사람은 따로 있다

수십 번씩 성형수술을 해서 외모가 바뀐 사람들, 과연 그들의 인생은 어떻게 달라졌을까? 예전보다 더 나아졌을까? 더 행복하고 더 만족스러운 인생을 살고 있을까? 물론 그런 사람도 없지는 않겠지만, 내 주변의 경우 대개 그렇지 않았다. 성품은 갈수록 우울해지고 폐쇄적으로 변해갔으며 인생 전반이 황폐해진 것처럼 보였다. 실제로 한 연구에 따르면 과도한 성형수술은 자살할 확률을 3배나 높인다고 한다.

심각한 마음의 병을 앓고 있음에도 불구하고, 아무도 문제라고 대놓고 말하지 못한다. 가족이라도 당사자에게 직접 말하기 곤란한 일이기 때문이다.

U는 화장실에 갈 때마다, 헤어에센스와 왁스통을 챙긴다. 거울 앞에서 자신의 모습을 체크하고는 1시간 전에 매만진 머리를 다시 바로잡기 시작한다. 약간 헝클어진 부분을 다듬고, 자신이 포인트라고 생각하는 '앞머리 부분'을 세우고 또 세운다. 그래서 U가 세면대 앞에서 이 작업을 시작하면 다른 사람들은 옆 세면대를 사용해야 한다. 기본이 10분 이상이기 때문이다.

주변 사람들의 말에 따르면 헤어스타일에 관한 그녀의 집착은 병적일 정도로 심각하다고 한다. 근무시간에도 시도 때도 없이 손거울을 들고 머리를 매만지고, 때론 커다란 꽃이 달린 헤어밴드도 하고 나타난다. 그런 그녀와 마주칠 때마다 나는 묘하게 불길한 느낌과 함께 '머리에 꽃단다'는 표현에 대해 다시 생각하곤 한다.

《당신이 놓치고 있는 7가지 외모의 비밀》을 살펴보면, 아름다운 외모를 갖게 해줄 7가지 비밀을 다음과 같이 알려준다. 새로운 경험, 긍정적 에너지의 극대화, 심신의 상태 파악, 일상생활 속 훈련, 마음훈련, 식단조절, 균형 잡힌 수면이 그것이다.

저자는 이런 사항들을 실천하면 긍정적인 삶과 광채 나는 얼굴, 날씬한 몸매를 가질 수 있다고 말한다. 또한 '아름다운 목적을 위해 새로운 일에 도전하고 몰두할 것'을 권하며 '감탄할 수 있는 순간을 찾는다', '읽고 또 읽는다', '일탈을 시도한다', '유행에 따라 변신한다', '낯선 사람과 마주치는 것을 즐긴다' 등을 실천사항으로 든다. 한편 행복이나 불행 같은 감정도 전염성이 강하기 때문에 자신의 삶에 만족하는 긍정적인 사람들과 어울리는 것이 아름다운 뇌를 위해 꼭 필요한 일이라고 역설한다.

고가의 화장품을 듬뿍듬뿍 발라도 마음이 울고 있다면 피부는 생기가 없고 푸석해 보인다. 가까운 사람의 죽음을 겪어본 이라면 육신이 얼마나 보잘것없는 껍데기에 불과한지 절감할 것이다. 영혼이 나간 육체는 정말 나무토막만도 못하다. 청진기를 들고 내면의 소리에 귀 기울여보자. 열네 살짜리 소녀가 울고 있는 모습이 보이지 않는가? 잘 안아주고 다독여주자. '너, 많이 애쓴다. 장하다!' 이렇게 격려해주자.

나의 경우 실제로 마음훈련을 여러 번 시도한 적이 있는데, 단

기간만 노력했는데도 외모가 확연하게 변화했다. 심신을 잘 조절하고 몸과 마음을 잘 가눌 때 탄력 있고 싱싱한 외모로 변화하는 것을 몸소 체험했다.

　정신이 복잡해지고 심경이 사나워져 있을 때는 얼굴과 몸 전체에서 기가 쏙 빠져나가며 마치 진액이 빠져버린 화초처럼 축 늘어져버리고 만다. 이러한 경험을 해보면, 눈앞에 보이는 얼굴이나 몸뚱이만 중요한 것이 아니라는 생각을 하게 된다. 정신이 육체를 지배하는 순간들을 경험하며 심신을 잘 다스려야 외모도 보기 좋게 유지된다는 진리를 깨닫곤 한다.

스스로를
사랑하지 않은 죄

남의 눈을 의식하느라 스스로를 사랑하지 않은 죄, 이건 중죄 중의 중죄다.
자신을 사랑하지 않고 귀하게 여기지 않는 사람들은 타인에 대해서도 강퍅하고 무관심하다.
상대의 감정을 읽지 못하며 자기 세계에 갇혀 자기 식대로만 해석한다.

"어머니, 나를 왜 이렇게 낳으셨나요!"

S는 중학교 때 아버지가 미국 지사로 발령이 나는 바람에 가족과 함께 뉴욕으로 이주하게 되었다. 뉴욕에서 학교를 다니게 된 S는, 성적은 중위권 정도였지만 장기 해외 유학의 특전으로 한국의 명문대에 입학했다. 대학에 들어간 후, 방학마다 프랑스

로 일본으로 어학연수를 다닌 덕에 3개 국어에도 능숙한데, 그런 그녀를 무척이나 부러워하는 사람이 많았다. S의 어머니를 오랜만에 만났다.

"S는 잘 있나요? 한창 좋을 때인데 남자친구는 없어요?"

내 질문에 어머니 표정이 밝지 않다.

"S는 열등감이 심해요!"

"그 나이 때는 원래 열등감과 우월감 사이를 지옥과 천당처럼 왔다갔다하는 것 아닌가요? 너무 걱정하지 마세요. 일종의 성장통 아니겠어요?"

"저도 그렇게 믿고는 싶지만 좀 심각해요."

"어느 정도인데요?"

"얼굴도 몸매도 모두 다 꽝이래요. '너 정도면 우수한 외모야'라고 말하면 '고슴도치도 제 새끼는 예쁜 법이야'라며 심하게 화를 내요. 외모뿐만 아니라, 가정환경, 다니는 학교 등등 모든 것을 못마땅해하고 매사에 부정적이에요. 가끔 19층에서 뛰어내리고 싶다는 말까지 해서, 저도 어찌해야 할지 모르겠어요."

으잉? 이게 무슨 말인가? 내가 아는 S는 키 168cm에 몸무게 53kg 정도의 늘씬한 체형을 가졌다. 그러나 그녀는 자신이 상당히 뚱뚱하다고 여기며 스스로에 대해 도무지 만족스러워하는 부분이 없다. 원하던 일이 조금만 어그러져도 자신이 못난 탓이라고 비관하며 모든 것을 부정적으로만 해석한다. 사태가 좀 심각한 것 같아 나는 S의 어머니에게 잘 아는 정신과 전문의를 소개해주었다.

예전 회사의 동료 L은 이런 고백을 했다.

"나 자신이 너무 부끄러워서 미칠 것 같아. 누군가가 내 정체를 알게 되면 무시할 것 같아서 깊은 대화를 피하게 돼."

오랫동안 심한 두통에 시달려온 그녀는 중증 우울증 진단을 받은 후에야 그 깨질 듯한 두통의 원인을 알게 되었다. 과대망상과 피해망상이 두통을 불러온 것이다.

내 둘째 딸아이는 키가 160cm도 채 되지 않는다. 그러나 그 아이는 자신의 작은 키가 오히려 강점이라 큰소리친다. 키가 큰 남자일수록 작은 여자에게 끌리는 법이라며, 키가 큰 남자를 만나서 팔에 대롱대롱 매달려 다닐 미래를 상상하면 그런 자신이 귀여워 죽겠단다.

우리 회사 직원 R은 150cm 정도의 작은 키임에도 불구하고, 결코 기죽지 않고 자신 있게 운동화를 신고 다닌다. 작은 키를 극복할 그녀만의 히든카드는 바로 '미소가 예쁜 얼굴'이라며, 밝게 웃는 연습을 부단히 한다는 것이다. 실제로 R은 하얀 얼굴에 하얀 운동화, 그리고 환하게 웃는 미소가 그렇게 매력적일 수가 없다.

'독특함과 참신함'을 무기로 내세우는 외국 여성들은 똥배가 아무리 많이 나와도 전혀 아랑곳하지 않는다. 팔뚝이 아무리 두꺼워도 여름에 민소매 티셔츠를 당당하게 입고 다닌다(남의 팔뚝이 자기보다 두꺼운지 아닌지 신경 쓰는 건 아마 한국 여자들뿐일 것이다). 외국의 유명 여배우는 매부리코를 자신 있게 내세워 개성파 배우로 자리매김했다. 만약 그녀가 우리나라에서 여배우로 활동했다면 연예기획사에서 제일 먼저 코부터 고치라고 병원에 데려갔을지도 모르겠다.

인생은 말하는 대로 펼쳐진다

자신감에 관한 한 한비야 씨야말로 최고의 자산가다.

"이런 말을 하면, 웃을지 모르지만 난 내가 마음에 든다. 다른 사람과 비교해서 잘났거나 뭘 잘해서가 아니라 그냥 소소한 부분이 마음에 든다."

그녀는 이렇게 말하며 자신의 성이 한 씨인 것, 띠가 개띠인 것, 셋째 딸이라는 것, 그리고 '밝고 환한 얼굴'이 못 견디게 좋다고 말했다. 앞의 세 가지는 태어나면서부터 가지고 나온 것이지만 밝고 환한 얼굴이야말로 본인의 엄청난 노력 끝에 얻은 가장 진귀한 보물이 아닌가? 그녀의 천진함이 아름답다.

C는 말끝마다 "이 저주받을 놈의 하체!"라고 한다. "이 코끼리 다리 누가 안 훔쳐가나!" 하는 말도 자주 한다. 한 식물학자

가 국화꽃을 가지고 실험을 했다. "예쁜 꽃아! 네가 세상에서 제일 아름답구나!" 이런 말을 듣고 자란 국화꽃은 15일 후에 꽃이 활짝 피었다. 그러나 매일 주인이 노려보며 "이 저주받을 미친 꽃아!" 하며 욕지거리를 해댄 국화꽃은 15일 후에 급격히 시들어 모두 죽고 말았다고 한다.

《백설공주》에 나오는 계모처럼 매일 거울에다 대고 "이 세상에서 누가 제일 예쁘니! 거울아?" 하는 것도 참 이상한 일이지만, 자신의 몸에 대해 온갖 악담과 불평을 쏟는 것은 더 이상하고 더 큰 잘못이다. 아니, 왜 예쁘고 사랑스러운 몸에 그런 악의에 찬 말들을 던지느냐는 말이다.

부정적인 말을 입에 담을 때 어른들은 "입방정 떨지 마라. 복 나간다."고 늘 주의를 주셨다. "내 팔자에 무슨 복이 있을라고.", "내 팔자가 그렇지 뭐!", "내 친구들은 다들 잘 풀리는데, 도대체 나만 왜 이래?" 등등. 이런 부정적인 말을 입에 달고 살면 어떻게 될까? 정말 말 그대로 인생이 부정적으로 전개된다.

나와 함께 일하는 우리 팀 막내는, 일반적인 기준으로 볼 때 그다지 내세울 것이 없는 친구다. 그녀의 신분은 2년제 계약직 직원이고, 어머니는 돌아가셨으며, 집안형편도 좋지 않다. 그러나 그녀는 늘 긍정적이고 너그럽다. 열심히 일해 알뜰하게 모은 돈으로 여러 나라로 여행도 자주 다니며, 작은 선물이라도 사와서 주변 사람들에게 돌리는 살뜰함도 배어 있다. 청바지에 소박한 티셔츠 차림이지만, 얼굴에는 언제나 자신감이 넘친다.

회사 내에서 칭찬도 자자해서, "부장님 부서의 막내는 인상이참 좋네요." 하는 말을 들을 때는 나도 덩달아 신난다. 마치 내가 잘해주어서 그녀의 표정이 좋은가 보다 하는 뉘앙스도 깔려있기 때문이다. 그러한 밝은 성품 때문인지, 그녀의 삶은 실제로 점차 나아지고 있다. 여기저기에서 소개팅을 시켜주겠다고나서는 이들도 많고, 현재 만나는 남자친구도 훌륭한 사람이다. 그녀에게는 꿈이 있다. 자신과 같이 한 부모 가정에서 자란 청소년들을 위로하고 따뜻하게 품어줄 공연단체를 만들겠다는 꿈이다. 꿈이 있는 그녀, 그 어떤 난관도 돌파할 것이다.

혼자 떠난 여행에서 자기애를 발견하라

나는 누구에게나 여행을 권하지만, 특히 자신에 대해 부정적인 시각을 가진 사람들에게는 더더욱 여행을 권한다. 여행이라는 게, 딱히 무엇을 보러 가는 것만이 아니다. 여행의 과정 전체를 통하여 수많은 자신과 만나고 화해하는 일종의 의식이다. 나역시 장기여행을 통해서 나란 사람을 새롭게 이해할 수 있었으며, 자신감도 회복할 수 있었다. 그리고 외국에서 만난 여성들의 도전적인 삶과 그녀들의 강한 자의식을 보며 나 역시 강인한 여성으로 거듭날 것을 각오했다.

꼭 해외로 나갈 필요는 없다. 반나절 동안 근교에 나들이를 간다 해도 '잠시 멈춤'은 귀중한 것이다. 짧은 국내여행도 매일 반복되는 일상에서 벗어날 수 있다면 삶에 대해 색다른 시각을 가질 수 있기 때문이다.

혼자서 훌쩍 떠나라. 어디서 잘지, 뭘 먹을지, 미리 고민하거나 준비하지 말고 무조건 빈손으로 훌쩍 떠나자. 일단 가보면 모든 게 상상한 것 이상으로 멋지게 해결된다. 새로운 사람, 장소, 예기치 못한 사건들은 우리를 일상의 걱정과 근심에서 구제해준다. 자신보다 훨씬 안 좋은 상황에서도 즐겁게 살며 삶을 만끽하는 사람들을 만나 일종의 해탈과 숙연함을 맛보게 된다. 그동안 별로 중요하지도 않은 문제로 끙끙댄 자신이 무지 우스워 보일 것이다.

우리나라 여성들은 유독 혼자 무언가를 하는 것을 싫어한다. 혼자 식당에 들어가서 밥 먹는 것도 싫어한다. 학창시절부터 늘 삼삼오오 짝을 지어 다니는 게 익숙해서 그런지 같이 다닐 친구가 없으면 여행도 쇼핑도 안 하고 집에 콕 처박혀 있기 일쑤다. 심지어 취직 면접을 볼 때도 친구와 같이 가고, 만약 친구가 안 가면 본인도 안 간다.

혼자 떠나는 여행은 우리의 영혼을 유아적인 자아에서 벗어나게 해주고 성숙하게 만든다. 나는 20대 초반을 방황 그 자체로 보낸 사람이다. 내게 그러한 방황의 시간이 주어졌기에 오늘날 간단명료한 삶의 철학을 가지게 된 것 같다. 길 위에서 만난 영혼들과의 깊은 대화 속에서 삶에 대한 많은 질문과 궁금증들에 대한 해답을 얻었고, 여행길에서 만난 대자연은 산다는 것에 대한 경외심을 가르쳐주었다. 배낭 하나 달랑 들고 전국을, 그리고 세계를 순례한 20대의 그 시간들이 없었다면 아마도 나는 아직까지 심히 혼란스러워하고 있었을 것이다.

'방황'은 훗날 우리를 더 단단한 사람으로 만들어주는 필수코스다. 방황하는 척만 하는 어정쩡한 방황 말고, 바닥까지 처절하게 경험해본 충분한 방황이야말로 누구에게나 절대적으로 필요하다. 방황도 일찍 하고 끝내야지, 남들 다 끝내고 열심히 일할 나이에 뒤늦게 시작하면 여러 사람 피곤해진다.

1970년대에 대학을 다닌 사람들 사이에서는 무전여행이 큰 유행이었다. 이문열의 소설 《젊은 날의 초상》에서 볼 수 있는 그런 젊은이들이 많았다. 일명 '청바지 세대'라 불리는 이들은, 대학 시절에 1개월 이상 무전여행을 하는 게 필수였다. 넉넉한 집안의 자녀들조차 일부러 돈 한 푼 없이 전국을 일주했다. 그런 경험을 가진 사람들은 살면서 위기의 순간이 닥칠 때, 자기 자신과 삶을 관조하는 지혜를 발휘한다.

남의 눈을 의식하느라 스스로를 사랑하지 않은 죄, 이건 중죄 중의 중죄다. 자신을 사랑하지 않고 귀하게 여기지 않는 사람들은 타인에 대해서도 강퍅하고 무관심하다. 상대의 감정을 읽지 못하며 자기 세계에 갇혀 자기 식대로만 해석한다. 우리나라 사람들은 '돈과 성공'이라는 단편적인 잣대에 치우친 삶을 살아왔다. 돈이 없으면 큰일 나고, 출세 못 하면 인생 '꽝'이라는 막연한 강박관념 때문에 너무나 많은 귀중한 것을 놓치고 살아온 것이다.

내가 무엇을 원하는지, 내가 좋아하는 것은 무엇인지, 내 그릇은 어느 정도인지를 제대로 아는 것이 잘살 수 있는 비결이다. 이 세상에서 가장 큰 죄는 자기를 사랑하지 않는 것이다.

점쟁이가 알려주는
나의 불안한 팔자

이 세상 어디에도 '불안해하는 소나무'나 '걱정하는 물고기'는 없지 않은가?
오직 사람만이 부정적인 상상으로 스스로를 괴롭힌다.
이것저것 잡다한 고민은 딱 접고, 지금 이 순간을 잘 보낼 궁리에 온전히 집중한다면,
고통의 90%는 줄어들 것이다.

"언제쯤 결혼할 남자를 만나게 될까요?"

나는 '호기심'이 대단히 많은 사람이다. 막연한 느낌보다는 실
제로 체험하는 것을 좋아하며, 경험을 최고의 가치로 여긴다. 이
책을 쓰기 위해서 취재 차 점집도 여러 군데 다녀봤다. 막연히
들은 얘기들을 직접 확인하기 위해서다. 용하다고 소문난 역술

인 L에게 직접 '단골 고객은 주로 어떤 사람들인지, 주로 어떤 문제를 가지고 오는지' 물어보았다.

"제 고객뿐만 아니라 다른 집들도 마찬가지일 겁니다. 여성 고객이 70% 정도인데, 젊은 여자들의 주요 관심사라는 게 주로 남자 문제입니다."

예전 직장의 후배 B는 용하다는 점집이란 점집은 다 가보았다며 만날 때마다 점집에 다녀온 얘기를 큰 자랑거리라도 되는 것처럼 늘어놓곤 했다. 어느 용한 점집에서 듣고 와 본인의 사주풀이에 대해 그럴싸하게 수다를 떠는 그녀. 그런데 그녀의 소개로 그 점집엘 다녀온 동료들은 이상하게 표정들이 어두웠다. 대충 이런 말을 들었다는 것이다.

"요 몇 년 새 이혼수가 있겠군요."

"앞으로 5년간은 재물이 나갈 운입니다."

"회사에서 구설수에 오르겠네요."

"남편하고 이혼은 하지 마시고 애인이나 두세요. 남자 복이 없어서 헤어져봐야 마찬가지입니다."

"일곱 살 된 아들내미, 나중에 어지간히 속깨나 썩이겠군요."

대책방안을 간절히 묻는 고객에게 굿을 권하기도 하고, 간단히는 부적을 해결책으로 내놓는다고 한다. 그 점집에 다녀온 사람들은 부적을 해야 할지 굿을 해야 할지 고민에 빠지거나, 아니면 안 좋은 소리를 들은 것 때문에 다들 무지 심란해한다. 혹을 떼러 갔다가 도리어 더 큰 혹을 붙이고 오는 꼴이다.

K사장님은 자신의 사주가 기막히게 좋아서 유명한 스님이 저술한 책에 '기똥찬 사주'의 사례로 들어가 있다며 늘 자랑하곤 했다. 그러나 그분은 58세에 불의의 사고로 급사하였다.

프로젝트 외주 PD인 C, 대부분의 여자들이 그렇겠지만 그녀의 주된 관심사는 일과 연애다. 중요한 문제가 생기면 그녀는 같은 질문을 들고 여러 점집을 방문한 후 점쟁이들이 하는 얘기들을 종합해 통계를 내어 결정한다. 그녀의 주된 질문은, 예컨대 이런 것들이다. "언제쯤이면 인연이 나타날까요?", "이 남자, 사주 어때요? 저와 궁합은요?", "상사와 너무 안 맞아요. 언제쯤 찢어질 수 있나요?" 등등.

이미 점쟁이 권유로 여러 명의 남자들과 헤어졌고 직장도 여러 번 바꾸었다. 요즘도 남자친구와 조금만 다투어도, 혹은 일하다가 약간만 문제가 생겨도 먼저 점집을 찾는다.

얼마 전 만난 그녀는 점쟁이의 말 때문에 심히 불안하다고 말했다. 점쟁이가 "지금 남자친구와는 인연이 없어요. 당분간 인연이 나타나지 않습니다. 향후 4년 정도는 하는 일마다 아주 힘들 거예요. 건강에도 이상이 생기고, 갑상선 쪽을 특히 조심하세요."라고 했다나?

그녀는 나에게 하소연하며 이렇게 말했다.

"가까스로 버텨왔는데 이보다 더 힘들다니! 이보다 더 안 좋다니! 더 나쁘다면 대체 나 보고 어쩌라는 말이에요?"

그 후 그녀는 괴로운 마음을 안고, 다른 이에게 소개받은 새로운 점집을 찾아간다. 상담 1회에 30만 원이나 하는 유명한 점집이란다. 그 용한 점쟁이는 그녀에게 "개명하면 면할 수 있어!"라며 강력히 개명을 권했다고 한다. 그러나 새 이름을 짓는 데드는 비용이 자그마치 200만 원. 그녀는 하루에도 수십 번씩 "200만 원을 들여서라도 새 이름을 받을까? 아니야. 사기꾼한테 낚인 거야." 하며 갈피를 잡지 못하는 중이다.

한 남자후배는 이렇게 말했다.

"이제까지 여자친구들과 헤어지게 된 주된 요인이 '점' 때문이었어요. 우리 어머니께서 궁합이 안 맞는다고 말려서 첫사랑과 헤어졌고, 두 번째는 여자친구 쪽에서 점쟁이에게 안 좋다는 말을 듣고서 일방적으로 이별통보를 해왔어요. 아, 정말 여자들이란! 우리 어머니나 옛날 여자친구나 너무 심하게 점쟁이 말을 믿더라고요. 점쟁이가 인생을 책임져줄 것도 아닌데 말이죠."

솔직히 고백하면 나 역시 과거에 '점집 나들이'가 일종의 오락거리이자 취미생활이었던 적이 있다. 나 스스로에 대한 믿음이 흔들릴 때마다 위안으로 삼은 것이 점이었다. 불안하고 초조해서 심장이 터질 것 같을 때면, 홍대 앞 길거리 천막에 들어가서 돈 1만 원에라도 회포를 풀었다. 좋은 소리를 들으면 잠시 위안이 되지만, 안 좋은 소리를 들으면 오래도록 귓전에 남아 또 다른 불안이 스멀스멀 올라왔다.

우리 외할머니는 30대 중반에 홀로 되셨다. 이북에서 함흥역장이었던 남편을 시베리아로 유형 보내고 젊디젊은 나이에 청상이 되어서 한스런 세월을 사신 분이다.

그런 외할머니에게 삶의 희망은 오로지 나였다. 나 말고도 손녀들이 여럿 있었지만 유독 내게만 정성과 사랑을 쏟으셨다. 나는 아직까지도 하늘나라 어디선가 외할머니가 응원해주고 계신 것 같은 든든한 느낌을 받고 산다.

좌우간, 이북에서 고등교육까지 받은 인텔리 여성이셨지만 외할머니는 점집 나들이를 낙으로 삼으며 남한에서의 힘겨운 생활을 견디셨다. 그런데 어느 날부터인가 그렇게 오랜 세월 다니던 외할머니가 점집 발길을 뚝 끊으셨다. 나는 궁금해서 외할머니께 여쭤보았다.

"할머니! 왜 점집 안 가? 가서 나 언제쯤 좋은 신랑감 만나나 물어봐주세요! 그리고 내가 얼마나 잘되는지도! 나중에 돈 많이 벌면 할머니 5억, 외삼촌 1억 줄 거야!"

내 딴에는 외할머니 기쁘시라고 외삼촌까지 챙기며 의기양양하게 물었지만 외할머니는 정색을 하시며 예의 그 투박한 함경도 말투로 "그런 거 다 쓸데없음매. 사람 일 아무도 모름매. 그 걸 알면 점쟁이가 왜 저렇게 살겠음매?" 하고 말씀하셨다.

보통 교회나 성당에 나가게 되면서 많은 이들이 점집으로 향 하던 발길을 끊는다. 그러나 우리 외할머니 경우는 그런 이유는 아닌 것 같았고, 만날 똑같이 반복하는 그렇고 그런 말들에 염 증을 느끼셨던 것 같다. 그리고 점쟁이의 말을 듣고 벌인 외삼 촌의 사업이 매번 고전하는 것을 보면서 믿을 게 못 된다는 것 을 자각하신 듯싶다.

몇 해 전 어느 신문에 실린 황상민 교수의 글은 점쟁이에 대 한 우리의 혼란을 일시에 해갈시켜준다.

몇 사람이 모였을 때, 우아하게 관심을 끄는 소재가 있다. 용하다 는 점쟁이, 또는 운명철학에 대한 이야기이다. 미신이라고 핀잔이 나 올 것 같지만 놀랍게도 학력과 관계없이 누구나 관심을 표현한다. 올 해 운세가 좋을까? 와 같은 이야기는 아니다. 단지 운명을 안다는 것, 미래를 알아맞히는 것이 얼마나 신기하며, 누가 그런 신통방통한 영 발(신기)을 발휘하는지 몇 가지 사례로 수다를 떠는 것이다. 누구나 솔깃해하면서 친구나 선후배, 누군가의 경험도 풀어놓게 된다.

삶이 답답하고 풀리는 일이 없다고 느껴질 때, 아니 한 치 앞을 내 다볼 수 없다고 믿을 때, 사람들은 용한 분을 찾는다. 그런 분들은 정 말로 신기한 영발로 답답한 마음을 읽고 미래를 예측하는 것일까? 아니다. 영발에서 나오는 것이 아니라 바로 그 사람을 통해서 이루어진다. 바로 앞에 있는 사람의 마음을 읽고, 그것에 견주어 그 사람의 미래를 설명하는 것이다.

혹자는 이렇게 말한다. "나는 하는 일마다 안 풀려요." 이런 사람의 성격을 잘 살펴보면 하는 일마다 안 풀리게 되어 있다. 쉽게 싫증을 내고, 한 가지 일을 지속적으로 하기 어렵다. 이런 성격이라면 잘 풀릴 수가 없다. 뭐든지 간에 제대로 되려면 일정한 시간이 걸리고 상당한 노력이 필요하기 때문이다. 당신이 무엇을 원한다면, 먼저 자신의 성격을 잘 파악해야 한다.

(출처 : 〈조선일보〉 2009년 7월 16일자)

멘토를 정하고 진지하게 조언을 구하라

내가 어떤 사람인지 아는 것, 그것은 바로 나의 성격에 대한 파악이다. 사람들은 자기 자신은 잘 몰라도 옆에 있는 사람에 대해서는 비교적 정확하다. 자신을 알지 못한 채 주위만 살피게 되면, 보이는 건 어두운 미래뿐이다. 동서고금을 막론하고 '너 자신을 알라'는 조언이야말로 만사의 기본이 아니던가.

자신의 사정을 잘 알고 세상사에 해박한 현명한 멘토와 상의하는 건 어떨까? 그냥 수다나 떨고 넋두리하며 하소연하는 게 아니라 '멘토'의 조언을 구하라는 것이다. 그 짧은 시간 동안 속

전속결로 내 문제를 단정 지어버리는 점쟁이에게서 과연 지혜로운 해답이 나올까? 차라리 오랜 세월 나란 사람을 지켜봐온 사람, 속속들이 파악하고 있는 지인의 한마디 속에 촌철살인의 명답이 들어 있을 확률이 크다.

한 지인은 점쟁이 말에 휘둘려 여러 차례 큰 실패를 맛보고서 그런 자신이 바보같이 느껴졌다고 고백한다. 그래서 그 이후로는 점을 보러 가고 싶은 충동이 들 때마다 그 돈과 시간을 남을 위한 '덕 테크'에 쏟고 있다. 살림이 어려운 친구, 고생하는 친척에게 용돈과 식사를 대접하며 남의 아픔을 달래주다 보면 "세상살이가 쉽지 않구나."를 자각하고 오히려 자신이 위로를 받게 된다고 한다. 또한 왠지 모를 충족감과 함께 복 받을 일을 한 것 같은 기분이 들어 삶에 여유까지 생겼다고 한다. 점집을 드나들 때 들었던 찜찜한 마음과는 정반대의 뿌듯한 마음이 든 것이다.

우리는 불안하고 초조할 때 점집을 찾는다. 사실 별 뾰족한 수가 없다는 것을 잘 알면서, 그래도 찾아간다. 바로 이럴 때에 남을 위해 봉사를 하면 어떨까? 사실 나도 남을 돕는 일을 통해 밑바닥에 깔려 있던 불안 심리를 잠재울 수 있었다.

외국인들은 자신의 집을 가난한 나라 학생들의 홈스테이 장소로 기꺼이 제공하며 돈 한 푼 안 받고 식사까지 챙겨주는 수고를 마다하지 않는다. 자기 자식도 거두기 힘든데, 어떻게 남의 나라 자식까지 저리도 열심히 챙겨주고, 재우고, 먹일 수 있을까? 궁금해하던 나에게 10년째 이 봉사를 하고 있는 한 미국인 호스트는 이런 답변을 보내주었다.

"저희 아이들이 모두 출가하고 나서 멀리 살아요. '내가 남의 아이들을 이렇게 도와주면 누군가가 내 아이들도 이렇게 도와주겠지' 하는 그런 생각이 들어서, 봉사를 하다 보면 아이들 걱정이 덜 돼요."

자신들의 봉사가 부메랑이 되어 자식들에게 복을 가져다줄 것이라는 얘기다. 그의 말을 들으며 나는 마음 한쪽이 저릿해졌다. "내 자식 귀한 줄 알면 남의 자식에게 잘하라."는 우리 선조들의 말과 일맥상통하는 부분이다.

이 세상 어디에도 '불안해하는 소나무'나 '걱정하는 물고기'는 없지 않은가? 오직 사람만이 부정적인 상상으로 스스로를 괴롭힌다. 이것저것 잡다한 고민은 딱 접고, 지금 이 순간을 잘 보낼 궁리에 온전히 집중한다면, 고통의 90%는 줄어들 것이다.

우리 선조들은 어려움에 처할 때 산속에 칩거했다. 자신과의 깊숙한 만남을 통해 길을 정하기 위해서다. 인생의 기로에 섰을 때, 갈팡질팡해 판단이 서지 않을 때, 고뇌가 밀려들 때, 자기 자신과의 깊은 대화를 통해 명료한 삶의 해답을 얻어낼 수 있다. 현재 우리를 사로잡고 있는 괴로운 문제들이나 시름들이 사실은 별것 아님을 알게 될 것이다.

세상에서 가장 중요한 사람은 '나'다. 그래서 '나'를 행복하게 만들 궁리가 최우선이어야 한다. 그러나 실제로 우리는 자신보다 다른 것들을 더 먼저 생각하고, 더 중요하게 생각한다. 우선순위가 잘못된 것이다. 그래서 늘 공허하고 잘못 살고 있다는 느낌이 든다. 남의 인생만 사니 당연히 행복할 리가 없다. 내 인생을 살아야 한다. 내가 원하는 내 인생, 내가 볼 때 좋은 내 인생, 내가 행복한 내 인생을 살아야 한다.

●

괴로운 현실을
떠나 드라마로
도피한 그녀들

사람에게는 2개의 잔이 있다고 한다. 하나는 불행의 잔이고 또 하나는 행복의 잔이다.
살면서 행복의 잔을 먼저 다 마셔버리면 불행의 잔만 남게 될 것이다.
하지만 2가지를 번갈아가면서 마신 사람은 행복과 불행을 교대로 조금씩 경험하므로
한꺼번에 어마어마하게 큰 불행은 터지지 않는다고 한다. 그럴듯하지 않은가

"TV 보는 맛에 살아요."

요즘 스마트폰이 대세는 대세인가 보다. 전철이나 버스에 탄
사람들을 보면 죄다 스마트폰에 시선고정이다. 예전에는 책을
읽는 사람도 꽤 많았고, 신문을 보거나 얘기를 나누는 사람들을
쉽게 찾아볼 수 있었지만, 요즘은 공짜로 나눠주는 지하철 무가

지도 시들한지 전부 스마트폰만 뚫어지게 쳐다본다.

그런데 한 가지 특징이 더 있다. 대체로 남자들은 게임을 하거나 인터넷 뉴스를 보고, 여자들은 드라마에 빠져 있다는 사실. 소위 미드, 일드, 영드 등 해외 드라마들을 다운로드 받아서 보는 사람들도 많지만, 공중파 방송의 드라마를 보는 경우가 많다. 특히 아침 출근시간에 방송 3사 채널마다 시간도 겹치지 않는 그 '막장'의 대명사 '아침 드라마'들을 연달아 보는 여자들도 눈에 자주 띈다. 이런 여자들을 보면 솔직히 기분이 썩 유쾌하지만은 않다. 퇴근시간도 아니고 출근시간에, 활기찬 발걸음과 두근거리는 마음으로 오늘 해야 할 일을 떠올려야 할 그 신성한 시간에 3편 연속 막장 드라마라니!

그런 그녀의 옆자리에서 경제신문을 꼼꼼히 탐독하는 남자들이 있다면 어떨까? 10년 후에 이 두 그룹 간에는 엄청난 차이가 날 것이다. 매일 아침 신문을 정독하는 이들과 아침 출근길부터 막장 드라마에 혼이 나간 여자들은 지식, 교양, 사회적 현상에 대한 이해력, 예술적 안목, 창의력, 통찰력 등등, 모든 면에서 현격한 격차가 벌어질 것이다.

후배 N은 드라마에 푹 빠져 지내는 소위 드라마족이다. '본방사수'를 위해 저녁 약속이나 업무상 일정도 모두 취소하는 건 기본이고, 여주인공의 헤어스타일부터 옷차림, 구두에 이르기까지 모든 것을 따라하는 취미를 가졌다. 점점 여주인공과 흡사해져 가는 자신을 바라보며 조만간 남자 주인공 같은 멋진 왕자님이 나타날 것이라 확신한다.

1년 전쯤에는 화제의 드라마에서 주인공 여배우가 입고 나온 드레스를 구하지 못해 안달했다. 드레스를 손에 넣기 위해 사방팔방 수소문하고 다니는 수고도 마다하지 않았다(일을 좀 그렇게 할 것이지!). 결국 그 드레스를 구했는지는 모르겠지만, 그녀의 블로그에 들어가 보면 온갖 드라마의 여주인공과 똑같은 의상을 입고 촬영한 '셀카'들로 가득하다.

"월급으로 어떻게 저렇게 비싼 옷들을 많이 살 수 있느냐?"고 물어보니 부모님께 거짓말을 둘러대고 여기저기 변통해서 간신히 버틴단다. 친구들은 그녀에게 '세상에 이런 일이' 프로그램에 나가보라고 말할 정도다. 비꼬느라 하는 말인데도, 그녀는 그런 주위의 반응에 몹시 우쭐해하고 자기가 마치 연예인이라도 된 것처럼 흥분한다.

L은 예전 나와 함께 프로젝트를 진행한 직원이다. 참 활기차고 싹싹한 친구였는데, 오랜만에 만났더니 예전의 활기는 다 어디 갔는지 침울하고 어두워졌다. 요즘 어떻게 지내느냐고 물으니 그냥 TV 보는 맛에 산다고 대답했다. L은 작년까지만 해도 작은 공연 기획사의 팀장이었다. 휴일도 없는 빡빡한 업무에 녹초가 되어버린 그녀는 쉬면서 다른 일자리를 찾아보려고 사표를

냈다. 그런데 경기도 나빠지고 업계 사정도 여의치 않다 보니 면접에서 몇 번 떨어졌고, 집에서 노는 시간이 길어지자 부쩍 의기소침해졌다. 그리고 드라마족이 되어버렸다. 매일 잠자는 시간만 빼고 눈 떠서부터 잠들 때까지 내내 드라마, 영화, 홈쇼핑까지 두루두루 섭렵하며 바깥세상과 절연한 채 지낸다.

전업주부 O는 남편이 일찍 퇴근하면 짜증부터 난다. 남편에게 이것저것 챙겨주다 보면 드라마를 못 보기 때문이다. 다섯 살짜리 아들내미가 번잡하게 구는 것도 짜증난다. 사실 O도 예전에는 드라마를 별로 많이 보지 않았었다. 그런데 출산 후 육아 문제로 회사를 그만두게 되었고, 처음에는 집에만 있으려니 갑갑해 죽을 것 같았다. 그러다 우연찮게 남자 탤런트 모 씨를 흠모하면서 드라마의 세계에 빠져들게 된 것이다. 처음에는 "아이들이 어느 정도 크면 저도 다시 일할 거예요." 하고 굳게 결심했건만, 그 결심도 잊은 채 요즘은 드라마에 넋을 놓고 산다.

TV에 빠질수록 현실은 삐딱해진다

2차 세계대전 때 사회과학자 새뮤얼 스토퍼는 군대의 사기문제와 관련된 놀라운 사실을 발견했다. 그는 진급이 가장 느린 헌병부대와 진급이 가장 빠른 육군항공대(미 공군의 전신) 중에서, 당연히 진급이 느린 헌병부대의 군인들의 사기가 낮을 것으로 예상하고 연구를 시작했다. 그런데 놀랍게도 결과는 정반대였다. 진급이 느린 쪽 군인들의 사기가 더 높은 반면 진급이 빠른 쪽의 사기는 오히려 낮았다. 왜 그럴까? 자신만 진급이 느린 것이 아니라는 생각, 즉 동병상련을 느낄 때 인간은 불만이 줄어들고 갈등도 적어지기 때문이다. 반면 진급이 빠른 부대에서는 서로 먼저 진급하려고 경쟁하고 시기하는 경우가 많으므로 결속력도 약해지고 사기도 떨어졌다.

친구가 많은 사람일수록, 그리고 친구들과 자주 만나서 대화를 많이 나누는 사람일수록 삶에서 맞닥뜨리는 불행에 대해 비교적 너그러운 편이다. 허심탄회하게 속내를 털어놓는 발산의 과정들을 통해 '나만 힘든 것이 아니구나!' 하는 사실을 발견하고 위안을 받기 때문이다.

예컨대 매일매일 경로당에 나가는 할머니는 이웃 할머니들의 하소연을 통해 당신 며느리만 '싸가지 없는' 것이 아니라 다른 집 며느리들도 다 그렇다는 사실을 알게 된다. 그러면 분함이 덜어지고 오히려 다른 집 자식들보다 내 자식이 낫다는 생각을 하며 자위하기도 한다.

그러나 매일 집에만 틀어박혀 지내는 두문불출형 할머니는 우아하게 대접받으며 살아가는 TV 드라마 속 할머니들을 보며 울화가 치밀게 되고, 자신의 신세가 한없이 비참하게 느껴진다. 상대적 박탈감이다.

요는 혼자 끙끙거리며 문제를 끌어안고 지내지 말고 사람들에게 털어놓고 대화를 나누라는 것이다. 그래야 '사는 게 이리 힘든 일이구나' 싶어지고 '나만 이런 것이 아니구나' 싶은 자각이 들어 덜 억울하고 덜 분하고 덜 화난다는 말이다.

어느 연구기관에서 취미에 따른 뇌의 변화에 대해 연구를 했다. 두 그룹으로 나누어서 뇌 단층촬영을 했는데, 첫 번째 그룹은 평생 TV만 끼고 산 사람들이었고 두 번째 그룹은 독서와 글쓰기를 즐기며 창의적 취미활동을 해온 사람들이었다. 촬영결과는 놀라웠다. 뇌 구조 자체가 완전히 달라져 있었다. 창의적인 취미에 몰두해온 뇌는 활용도가 훨씬 높고 나이보다 한결 젊었던 반면 TV만 끼고 산 뇌는 그 반대였다.

불륜, 배반, 기억상실, 사고, 우연, 출생의 비밀이 줄줄이 터지는 막장 드라마는 세상에 대한 부정적인 인식을 키운다. "현실은 그다지 폭력적이지 않음에도, TV에 빠진 사람들은 세상을 위험한 곳으로 확대해서 생각한다."는 어느 유명한 연구결과처럼 TV에 빠져들수록 우리는 세상을 삐딱하게 인식하게 된다. 게다가 지나치게 장시간 시청하면 현실과 드라마가 잘 구별되지 않는 이상증후군까지 발생할 수 있다. 일례로, 완전한 사랑만을 꿈꾸는 여자들, 특히 이런저런 연애에 실패한 여자들 중에는 현실에 존재하지 않는 '완전한 사랑'을 드라마 속 남자들에게서 찾는 경우가 많다.

살면서 좌절과 고통의 시기가 오면 사람들은 그것을 잊기 위해 다른 무언가에 빠져든다. 이런 경우 긍정적인 것보다는 부정적이고 시시한 것에 빠져들기가 더 쉽다. 허전한 마음을 채워주는 가장 편리하고 빠른 처방전으로 TV를 선택하는 것은 어쩌면 당연한 현상인지도 모르겠다. 앞에서 나열한 N양, L양, O씨도 가장 손쉬운 방법을 택했고 이를 통해 자신의 암담한 현실에서 도망치고 있다.

훨씬 더 다이내믹한 오프라인 세상

남자후배 T는 우리 회사에 입사하기 전에 어느 유명 연구소에서 인턴사원으로 석 달간 일한 적이 있다고 한다. 그곳은 석박사급의 고학력 여성직원들이 많은 곳이었는데, T의 말로는 그녀들이 모이기만 하면 끝도 없이 드라마 얘기만 해서 적잖이 놀랐다고 한다.

미국에서 유학한 내 은사님은 얼마 전 나에게 이런 말씀도 해주셨다. 미국 대학생들은 허름한 청바지 차림이어도 신문만큼은 꼭 끼고 다니는데, 한국 대학생들은 도대체 신문 한 줄 읽는 것을 본 적이 없다며, "제발 드라마 줄거리 좀 그만 꿰고, 그 시간에 신문을 좀 보았으면 좋겠다."고 푸념하셨다.

나는 신문 탐독자다. 어릴 적부터도 워낙 활자광이라 신문 읽기를 좋아했지만, 광고회사에 다닐 때 아주 확실하게 몸에 붙인 좋은 습관이다. 새로운 정보와 트렌드를 절대 놓치면 안 되는 직업을 가진 덕분에 정보를 제대로 해석하고 수집하는 방법을 나름대로 연구했다. 요즘도 퇴근할 때 회사에 남은 신문들을 한 보따리 담아가지고 와서 꼼꼼하게 정독하고 그중 탐나는 기사는 오려서 스크랩북에 보관하는 것이 나의 마지막 일과다.

오래 일하면서 계속 성장하려면 안에 있는 걸 퍼내기만 할 수는 없다. 처음엔 전력질주를 하는 것처럼 보여도 얼마 못 가서 고갈되어버린다. 1~2년 하고 말 것도 아니지 않은가? 20년이 될지 30년이 될지 몰라도, 일을 하는 동안 끊임없이 아이디어를 생각해내고 더 좋은 해결방법들을 찾아내려면, 계속 채워주고 또 채워주어야 한다.

나에게는 그 소스가 바로 신문이다. 그중에서도 신문의 사설란은 통찰력과 분석력을 키워주는 좋은 스승이다. 여러 신문의 사설을 비교해보면서 같은 이슈를 다양한 관점에서 분석해볼 수 있었고, '판'을 읽는 법도 알게 되었다.

게다가 활자광에게 활자는 하루 종일 피로해진 눈을 맑게 해주고 심리를 안정시켜주는 묘한 효과도 있다. 종이가 주는 은은한 나무 향기와 질감은 삶을 관조하게 만들어주며 여유로운 심상을 안겨준다.

TV 말고 다른 재미난 일들을 찾아 나서자. 지인 M은 오랫동안 드라마에 인생을 걸고 살았다. 그러던 어느 날 자신의 한심한 일상을 자각하게 만든 사건이 발생했다. 초등학교 2학년인 딸아이가 그림일기에 이렇게 쓴 것이다.

"우리 엄마는 나보다 TV를 훨씬 좋아한다. 나는 TV보다 못하다. 우리 엄마는 나와는 말도 안 하고 언제나 TV만 보신다."

그 글과 함께 그린 그림에는 TV 앞에 널브러진 엄마의 모습이 그려져 있었다. 크게 충격을 받은 M은 그 후로 다른 것에 몰두하려고 몸부림을 쳤다. 그러다 찾은 것이 바로 '요가'였다. 수년 뒤 다시 만난 그녀, 나이를 뒤로 먹은 듯 젊어지고 예뻐졌다. 그리고 나에게 이렇게 말한다.

"세상에는 드라마보다 재미나고 좋은 것들이 참 많던데요."

나는 종종 서점 바닥에 풀썩 주저앉아 보고 싶은 책들을 마음껏 읽는다. 그리고 심란할 때는 시장통을 쏘다닌다. 이상하게도 TV를 오래 시청하고 나면 골이 아프고 머리가 복잡해지지만, 책을 읽거나 시장통을 쏘다니다 보면 머리가 개운해지고 배터리가 채워지는 기분이다. 나이 들면 보기 싫어도 TV에만 의지하며 살 수밖에 없는 답답한 시기가 꼭 온다. 그러니 벌써부터 TV만 끼고 살지 말고, 음식의 영양소를 골고루 섭취하듯 다방면에 골고루 관심과 흥미를 가지고 영성과 지성을 골고루 갖추는 일에 몰두해보자.

라이프 아티스트, 예술과 일치된 고상한 삶

드라마에 빠져든 이들에게 그 이유를 물으면, 누구라고 할 것 없이 '드라마보다 재미난 일이 현실에 없어서'라고 말한다. 현실은 정말 드라마보다 재미없는 곳일까? 드라마보다 재미난 일들을 발굴하려는 노력은 해보았는가?

현대미술의 거장 고 요셉 보이스는 "모든 사람은 예술가가 될 수 있다. 우리 주변이 모두 예술이며, 삶과 예술은 하나다."라고 말했다. 어떤가? 아티스트가 되어보는 것도 재미난 일상을 선사할 것이다. 자신을 아티스트로 꾸미는 일에 빠지면, 예술가 같은 취향과 여유를 향유하며 고상한 사고를 할 수 있다.

영화배우 장미희 씨는 오랜 세월 자신을 우아하게 단장해온 대표적인 여배우다. 마치 예술품을 다루듯 스스로를 잘 다듬어 왔다. 그래서 그런지 영화계 축제 자리에서 만난 그녀는 그 수많은 여배우들 중에서도 단연 빛이 난다. 오랜 세월 삶과 예술을 일치시키려는 노력과 정성의 결과이다.

어쨌거나, 그래도 여전히 TV의 달콤한 맛을 버리지 못하겠다면 수준 높은 시사, 교양 프로그램에도 눈을 돌려보기 바란다. 세상을 이해하는 안목이 훌쩍 높아질 것이다. 라디오를 듣는 것도 드라마의 늪에서 빠져나올 수 있는 길이다. 무뎌진 감성을 깨워주는 음악과 동시대를 사는 사람들의 소박한 사연들을 듣다 보면 '나만이 힘든 게 아니구나' 하고 안도하게 될 것이다.

누구나 가끔은 현재의 내 인생이 아니라 다른 사람의 인생을 살고 싶다고 생각할 때가 있다. 그러나 막상 '누구와 바꿀까?' 하고 생각하면 망설여진다. 이게 좋은 듯싶으면 저게 걸리고, 저게 좋은 듯하면 다른 게 꼭 걸린다.

어디선가 들은 2개의 잔 이야기가 떠오른다. 사람에게는 2개의 잔이 있다고 한다. 하나는 불행의 잔이고 또 하나는 행복의 잔이다. 살면서 행복의 잔을 먼저 다 마셔버리면 불행의 잔만 남게 될 것이다. 하지만 2가지를 번갈아가면서 마신 사람은 행복과 불행을 교대로 조금씩 경험하므로 한꺼번에 어마어마하게 큰 불행은 터지지 않는다고 한다. 그럴듯하지 않은가?

상처 없는 사람 없고, 어느 집이나 속 썩이는 가족은 꼭 한 명씩 있다. 누구나 저마다의 고통에 휘말리며 사는 게 인생이다. 항상 왕자님을 만나 해피엔딩으로 끝나는 핑크빛 로맨틱 코미디 속 주인공은 현실에 존재하지 않는다.

part 3

여자의
인생을 망치는
6가지 불안

●

나는 스스로를 무시하고 하대하는 사람들을 보면 화가 난다. 이 세상에서 나를 사
랑해줄 사람은 오직 나 하나뿐이건만 애먼 데서 사랑을 구걸하거나, 타인에게 인
생을 몽땅 걸고 정작 자기 자신에게는 소홀한 모습을 보면 참 안타깝다. 자신을
사랑하게 되면 안 좋게 살 수가 없다. 안 좋은 행동을 할 수도, 안 좋은 마음을 품
을 수도 없다.

"고찰하라."고 선인들은 말했다. 나 역시 살면 살수록 '고찰'의 중요성을 절감한다.
고찰이라고 해서 뭔가 거창한 걸 하라는 것이 아니다. 그저 가만히 바라보며 곰곰
이 생각해보는 것이다. 그러다 보면 왠지 영혼이 반들반들해지고, 마음에 여유가 생
겨 조급증이 사라진다. 그래서 고찰하며 사는 사람과 그렇지 않은 사람은 차이가 확
연하게 벌어진다. 우리의 인생을 망치는 6가지 불안에 대해서 함께 고찰해보자.

●
비틀거리는
인간관계,
그녀는 사람이 괴롭다

어딜 가나 사람으로 인한 고통은 필연적으로 따른다.
아파트 반상회에만 나가봐도 사람 때문에 고통스러울 수 있다.
세상은 우리가 생각하는 것처럼 그렇게 이상적인 곳이 아니다.
서로 죽도록 미워하고, 시기하고 빼앗으려 달려들고 으르렁대는 곳이 세상이다.
이해하려고 들면 더 어려워진다. 굳이 이해하려 들지 말자.

사람이 마음에 안 들어서 그만둔다고?

S는 굴지의 대기업에 대리로 입사했다. 해외에서 닦은 경력과
기량을 발판으로 처음부터 좋은 조건으로 입사한 것이다. 그러
나 입사 6개월 만에 심각하게 이직을 고려하고 있다. 냉담하고
이기적인 사내 분위기와 기존 직원들의 텃세에 크게 덴 것이다.

"내가 찾던 일터는 이런 곳이 아니었는데….." 하며 울상이다.

어느 조직이나 '텃세'라는 것은 분명히 존재한다. 처음 들어온 이들에게, 더군다나 새카만 신입사원도 아니고 경력자인 경우, 텃세의 강도는 더 심해진다. 무얼 물어도 친절히 가르쳐주기는커녕 '고생 좀 해봐라' 하는 듯 시큰둥하게 대답한다. 자존감이 유독 강한 S는 자신이 무슨 잘못을 했나 싶어 마음고생이 심했다고 한다. 아마 깊은 자괴감에 빠져들었을 것이다.

그래서 직장을 옮기는 게 쉽지 않은 일이라고 충고하는 것이다. 어느 조직이든 일단 '오래 다닌 사람이 장땡'인 경우가 많다. 요즘 같은 시대에 '능력'이 우선이지 '근속연수'가 무슨 소용이냐고? 그런 순진한 소리 하지 마시라. 회사에서 제일 무서운 사람은 경리부 왕언니라는 사실을 모르는가? 회사의 모든 고급정보가 모이는 곳이 바로 거기다.

어떤 분야든 그 분야의 전문가가 되는 데는 1만 시간이 소요된다고 한다. 마찬가지로 조직에 안착하는 데도 회사 성향과 전통에 따라 일부 차이는 있겠으나, 기본적으로 3년 정도는 필요하다. 보수적인 대기업에 처음부터 대리로 입사한 S가 기존의 조직원들에겐 아마 경계대상 1호였을 것이다. 자신들이 그동안 그냥저냥 해온 업무를 S가 뛰어난 역량과 열정으로 능수능란하게 처리해낸다면 자기들의 꼴이 우스워질 테니 말이다. 그리고 입사한 지 1년도 채 안 된 여직원이 활개 치고 다니는 것을 곱게 볼 남자직원도 많지 않다. 씁쓸하지만 이게 현실이다. 그래서 나는 이런 고민을 하고 있는 후배들에게 '시간이 약'이라고 말해준다. 일단 어딜 가든, 눈 꼭 감고 딱 3년을 채우고 나서 계속 다닐지 여부를 판단하는 것이 좋다. 3년 동안 꾹 참았다면 다음에 이직할 회사에서도 그 정도는 인정해줄 것이다.

여자후배 P는 3년간 불철주야 준비한 끝에 공무원 시험에 당당히 합격했다. 처음 배치된 곳에는 좀 유별난 여자과장이 있었다. 그 과장은 늘 아랫사람들에게 고함을 지르고, 업무성과에 대한 욕심이 지나쳐 다들 혀를 내두를 정도로 어려운 상사였다. 신입들이 종종 죽어나가는(?) 무덤으로도 유명했다. 그래서 그 유별난 과장 밑으로는 아무도 가지 않으려고 했고, 결국 신입인 그녀가 그 자리에 당첨되었다.

최소한 2년 동안은 그 유별난 과장님을 모셔야 하는데, 얼마 되지 않아서 그녀는 '이렇게 살다간 정말 돌 것 같다'는 생각까지 들었다. 습관처럼 연일 계속되는 야근에 폭포수처럼 쏟아지는 잔소리, 갖은 엄포와 고초를 당하다 보니 최근엔 원형 탈모증까지 생겼다. 늘 속이 답답한 게 꼭 체한 것 같고, 과장뿐만 아니라 동료 누구와도 말을 섞기가 싫어졌다고 한다.

이처럼 여자상사 모시기가 남자상사보다 더 힘든 경우가 있다. 여자상사들은 기본적으로 남자들보다 더 고생하며 그 자리까지 올라갔을 확률이 크다. 그래서 더더욱 대우받고 싶어 하고, 혹여 누가 여자라고 깔볼까 봐 더욱 권위를 내세울 수밖에 없다. 변방에서 간신히 살아남아 가까스로 중앙의 요직까지 올라온 경우는 그 정도가 더 심하다. 마음 깊은 곳에 자신도 모르게 약자의 피해의식과 강박관념이 깔려 있고, 여자 특유의 시샘까지 한 몫 더하여 다른 부서들보다 단연 앞서고 싶다는 욕심에 부하직원만 닦달하고 못살게 군다. 남자보다 더 독한 마초기질을 보일 때도 많다.

오랫동안 일을 하다 보면, 직장에서 P와 같은 경우를 한 번쯤은 겪게 마련이다. 나도 그런 분들과 일하느라 정말 힘들었던 경험이 많다. 일단 그런 상사를 만나면 할 수 있는 일은 최선을 다해서 하되, 도저히 안 될 일이라면 처음부터 단호하게 안 된다는 것을 밝혀야 한다. 안 그러면 끝까지 책임추궁을 하며 트집 잡고 못살게 군다. 여자가 같은 여자에게 얼마나 더 혹독한지 뼈저리게 느낄 수 있다.

L은 탁월한 영업실적으로 동기들보다 일찍 승진의 기쁨을 누렸다. 그런데 그 기쁨도 잠시. 남자동기들은 그녀를 '과장님'이라고 부르기는커녕 식사조차 같이 하길 꺼린다. 게다가 승진만 했지 업무내용은 대리 시절과 똑같다. 권한은 없고 책임만 잔뜩

떠안은 셈이다. 뿐만 아니라 L은 반항하는 후배 여직원 때문에 마음고생이 이만저만이 아니다. 그 여자 후배는 과장인 자신을 무시하고 부장에게 따로 보고를 했고, 아침에 만나면 인사조차 하지 않는다.

설상가상으로 L의 가정은 또 다른 문제들을 안고 있다. 버는 돈보다 씀씀이가 헤픈 남편 때문에 월급이 전부 카드값으로 나간다. 기분 나는 대로 흥청망청 먹고 마시고 지르는 남편을 보면서, '왜 나 혼자 이렇게 고생하며 사나, 무엇을 하려고 이렇게 서럽고 비참한 상황을 견디며 일하나' 싶단다. 거기다 친정어머니는 L의 남편을 정신 차리게 하려면 L이 직장을 그만두어야 한다고 종용한다고 한다.

겉으로 드러나는 사직의 사유는 육아, 유학, 건강 등 지극히 개인적인 이유들이다. 그러나 사실은 직장 내 텃세, 상사와의 갈등, 동료 간의 불화를 극복하지 못해서 그만두는 경우가 태반이다. 물론 나도 많이 경험해봐서 그 어려움을 잘 안다. 하지만 직장에서 마주치는 사람들은 어차피 '남'이 아닌가? 웬만하면 적당한 선에서 타협을 보고 대충 신경 끄고 지내도 무방하건만, 그게 잘 안 되는 게 범인凡人들이다. 그래서 우리는 홧김에 귀한 일터를 떠나고 마는 것이다.

나의 원수는 다른 사람이 대신 갚아준다

우리는 가끔씩 누가 미워서, 혹은 홧김에 아주 중요한 것들을 놓친다. 그러나 보기 싫은 동료도, 부하도, 상사도, 남편도, 시어머니도 다 '남' 들이다. 우리가 일을 하는 이유는 남이 아니라 나 자신을 위해서가 아닌가.

남자들에게 일은 필수지 선택이 아니다. 남자들은 결코 일을 '선택사항' 으로 여기지 않는다. 그러나 여자들은 아직도 자신의 직업에 대해 '안 해도 되는데 하는 것' 으로 착각한다. 지금이 어느 시대인데, 이런 시대착오적인 발상에 빠져 있는가? 가혹하게 들릴지 모르지만, 퇴사 이유가 단지 '사람' 때문이라면 나는 적극적으로 말리고 싶다. 그깟 구더기가 무슨 대수라고!

어딜 가나 사람으로 인한 고통은 필연적으로 따른다. 아파트 반상회에만 나가봐도 사람 때문에 고통스러울 수 있다. 세상은 우리가 생각하는 것처럼 이상적인 곳이 아니다. 서로 죽도록 미워하고, 시기하고 빼앗으려 달려들고 으르렁대는 곳이 세상이다. 예전에는 그런 팍팍한 세상이 그저 싫고 두려웠는데, 요즘은 나도 좀 여유가 생겼는지, '나 심심하지 말라고 사람들이 저러나?' 하는 생각도 가끔 든다.

어쨌거나 세상은 몹시 어지러운 곳이고, 동서고금을 막론하고 인간 군상들이 이전투구를 해온 곳이었다. 그리고 별별 사람들이 다 존재한다. 같은 뱃속에서 태어난 형제라도 성격이 다 제

각각이고 서로 이해할 수 없는 행동들을 저지르는데, 하물며 남들은 어떻겠는가?

이해하려고 들면 더 어려워진다. 굳이 이해하려 들지 말자. 그냥 '그런가 보다' 하고 무신경하게 넘기고, 과민반응은 자제해야 한다. 그저 사람 사는 세상은 늘 악과 선이 공존하고 거짓과 음모가 난무한다는 걸 받아들이는 수밖에 없다.

나는 회사에서 억울하고 분한 일들을 겪을 때면 '월급 받는 대가'라고 생각하고 무심히 넘긴다. 한편으로는 '글 쓸 소재들이 생기는구나' 하고 순순히 받아들인다. "시간이 흐르면 진실은 밝혀진다."는 신념이 있기에 어지간히 억울한 일엔 크게 당황하지도 않는다. 나를 괴롭히고 시기하는 자들에게 가장 통쾌하게 복수하는 길은 피하거나 도망가는 게 아니라 지금 하고 있는 일을 더 재미나게 해내고 보란 듯이 활기차게 사는 것이다.

남에게 상처 주고 못된 짓을 하는 사람들은 다른 곳에 가서도 마찬가지다. 굳이 내가 복수하지 않아도 다른 사람들이 나 대신 원수를 갚아주게 되어 있다. 그래서 "내 원수는 남이 대신 갚아 준다."는 옛말도 있지 않은가?

사람에 휘둘려 힘들 때는, 일에 더욱 몰두하는 게 최선이다. 사람 눈치 보지 말고 일 눈치를 보라. 사람을 보고 살면 남는 것은 불안감뿐이다. 그러나 일은 거짓말하지 않는다. 열과 성을 다

하면 일에 혼이 스며들어서 깜짝 놀랄 만한 성과를 가져다준다. 일은 열심히 한 만큼 결과를 기대해도 괜찮지만, 사람은 아무리 열심히 사랑해도 절대로 그만큼 돌아오지 않는다. 어떤 경우는 오히려 쓰디쓴 배신감을 맛보기도 한다. 그러니 그냥 '사랑한 것' 그 자체만으로 만족해야지 받을 궁리를 하게 되면 고통만 깊어진다.

35년간 10만 명과 대화한 정신과 의사 이홍식 박사는 《나는 나를 위로한다》라는 자전적 책에서 "극단적인 일 스트레스로 오른쪽 사타구니가 새까맣게 되었을 때, 처음 마라톤을 시작했다."고 고백한다. 언뜻 생각하기에 대한민국 최고의 정신과 명의는 스트레스에 흔들릴 일도, 고뇌할 일도 없을 것 같지만, 그런 분조차 이런저런 아픔들을 안고 산다.

가끔은 누구나 세상에서 도망치고 싶고, 사람들과 말 섞기도 싫어질 때가 있다. 불안한 상상이 목을 조여와 밤잠을 못 이룰 때도 많다. 다들 그러고 산다.

나는 이럴 때마다 '셀프 응원 프로그램'을 가동시킨다. 나를 달랠 프로그램을 준비해두는 것이다. 유익하고, 재미있고, 흥미진진한 일들의 목록을 준비해두었다가 힘들 때마다 하나씩 골라서 나에게 해준다. 진정한 위로는 자기 스스로에게서 나온다. 힘든 자신을 위로할 줄 알면 가로막힌 태산도 쉽게 넘을 수 있다.

상사들이 심술부릴 때 자주 쓰는 무기들이 있다. 무관심하게 대하고, 회식 등 모든 모임에서 제외시키고, 말 안 붙이고, 다른 직원들에게 그와 어울리지 말 것을 은근히 지시하고, 인사고과 점수 무지 야박하게 주고, 중요한 일 절대로 안 시키고, 누가 보아도 문제투성이인 일에 투입시켜서 골탕 먹이고, 위아래로 부지런히 비방하고 다니고…. 나열하다 보니 한도 끝도 없다. 나도 무수히 많이 겪었고 지금도 별반 다르지 않은 상황 속에서 수련하며 지낸다.

그러나 '뜻이 있는 곳에 반드시 길이 있다'고 정말로 자신이 하는 일에 대해 열망과 진정성을 가지고 실력을 키워나간다면 어떤 방식으로든 진실은 드러나고 기회도 반드시 손에 잡힌다.

우리 윗세대만 해도 여성이 일을 하는 것은 선택사항이었다. 여성에게 일하라는 사람도 없었고 일하러 오라는 곳도 없었다. 여성이 일을 하는 것은 아주 특별한 경우였으며, 그래서 팔자 센 여자들이나 일을 한다는 말이 생긴 것이다.

내가 처음 직장생활을 시작했던 시절만 해도 기혼여성이 임신한 채로 회사에 나온다는 것은 상당한 용기가 필요했다. 사방에서 쏟아지는 눈총을 온몸으로 맞아야 했고, 그런 아내를 밖으로 내보내는 남편 또한 '쪼다' 취급을 당했다. 공무원이나 교사 같은 특정 직업을 제외하고 일반 직장에 다니는 여직원은 전무하다 해도 과언이 아니었다.

그러나 세상은 완전히 바뀌었다. IT 시대를 지나 스마트 시대다. 이 시대는 여자들이 일하기에 대단히 편리한 환경을 주었고, 여성을 필요로 하는 일자리가 여기저기 속속 창출되고 있다. 그래서 요즘 세상은 여성이 직업을 갖고 일을 하는 것은 선택이 아니라 필수다. 매우 당연해서 고민할 거리도 못 된다.

우리나라의 대표적인 여성 기업인인 김성주 D&D 회장은 "여성의 시대엔 여성이 스스로 강해져야 한다."고 피력한다. 2010년 7월 30일 전경련 하계 제주 포럼의 강연자로 나선 김 회장은 "21세기는 여성의 시대가 아니라, 여성이 일하지 않으면 안 되는 시대"라고 못 박는다.

"여성들은 남자 탓, 사회 탓하지 말고 스스로 강인해져서 경제활동에 적극적으로 참여해야 한다. 상류층 집안의 며느리와 딸들이 오전 이른 시간부터 고급 식당에서 노닥거리면서 어디에서 놀지, 뭘 쇼핑할지 생각하는 것을 볼 때마다, 나는 가슴을 친다. 후일 이런 환경에서 자란 아이들이 무엇을 하겠는가? 그동안 한국 여성들은 가부장적 사회에 갇혀 육아에만 얽매이고, 유교적 풍토에 젖은 남자 위주의 문화 때문에 경제활동에 참여하지 못했다.

그러나 앞으로는 확연히 이제와는 다른 세상이다. 외국 여성들이 얼마나 부지런한지 배워야 한다. 우리나라 여성보다 10배는 더 열심히 일한다. 대학은 물론이고 유학까지 가서 공부한 여자들이 사회만 탓하면서 집에 있으려는 사회에는 미래가 없다. 우리나라 여성들도 군대에 보내야 강인해질 거라고 진심으로 생각한다. 이스라엘이나 스웨덴 여성들이 얼마나 강인한지, 그녀들의 사례를 보면 알 수 있다. 인터넷 시대가 도래하면서 이제 여성적인 소프트 지력이 힘을 발휘하는 시대가 되었다. 남성과 여성이 서로 윈-윈(win-win) 해서 경쟁력을 키워나가야 한다."

나는 2000년에 특채로 지금 일하고 있는 회사에 입사했다. 그 전까지 광고대행사에서 AE로 일하며 차장까지 승진한 경력이 있었지만, 업무영역이 다른 분야로 이동했으니 내가 보여줄 수 있는 건 오직 열정밖에 없었다. 그래서 입사 후에는 무슨 일이든 정말 최선을 다했다.

그런데 열심히 일한 대가는 날아오는 돌멩이들뿐이었다. 들어온 지 얼마 안 된 여자가 설쳐대는 꼴이 얼마나 보기 싫었겠는가? 위아래 사방에서 쏟아지는 혹평들에 대해서 나는 '어차피 처음엔 두드려 맞을 수밖에 없다'고 생각하며 무시했다. 그리고 비가 오든 바람이 불든 무시하고 꾸준히 나아갔다. 내 마음속의 진정성만 변하지 않으면 그만이라고 생각했다. 학연이나 지연, 혈연을 중요하게 여기는 조직사회에서, 그것도 못 잡아먹어서 안달인 남자들로 득시글한 회사에서 나는 아무것도 없이 달랑

'열심히 하는 나' 하나만 믿고 견디어내었다. 그렇게 여러 해를
버텼다.

그 결과 2006년에 SBS프로덕션에서 일반 남자직원들보다 빠
르게 부장으로 승진했고 당시 만든 작품이 대한민국 소비자가
뽑은 특별대상에 당당히 선정되었다.

자랑 같지만, 씩씩함이 상복도 불러왔는지 그 외에도 크고 작
은 상을 많이 받아왔다. 직장생활을 하면서 받은 상 중에 가장
보람되고 기억에 남는 상은, 광고대행사에 다닐 때 받은 공보처
장관상이다. 딱딱하고 권위적이기만 했던 기존의 국가홍보 CF를
감성적으로 접근했는데, 틀을 깬 새로운 발상으로 국가 캠페인
의 수준을 한 단계 올려놓았다는 훈훈한 평가를 받았다.

2000년에 SBS프로덕션으로 옮긴 지 한 달 반 만에 받게 된
'SBS 대기획안 공모전'의 상도 기억에 남는다. 당시에는 이직한
지 얼마 안 되어서 긴장도 많이 하고 걱정도 많이 했는데, 상을
받고 나니 일단 자신감이 생겨서 좋았다. 그때 받은 상금으로 친
구들과 자축연을 펼치며 희망찬 출발을 다짐한 추억이 아직도
생생하다.

사람은 때를 기다릴 줄 알아야 한다. 세상이 나를 알아주지 않
을 때 나는 오히려 나를 곧추세우고 격려하며 내일을 준비하는
인내심을 기르자고 다짐한다. 호랑이 굴에 들어갔지만, 잡아먹

히기는커녕 더 귀중한 것들을 배울 수 있었고, 더 좋은 기회를 잡을 수 있었다.

그때는 몸서리치게 외롭고 괴로웠지만, 지금 생각해보면 그때 나를 시기하고 모함한 사람들이 때로는 고맙기도 하다. 그들 덕분에 긴장할 수 있었으며 인생의 다음 단계를 준비할 수 있었다.

그리고 인간이 얼마나 이기적이고 잔인한 존재인지 알게 되었다. 또한 자기가 살기 위해서 아무렇지도 않게 남을 짓밟고, 몹쓸 짓도 서슴지 않는다는 것 등, 매우 귀중한 인생 공부를 했고 세상사의 진실도 배울 수 있었다.

아무도 나를 발탁해주지 않을 때, 일할 기회조차 주지 않고 뒷방에 그냥 처박혀 있으라고 무언의 압력을 가할 때, 나는 축 처진 나에게 이런 위로를 했다.

"세상이 나를 쓰지 않으면 내가 나를 쓰면 되잖아!"

불친절한 그녀들, 개나 소나 그놈의 '쿨' 타령

위로 높이 올라간 사람들은 하나같이 남을 배려하는 친절한 태도가 몸에 배어 있다.
친절이 모여야 성공이 된다. 자신에게 굴러들어온 복을 쌀쌀맞은 표정으로
내쫓은 적은 없는가? 불친절한 태도 때문에 복을 복인 줄도 모르고 놓치고 마는
'시크한' 그녀들을 볼 때마다 속이 답답하다. 시크하면 뭐하겠는가?
눈앞에 있는 복도 차버리는 바보인데

"친절하게 대해주면 우습게 본다니까요?"

T는 늘 노트북만 뚫어져라 보고 산다. 상사가 뒤에서 안부 인사를 건네도 화면에서 눈을 떼지 않고 노트북에 대고 까딱하고 목례만 하는 둥 마는 둥이다. 누군가와 얼굴을 맞대고 대화를 나누는 게 부담스러운지 문자로 용건만 간단히 전달한다. 그녀는

프리랜서 방송작가다. 이런 태도 때문에 경력은 메인 작가 급이지만, 기량을 발휘하지 못하고 있다. 최근에는 마음씨 좋은 선배 덕분에 메인 작가 대열에 올랐지만, 마지막 기회일지 모르는 찬스를 쥐고도 그녀의 태도는 여전히 변하지 않는다. 성공의 80%는 태도에서 결정된다는데, 그녀는 누구에게나 불친절하다.

최근 한 유명인사가 좌담 프로그램의 초대 손님으로 출연하게 되었는데 그분은 예의를 무척 중요시하는 분이었다. 그런데 이번에도 그녀는 늘 그러하듯이 제대로 쳐다보지도 않고 불친절하게 고개만 까닥하고 인사를 했던 모양이다.

며칠 후 방송국에는 진노한 어른의 자필 서한이 배달되었다. T는 서한을 읽은 후에도 자신이 무엇을 잘못했는지 알지 못했다. 성격이 유별난 어느 초대 손님의 잔소리 정도로만 취급한 것이다. T와 함께 일해본 이들은 한결같이 "혼자 하는 일은 깔끔하게 처리하는데, 그런데 좀…." 하면서 말꼬리를 흐린다. 그녀와 함께 일하다 보면 곤란한 상황이 속출하여 난감하다며 '4차원 여인'이라고 애써 좋게 에둘러 표현한다.

엘리베이터 안에서 아는 사람을 만나도 인사 한 번 안 하고 외면하는 후배들이 있다. 눈이 마주친 내가 무안해서 먼저 "어머! 잘 지냈어?" 하고 아는 척이라도 하면 뭐 씹은 표정으로 억지 인사를 한다. 한번 웃어주면 무슨 큰일이라도 나나? 차가운 표정으로 입을 꽉 다물고 있으면 이지적이라고 생각해주는 줄 아나 보다.

회사 후배 S는 "요즘 어떻게 지내니?" 하고 물으면 단 한 번도 "좋아요."라거나 "괜찮아요."라고 대답한 적이 없다. 무엇 때문인지는 모르겠지만 한결같이 짜증 섞인 목소리로 퉁명스럽게 "죽겠어요."라고 대답한다. 매사에 부정적인 이런 태도가 걱정스러워 조언을 해주어도 그때뿐이다. 나는 나름 애정이 있는 후배라서 붙들고 얘기도 해주는 것인데, 아마 그녀는 속으로 이런 생각을 하고 있을지 모른다.

'사람을 일로 평가해야지, 왜 성격을 가지고 이래라저래라야? 일만 잘하면 되지. 우리 엄마도 못 고친 내 성격을 어쩌겠다는 거야? 쳇.'

일이란 게 서류 작성하고 원고 쓰는 것만이 다가 아니다. 사람은 기계가 아니기에 사람과의 소통이 원활해야 안 될 일도 잘 돌아간다. 친절은 일하는 사람이 가져야 할 가장 귀중한 덕목이며 꼭 지켜야 할 태도다.

어릴 적부터 우월한 외모로 남들 시선을 한 몸에 받고 자란 R. 그녀는 고등학교 시절에 잘나가던 아버지를 여의었다. 그러나 특출한 미모를 발판으로 준재벌 가문으로 시집을 갔다. 결혼 후 R은 어찌된 일인지 가까운 친척도 외면하고 형제들을 만나도 반가운 기색이 없다. 주변 사람 모두를 그렇게 무시하듯 외면하고 산다.

사람들은 R이 재벌가에 시집간 후 이상해졌다고 말하며 잘난 척한다고 욕하지만 나는 그런 그녀가 가엾게 느껴진다. 경제적으로 비교적 기우는 친정 형편에 가뜩이나 아버지도 여의고 홀어머니 슬하의 막내딸인 그녀다. 그런 그녀가 재벌가의 며느리로 살려면 우리가 상상도 하지 못할 괴로움을 감당해야 할 것이다. 정신적으로 힘들고 자존심 상하는 일들이 얼마나 많겠는가? 어릴 적엔 나름 잘나가는 집안의 막내딸로 남부러울 것 없이 살았건만, 현재는 아무것도 없는 가난한 친정집과 떵떵거리는 시댁 사이에서 깊은 골을 온몸으로 겪으며 R은 꼬일 대로 꼬여버린 것이다. 일종의 방어기제다. 스스로를 보호하려면 더 두꺼운 껍질을 만들 수밖에 없었던 것이다.

내가 친절함에 대해 강조하면, 후배 B는 '사람들에게 잘 대해주면 오히려 불친절이 되돌아온다'며 내 얘기에 반기를 든다. "우리나라 사람들은 성질이 뭣 같아서 친절하게 대해주면 이것저것 요구하는 게 많아지고 사람을 우습게 봐요!"

오랫동안 여행사에서 일하며 어지간한 사람들은 속을 훤히 꿰뚫었다는 그녀의 말이다. 사람들한테 하도 치여서 그런지 갈수록 거칠어지고 막무가내다. 자신이 이렇게 대충 하고 막(?) 대해야 덜 피곤하고 험한 꼴도 덜 겪게 된다고 항변한다.

당신이 쏟아낸 불평은 고스란히 되돌아온다

선진국과 후진국의 차이는 친절한가 불친절한가에 달려 있다. 내가 다닌 세계 여러 나라의 사람들 중에서 친절한 시민들을 가장 많이 만난 나라는 독일이었다. 아침 출근길에 길을 묻는 이방의 학생에게 환한 미소로 목적지를 설명해줌은 물론이고 행운까지 빌어준다. 나는 그러한 독일인들의 친절과 응원의 힘으로 독일에서 오스트리아까지를 히치하이킹(자동차 얻어 타기)만으로 여행한 적도 있다.

일본의 한 요양원을 방문했을 때의 일이다. 자신을 간호하는 요양사들에게 할머니들은 비록 몸이 아프고 불편해도 연신 "아리가또 고자이마쓰(고맙습니다)." 하며 환하게 웃고 인사했다. 친절함은 언뜻 보면 남을 위한 것 같지만 자세히 들여다보면 자신을 위한 일이다. 친절해야 남에게 그 이상의 대우를 받을 수 있고 더 좋은 기회도 얻을 수 있다.

겸임교수로 대학에서 강의를 할 때 학생들과 국내 요양원을 다니며 여러 차례 위문 공연을 한 적이 있다. 아무 대가 없이 무료로 봉사하는 학생들에게 어르신들은 참 데면스러우시다. 어르신들이 단 한 마디라도 "고맙다."라거나 "참 좋다."고 표현해주면 학생들은 신이 나서 더 열심히 놀아드리고 더 열심히 안마해드리고 더 자주 방문할 텐데 말이다.

앞에서 말한 일본 할머니들과는 다르게, 우리나라 어르신들은 그런 표현을 잘 못한다. 요양원 관계자들도 어르신들의 이런 무반응 때문에 많은 봉사자들이 지쳐서 떠난다고 한다. 표현을 못할 뿐 마음은 그렇지 않을 텐데 아쉽다. 친절함이라는 것은 젊은 시절부터 몸에 배어야 한다는 것을 절감했다.

삶의 질에 대해 전반적으로 만족스러워하는 사람들이 직장생활도 수월하게 하며 행복감을 더 많이 느낀다는 연구결과가 있다. 미국 오하이오 주 라이트 주립대 연구진은 삶과 일에 대한 만족도의 상관관계를 연구한 논문 223개를 교차분석했다. 1967년부터 2008년까지 발표된 논문들을 대상으로 사람들이 삶의 질에 대해 만족한 후에 직업에 대해 만족하는지, 아니면 직장이나 직업에 대해 만족하기 때문에 행복한 삶을 사는지에 관한 인과관계를 조사했다.

분석결과, 삶에 대한 만족이 먼저이고, 직장에 대한 만족은 그 뒤를 따르는 것으로 나타났다. 하는 일에 만족하기 때문에 삶이 행복한 게 아니라 자기 삶이 이만하면 훌륭하고 행복하다고 여기고 만족하는 사람이 하는 일에서도 쉽게 만족해하는 경향이 있는 것으로 나타났다.

연구진은 "자기 삶에 대한 만족도가 비교적 낮은 사람은 일에서 행복감을 맛보려고 해도 그게 쉽지 않다."고 말했다. 결국 스스로의 삶을 가치 있게 여겨야만 일에 대해서도 만족도가 올라가는 메커니즘이다.

친절이 모이면 성공이 된다

"난 싫은 사람과는 말도 섞기 싫어! 난 싫고 좋음이 분명한 성격이거든."이라든가 "뭐하러 굳이 보기 싫은 사람들까지 보며 살아야 해? 그럴 필요가 어디 있어!", "내 자존심이 허락하질 않아! 차라리 굶으면 굶었지 그런 사람들과는 못 해 먹겠어!" 등등. 이런 말을 자주 한다면 당신은 분명 사회성이 부족한 것이다. '사회성'이란 무엇일까? 나름대로 정의를 내려보았다. 싫은 사람과도 대면하고 설득해나가며 목표한 바를 이루어내는 것이다. 싫어서 안 하는 건 누구라도 할 수 있는 일이다. 그러나 싫은 사람과도 목표를 향하여 설득하고 인내하며 이루어내는 것이 사회성이 있는 것이다. 그냥 하기 싫다고 안 해버리고 마는 것은 초등학생보다 못한 발상이다.

남자들은 사람이 싫어서 일을 안 하는 경우는 거의 없다. 상대방이 싫든 좋든 그런 감상은 일에 지장을 주지 않는다. 아무리 싫은 상대를 만나도 비즈니스를 할 때는 대화를 술술 풀어나간다. 상대편에게 살짝 정보를 흘려주면서, '나와 만나면 이런 고급정보를 얻어낼 수도 있어!' 하고 은근히 과시하기도 한다.

왜 친절하지 못할까? 마음속의 쓴 뿌리들을 극복하지 못했기 때문이다. 그 쓴 뿌리는 우리를 불친절한 사람으로 만들고 우리에게서 여유, 자신감, 사랑을 다 빼앗아 가버린다. 마음이 쓴 뿌리로 가득 찬 사람은 남에 대한 배타심이나 분노를 자주 표출한다.

혹자는 매일 화나는 일만 일어나는 데 어떻게 친절할 마음이
생기느냐고 반문한다. 밖에서 벌어진 일 때문에 혼자 마음속의
쓴 뿌리를 씹지 말고, 그냥 다 도려내버리면 어떨까? 누구에게
나 쓴 뿌리는 있다. 성숙한 사람은 그 쓴 뿌리를 도려내고 미성
숙한 사람은 그 쓴 뿌리를 도리어 더 크게 키운다. 그래서 온몸
이 쓴 뿌리에 휘감기고, 영혼이 질식사하도록 그냥 놔둬버린다.

P는 친절이 유독 빛나는 사람이다. 팀의 막내 작가라서 보수
도 적지만, 무명 출연자를 위해 가벼운 주머니를 털어 쿠키와 차
를 대접하며 처음 방송국에 와서 어리둥절하고 얼떨떨한 이들에
게 한결같이 공손하게 "오래 기다리게 해서 정말 죄송해요!" 하
며 살뜰히 챙긴다.

한번은 그녀가 예쁜 화분 2개를 들고 있기에 지나가는 말로
'정말 곱다'고 하니까 "'스타킹' 녹화 마치고 나면 필요 없으니
까, 부장님께 선물로 드릴게요." 하며 아무런 이해관계가 없는
우리 부서에까지 힘들게 들고 와서 놓고 갔다. 이렇게 누구에게
나 친절하고 살뜰한 그녀를 보면 기분이 좋아진다. 스치고 지나
가는 자리에도 햇살과 향기가 머무는 것 같다.

사람들은 회사에서 잘 살아남으려면 학벌 좋고 배경 좋고 스
펙이 좋아야 할 거라고 생각하지만, 그거야말로 큰 오산이다. 실
제로 회사생활을 오래 해보면 그게 아니라는 걸 안다. 위로 높

이 올라간 사람들은 하나같이 남을 배려하는 친절한 태도가 몸에 배어 있다. 친절이 모여야 성공이 되는 것이다. 자신에게 굴러들어온 복을 쌀쌀맞게 내쫓은 적은 없는가? 불친절한 태도 때문에 복을 복인 줄도 모르고 놓치고 마는 '시크한' 그녀들을 볼 때마다 속이 답답하다. 시크하면 뭐하는가? 눈앞에 있는 복도 차버리는 바보인데.

당신의 성공은
나의 불행

인생의 절정은 사람마다 다 다르다.
'인생지사 새옹지마'라고 남들 잘된 얘기에 일희일비할 필요도 없다.
주변 사람들에게 좋은 일이 생겼을 때 의기소침하지 말고
그럴수록 더욱 의연하게 축하할 줄 아는 배포가 필요하다.
시기심은 열등감이 깊어서 생긴 병이다. 하지만 자연스레 나아지는 병이기도 하다.

"잘나가는 친구를 보면 질투 나서 견딜 수가 없어요."

"여자는 남 시기하다가 평생을 보내고 남자는 정욕에 시달리다 간다."는 말이 있다. '걔는 좀 꼬여 있어!' 하는 평판을 듣는 사람들을 보면 그 밑바탕에는 꼭 심각한 시기심이 깔려 있다. 이탈리아를 여행하다가 친구네 집에서 며칠간 머물기로 하고 방문

한 적이 있다. 친구의 남편은 유머러스하고 대화하기를 무지 좋아하는 화가였다. 오랜만에 고국에서 아내의 친구가 오니 반가웠는지 와인을 따라주며 나에게 질문을 퍼부었다. 나도 재기발랄한 친구 남편이 재미나서 여러 시간 즐겁게 대화를 나누었다.

그런데 이게 웬일? 둘러보니 친구의 시선이 무지 따갑다. 속으로 '얘가 왜 저러지? 내가 무슨 실수라도 했나?' 하고 생각했다. 알고 보니 자기 남편과 신나게 대화를 나누는 내 모습에 심통이 난 것이다. 나는 황당하기도 하고 불쾌하기도 해서 속으로 '어유, 저런 남자 한 트럭 갖다 줘도 관심 없고만. 뭐 이런 걸 다 질투하고 난리야?' 하며 바로 다음 날 짐을 챙겨서 그 집을 떠났다. 오랜 우정에 회의가 몰려왔고, 때문에 여행 전체가 우울했다. 고등학교 때는 나름 단짝 친구였는데, 왜 이렇게 변한 걸까? 나는 적잖이 놀랐고 심각한 내적 갈등에 시달렸다.

예전 회사의 여자후배 B가 준재벌급의 재력에 인물까지 훤한 '훈남'과 결혼을 했다. 20대 중반에 한 결혼이었다. 그러자 그 부서에 함께 근무해온 독신의 골드미스 여자선배는 대단히 격분한 표정과 목소리로 부들부들 떨며 내게 이렇게 말했다.

"내가 걸어갈 때 걔는 비행기 트랙에서 내리는 걸 본 격이야!"

스무 살이나 어린 후배의 결혼을 그렇게 심하게 시샘하다니. 그때 나는 여자의 시샘이란 나이와 국적은 물론이고 시공을 초월한다는 사실을 새삼 깨달았다.

동창 친구인 N은 남이 잘되는 것을 보면 가만히 있질 못한다. 끝끝내 심술을 부려야 속이 시원하다. 어떤 경우엔 잘나간다고 소문이 난 당사자를 만나 술까지 사주며 은근슬쩍 '잘되는 것 같지만 그래도 잘 안 되는 부분들'을 살살 캐낸다. 그러고 나서 여기저기 소문을 퍼뜨린다.

매일 붙어 다니는 친구의 중요한 비밀도 마구 발설하고, 사람들이 자신을 중심으로 모이지 않거나 자신이 스포트라이트를 받지 못하면 모임을 깨기도 한다. 심지어 친구들이 자기만 빼고 모일까 봐 온갖 이간질과 방해 공작까지 편다.

친구 어머니 중 한 분은 시기심이 병적일 정도로 심각했다. 남의 집 자식이 잘되는 꼴은 절대로 못 보며 안 좋게 된 일은 온 동네에 까발려야 속이 후련해지시는 분이다. 또한 옆집 사람이 미제 냉장고를 들여놓으면 무슨 수를 써서라도 똑같은 것을 들여 놓아야 직성이 풀린다. 최근 우연찮게 그분을 만났는데, 그 심술이 여전하시며 얼굴에는 심술보가 가득이다.

정신과 의사 U는 오랫동안 여동생을 시기해왔다. 속으로 여동생이 죽어버렸으면 좋겠다는 생각도 한 적이 있다고 한다. 그런데 여동생이 정말로 교통사고로 사망했다. U는 자신의 과도한 시기심이 동생을 죽였을지도 모른다는 죄책감에 시달렸다고 한다. 언니나 여동생이 있는 사람들은 다 알겠지만, 자매라고 다

같은 편이 아니다. 오히려 자매간의 시샘이 세상에서 제일 무서 울 때도 있다.

사람들은 갈수록 외로워진다. 예전처럼 십수 명씩 되는 대가 족이 함께 모여 사는 것도 아니고, 이웃에 누가 사는지 잘 모르 는 경우도 많다. 그러니 어쩌다 좋은 일이 생겨도 함께 기뻐하 고 공유할 사람들이 그리 많지 않은 것이 현실이다.

게다가 형편이 괜찮거나 남들보다 좀 잘나가는 경우라면 더더 욱 마음을 나눌 친구가 없다. 본인이 아무리 인품이 훌륭하고 성 격이 좋아도 잘나가는 친구를 진심으로 응원하거나 편안하게 봐 줄 여자들이 적기 때문이다. 질투 때문에 친구를 잃은 적 없는 가? 한 지인은 나에게 이런 고백을 한 적이 있다.

"가장 친한 단짝 친구가 열심히 다이어트해서 굉장히 날씬해 졌어요. 당연히 저도 축하해주고 '나도 열심히 운동해야지' 하 고 마음먹으면 되는 거였는데, 그 당시에는 그게 잘 안 되더라 고요. 사람들이 자꾸 걔만 예쁘다고 칭찬하는데, 괜히 저랑 비 교하는 것처럼 들려서 화가 나기도 하고. 그러다 보니 제 자신 이 너무 초라해져서 그 친구랑 같이 다니기도 싫어졌고요. 결국 제 못난 시기심 때문에 좋은 친구와 멀어졌어요. 지금 생각해보 면 제가 얼마나 바보 같았는지…. 질투라는 게 막상 자기 일이 되면 조절이 안 되더라고요."

단짝 친구가 나보다 먼저 멋진 신랑감을 만났다거나, 좋은 직장에 취직했을 때, 혹은 매우 친하게 지내는 직장동료가 나보다 먼저 승진했을 때, 말로는 축하하면서도 왠지 모를 서글픔을 느낀 적 없는가? 속으로 '나는 어느 세월에?' 하는 생각을 하면서 말이다.

인생의 클라이맥스는 저마다 다르다

3년 전, 일본 여성들의 멋진 우정을 보았다. 나에게도 저렇게 좋은 친구들이 있으면 정말 좋겠다는 생각을 했을 만큼 신선한 경험이었다. 아니, 그보다는 내가 과연 내 친구들에게 저렇게 해줄 수 있는 좋은 친구인가 반성하게 된 계기였다.

한 일본 작가가 한국에서 출판기념회를 하게 되었다. 70대의 여성 논픽션 작가였는데, 그녀의 친구들이(마찬가지로 70대 호호할머니들이다) 자비로 한국까지 따라온 것이다. 노老 작가는 초청자가 마련한 고급 호텔에 머물렀지만, 친구 할머니들은 각자 자기 돈을 내고 저렴한 모텔에서 숙박하며 친구의 출판기념회와 잡지사 인터뷰 일정 등 전 과정을 따라다니며 챙겨주었다. 작가 친구를 응원하며, 진심으로 자랑스러워하는 모습이 대단히 감동적이었다. 세상에 저런 아름다운 우정이 얼마나 있을까? 저 정도라면 친구 사귈 맛이 나지 않을까?

남자들은 동창 중에 누군가가 잘 풀리거나, 혹은 동향 사람이 어디 높은 자리라도 하나 차지하면 마치 자기 일인 양 흐뭇해한다. 딱히 본인이 덕 볼 일도 없는데 말이다. 그러나 여자들은 이런 경우 표정들이 영 편치 않다. "남들은 다 잘되는데 나만 이게 뭐야?" 하며 입을 삐죽거린다.

세상엔 자신의 딸까지 시기하는 엄마도 있다. 딸이 사위의 사랑을 받는 것조차 꼴 보기 싫다는 그 엄마는 매사에 남과 비교하고 심통을 부려서인지 모두가 만나길 꺼린다. 시기심이 심한 이들을 만난 후에는 왠지 내 심사도 울적해지고 심란하다.

인생의 절정은 사람마다 다 다르다. '인생지사 새옹지마'라고 남들 잘된 얘기에 일희일비할 필요도 없다. 주변 사람들에게 좋은 일이 생겼을 때 의기소침해하지 말고 그럴수록 더욱 의연하게 축하할 줄 아는 배포가 필요하다. 나쁜 일을 당했을 때 위로를 해주는 것은 그냥 친구도 할 수 있다. 하지만 좋은 일이 생겼을 때 자기 일처럼 진심으로 마음껏 축하해줄 수 있는 진정한 친구는 그렇게 많지 않다. 이 일본 할머니들을 보니 친구의 성공을 진심으로 자랑스러워하고 그 친구를 위해 무어라도 도울 게 없을까 고민하며 먼 길을 따라오는 순수함이 부럽기도 하고, 그렇게 해본 적 없는 나 스스로가 부끄러워지기도 했다.

물론 친구의 성공에 100% 순수하게 박수를 보내는 일이 말처럼 쉽지는 않다. 하지만 '내게도 곧 좋은 날이 올 거야' 하는 확신을 가지고, 먼저 행운을 잡은 친구들을 아낌없이 칭찬하고 축하하는 것은 곧 내게 올 행운의 사이즈를 더 크게 키우는 방법이다. 당신이 내보낸 긍정 에너지는 배신하지 않고 고스란히 돌아오기 때문이다.

남을 시기하고 비교하면 딱 그만큼의 불행이 따른다. 시기심은 좋은 호르몬의 분비를 차단하고 자기 학대를 가져와 각종 질병까지 부를 수 있다. 주위를 둘러보라. 시기심이 많은 사람 치고 영혼이 자유로운 사람이 있는지, 심사가 편안한 이들이 있는지.

동안 미모는 값비싼 스킨케어가 아니라 순수하고 천진난만한 표정에서 비롯된다. 머리가 하얗게 센 70대 할머니도 소녀처럼 해맑게 미소 지으면 실제 연세보다 훨씬 더 어려 보인다. 그러나 시기심이 덕지덕지 붙은 심술보 얼굴은 우리를 더 늙어 보이게 만든다.

'최고로 잘하는 것 한 가지'를 찾아라

내 주위에 '남 씹는 맛'으로 사는 몇몇 여성들이 전향적으로 변화한 사례가 있다. 남의 집안 대소사에 유독 관심이 많았던 T는 유명한 장인에게서 고추장 담는 비법을 전수받은 후, 이를 자랑하는 맛에 사느라 누가 어떤지 감시할 틈이 없다. 명절 때면 자신이 만든 고추장을 지인들에게 선물로 나누어주기도 하고, 주변 사람들의 부탁을 받고 대신 장을 담아주면서 용돈도 톡톡히 챙긴다. 그 이후로는 시기심이 사라지고 자신감도 높아져 얼굴까지 확연히 달라졌다.

비슷한 사례로, 모든 악성 루머의 근원지였던 E는 우연히 베란다에서 텃밭을 가꾸는 것에 관한 책을 보고는 책에 나온 대로 화초와 채소를 키우게 되었다. 8개월가량 채소들을 재배하고, 거기서 수확한 채소로 만든 요리를 사진 찍어 인터넷 블로그에 올렸더니 반응이 폭발적이었다. 주변에서 구경하러 오는 이들도 많았다. 그렇게 바쁘다 보니 이제는 남의 일에 신경을 끄게 되었다.

누군가를 씹는 것이 주특기였던 N 역시 이젠 그럴 새가 없다. 지인으로부터 어깨너머로 떡 만들기를 배운 후, 눈썰미가 남다른 그녀는 자신만의 방법을 터득해 더 멋지고 예쁜 떡을 디자인할 수 있었다. 그녀의 실력을 눈여겨본 관련 업계 전문가가 보조로 일해달라고 요청을 해왔고 이후 무척 바빠진 그녀는 떡 이야기를 하느라 남들과 자신을 비교할 틈이 없어졌다.

이처럼 시기심의 자리를 채울 나만의 장기를 개발하자. 사실 시기심의 뿌리는 심한 열등감이다. 이 뒤틀린 마음을 곧게 펴주는 것은 '최고로 잘하는 것 한 가지'를 갖는 것이다. 이를 발판으로 자존감을 회복시켜나갈 수 있다.

이 세상에서 가장 멋진 가구를 조립한다거나, 오직 나만을 위한 오지여행을 계획하는 것, 그 누구보다 많은 책을 읽어 지적 사치를 누려보는 것, 옷을 리폼하는 방법을 배워 리폼 전시회를 여는 것은 어떨까? 그림 공부를 열심히 해서 멋진 작품을 만들어내는 것도 좋다.

주위에 시기, 질투가 심한 사람들이 있는가? 노트에 한번 적어보자. 시기심이 유독 많았던 친척, 지인, 친구들이 현재 어떻게 살고 있는가? 잘 생각해보면 놀라운 공통점을 발견하게 될 것이다. 그들 중 누구도 환한 얼굴로 마음 편히 사는 사람들이 없을 것이다.

시기심은 속이 허하고 열등의식이 깊어서 생긴 병이다. 하지만 자연스레 나아지는 병이기도 하다. 아무리 작은 것이라도, 나만 할 수 있는 것, 내가 제일 잘하는 것, 남보다 월등한 무언가가 생기면 해결된다. 헤르만 헤세는 자기 집 정원을 가꾸며 자신의 정신병을 스스로 치유했다. 이렇듯 자신의 병을 진정으로 치유할 수 있는 의사는 바로 우리 자신이다.

주기만 하는 사랑은
스스로를
상처 낸다

스스로에게 "참아야 해."라고 말하지 마라. 그런 다그침은 스스로를 학대하는 일이다.
대신 "너, 잘하고 있어. 네가 책임지지 않아도 돼."라고 말해보자.
자신을 극진하게 위로해주는 사람이 되어야 한다.
건강한 인간관계를 꾸려나가는 사람들을 보면,
옳은 것을 위해서 착하다는 평판을 과감히 포기하기도 한다.

"가족들 앞에서 힘든 내색을 해본 적이 없어요."

올해 36세로 지방에서 중소 무역회사에 다니고 있는 K는 부모님, 남동생과 함께 살고 있다. 가정 형편이 넉넉하지 못해 어릴 적부터 엄마를 도우면서 자랐다. 고등학교 때 패스트푸드점 아르바이트를 시작으로, 대학에 진학한 후에는 첫 학기에 받은 장학금을 제외하고 4년 내내 등록금과 용돈을 스스로 벌어야 했다. 방학 때는 아르바이트를 두세 개씩 하고, 한 학기 걸러 휴학을 해가며 그녀는 겨우 대학을 졸업했다.

고생한 보람이 있었는지 졸업 후에 대기업은 아니지만 나름 탄탄한 중소기업에 정직원으로 취직을 했다. 그러나 그녀에겐 취업이 그저 기쁘고 신나는 일만은 아니었다. 오래 전부터 조울증을 앓고 있는 어머니, 무능하고 무뚝뚝한 아버지, 사고만 치고 돌아다니는 망나니 남동생까지, 자신의 삶뿐만 아니라 가족들의 삶까지 어깨에 짊어지고 살기 때문이다. 동생 때문에 파출소에 드나들며 물어준 합의금만 해도 그녀의 1년치 연봉은 될 것 같다. 아버지도 이런저런 사업을 해보겠다며 시도만 하다 실패한 것이 수차례다. 그렇게 가족들의 뒤치다꺼리를 하며 지내다 보니 그녀의 나이는 어느새 30대 후반을 바라보고 있다.

처음에는 괜찮았지만, 십수 년간 이러한 생활이 반복되다 보니 그녀는 점점 지쳐만 갔다. 그러나 그녀는 가족들 앞에서 힘들다는 말을 한 번도 해본 적이 없다. 유약한 엄마가 상처받을까 봐 마음 놓고 울어본 적도 없다. 늘 "괜찮아요. 다 잘되고 있어요."라는 말을 입에 달고 살았다. 그러다 보니 그녀의 몸과 마음은 지칠 대로 지쳐버렸다. 이제는 남자를 만나는 일도 두렵고, 혼자 독립해 살고 싶지만 여건은 안 되고, 그렇다고 앞으로 계속 가족들 뒤치다꺼리하며 살 생각을 하니 답답하기만 하다.

급기야 이유 모를 두통에 시달리게 된 그녀. MRI 촬영도 여러 번 했지만 도저히 원인을 찾아낼 수가 없다. 매일 진통제로 버티고 있는 그녀는 지금, 누구보다 위로와 탈출구가 절실하다.

주기만 하는 사람은 스스로를 상처 낸다

나는 어린 시절부터, 말 안 듣기로 유명한 딸이었다. 할 말 다 하고 뜻대로 되지 않으면 격렬하게 항의하고 따졌다. 속내를 밝히지 않으면 곧 병이 난다는 것을 막연하게나마 알고 있었던 것 같다. 부모님도 "쟤는 말려도 안 되니까 그냥 놔두자."고 하셨고, 자연히 갈등도 줄었다.

부모님이 '그냥 놔둔' 덕분에 20대 초반에는 방학마다 국내외 배낭여행도 여러 달씩 마음껏 돌아다녔으며, 친구들과 밤늦게까지 술잔을 기울이며 많은 대화를 나눴다. 그래서인지 제 시간에 꼬박꼬박 집에 들어오는 착한 딸들에 비해 당연히 세상에 대한 시야가 넓어질 수밖에 없었다.

어릴 적부터 제 주장이 강한 딸들이 부모님 속은 좀 썩이겠지만 나중에 더 잘 사는 이유가 여기에 있다. 그들은 자신이 원하는 것이 무엇인지 정확히 알고, 그 목표를 향해 열정적으로 전진하기 때문이다.

나의 어머니는 외동딸이고 장녀였다. 함경북도 함흥이 고향인 어머니는 1.4후퇴 때 열두 살 아래인 남동생과 홀어머니를 모시고 새벽녘에 삼팔선을 넘었다. 사선을 넘나들며 다져진 그 세 가족의 *끈끈함*이란 이루 말할 수 없었다.

남한에 정착한 후 어머니는 외국인 선교사 장학금을 받고 서울대에 다녔으며 친정집의 실제적 가장 노릇을 했다. 결혼 후에도 홀어머니와 남동생을 금쪽같이 여겼음은 물론 경제적, 정신적으로 계속 뒤를 돌보아주었다. 때론 지나칠 정도로 친정 일에 과민하여 아버지와 마찰을 빚기도 하셨다.

아버지께는 비밀로 하고 동생의 사업자금을 이리저리 변통한 일도 있었는데, 외삼촌이 사업에 여러 번 실패하자 아버지와의 갈등도 심해졌다. 뿐만 아니라 어머니는 집에 좋은 음식이 생기면 반을 뚝 떼어 친정에 보냈다. 예컨대 밤이 무지 귀하던 시절에 시골 농장에서 밤이 오면 먼저 외삼촌 몫부터 챙기셨다.

어느 시기엔 할머니와 외할머니가 우리 집에서 함께 사신 적도 있는데, 아무리 어머니가 신여성이라 해도 출가외인의 경우를 따지는 할머니의 눈치를 얼마나 보았을지, 더 말할 필요가 없을 것이다. 어쨌든 어머니는 친정으로 인해 이런저런 마음고생이 심하셨다. 남동생 걱정에 한시도 마음 편할 날이 없었으며, 그런 어머니를 둔 우리 딸들의 심사 또한 편할 리가 만무했다. 남동생만 끼고 도는 아내가 아버지 눈에도 좋아 보일 리 없었다.

그러던 어머니가 어느 순간부터 돌변했다. 남동생에게 갑자기 싸늘해지기 시작한 것이다. 수십 년 동안 온갖 희생을 감내하며 "우리 수정이, 우리 수정이~" 애지중지하였건만 "누나가 해준 게 도대체 무엇이 있어? 겨우 그걸 가지고 그래!" 하며 외삼촌이 불쑥 던진 한마디에 어머니는 큰 충격을 받으셨던 것이다.

동생에게서 심한 배신감을 느낀 어머니는 이후 성격이 크게 변했다. 자식에게조차 마음을 닫은 채 냉담한 모습으로 세상 사람 모두와 담을 쌓고 지냈다. 우리 딸들은 도저히 이해가 안 되었다. "예전에는 온화하고 희생적이던 어머니가 갑자기 왜 저러실까?" 하고 한때는 그런 어머니를 원망도 했지만, 이제는 일종의 질환으로 받아들인다.

그렇다면 우리 어머니는 어떻게 해야 했을까? 무조건 주기만 하는 사랑을 하기보다는 수위를 조절했어야 했다. 한쪽만 일방적으로 퍼주는 사랑은 결코 건강한 사랑이 아니다. 엄마의 눈엔 쉰 살이 넘은 남동생이 여전히 삼팔선 넘을 때 당신이 업고 온 다섯 살배기로만 보였을 것이다. 외삼촌이라고 그런 누나가 편하기만 했을까? 외삼촌에게도 여간 부담스러운 일이 아니었을 것이다. 그래서 말 못 할 앙금들이 서로 많았을 것이다.

어머니는 당신이 99번 참다가 100번째 폭발하는 성격이라고 스스로 말씀하신다. 평상시에는 정말 양처럼 순하셔서, 나도 가끔은 어머니를 얕볼 때도 있었지만, 한번 폭발하면 굉음이었다. 만약 어머니가 그때그때 자신을 조금씩 표출하고 주변 사람들을 이해시키고 설득시켜 나갔더라면 좀 더 건강한 삶을 살지 않았을까 싶다.

마음껏 투덜대고 마음껏 화내라

이 시대엔 '장녀 콤플렉스'를 앓고 있는 여자들이 많다. 이는 한국 사회에서만 찾아볼 수 있는 특이한 현상으로, 맏이로서 결코 장남만큼 대우받지는 못하면서도 부모나 동생들을 위해 희생하고 봉사해야 한다는 책무감이 크기 때문이다. 집안의 기대에 부응해야 한다는 책임감과 의무감이 때때로 자아실현의 욕구와 대립되면서 큰 갈등을 빚게 된다.

너무 착한 딸은 위험하다. 《투덜이의 심리학》이라는 책에는 "마음대로 투덜대고 화내라."고 조언한다. 때로는 자신에게 해방구를 만들어주어 내면의 생각을 드러내고 말하는 것이 몸과 마음의 건강에 이롭다고 한다.

대부분의 부모는 불평하지 않고 순종적인 딸만을 원하며 아무런 표현도 하지 않으면 그저 만족스럽게 잘 사는 줄 안다. 착한 장녀들은 혹여 불쌍한 엄마가 상처받을까 봐 불만이나 아픔을 밖으로 드러내지 못한다. 자신의 아픔을 감춘 채 오히려 엄마를 위로하고 스스로 희생을 자처하는 것이 당연한 도리이자 숙명이라 여긴다. 자기 몫의 권리와 자유를 얻기 위해 투쟁도 하고, 모험도 즐기고 항거도 할 줄 알아야 하는데, 그걸 못 한다. 너무 착해서다. 힘들 때는 하소연도 하고, 응석도 부려야 한다. 표출해야만 정신건강이 온전하게 유지된다. 그저 묵묵히 참다가는 큰 병이 되고 만다.

스트레스를 받으면 그때그때 푸는 것을 원칙으로 삼자. 불만을 마음속에 가득 담아두면 곪아 터진다. 가족들에게 말하기 힘들다면 친구에게라도 하소연을 하라. 비슷한 처지의 친구가 있다면 더욱 좋을 것이다. 집안의 속사정까지 털어놓을 수 있는 진정한 친구 한 명이 이럴 때 정말 필요하다. 어찌 되었든 말로 표현하는 가운데 쌓였던 감정도 해소되고, 대화를 나누다 보면 자신과 비슷한 처지에 있는 다른 사람들의 사정도 알게 되어서 동병상련을 느끼며 나름대로 위안을 받게 된다. 또한 대처하는 지혜도 배울 수 있다.

스스로에게 "참아야 해."라고 말하지 마라. 그런 다그침은 스스로를 학대하는 일이다. 대신 "너, 잘하고 있어. 네가 책임지지 않아도 돼."라고 말해보자. 자신을 극진하게 위로해주는 사람이 되어야 한다. 왜냐하면 세상에 나를 위해줄 사람은 나 이외엔 아무도 없기 때문이다.

건강한 인간관계를 꾸려나가는 사람들을 보면, 처한 상황에 대한 냉정한 판단과 인식 하에 관계의 수위조절을 적절히 잘한다. 때론 옳은 것을 위해서는 착하다는 평판을 과감히 포기하기도 한다.

　일반적으로 장녀들은 주변에서 착하다는 평가를 들을 때마다, 자신이 잘하고 있다고, 제대로 행동하고 있다고 확신하고 안심한다. 그리고 더 의젓한 모습을 보이고 과묵한 모습을 유지하려 애쓴다. 밖에서 곧잘 떠들고 까부는 아이들도 집에만 들어오면 장녀답게 의젓해진다. 애교는 동생 몫으로 돌리고 차분하고 어른스럽게 돌변한다.

　자신이 얼마나 귀한 존재인지도 모른 채 희생을 훈장으로 여기고 살아가는 장녀들이 꽤 많다. "세상에서 가장 위대한 사랑은 자신을 사랑하는 것이다."는 고 휘트니 휴스턴의 노랫말처럼 자신을 먼저 이해하고 사랑한 후에, 그런 다음에 남을 사랑해야 그 사랑을 제대로 유지할 수 있음을 알아야 할 것이다.

○

왜 엄마와 가족을
당신이 책임지려 하는가?

우선 가능한 한 엄마와 자주 마주치지 않도록 인생의 판을 새롭게 짤 필요가 있다.
어쩌다 가끔 만나는 게 오히려 더 반갑다. 그래도 '내가 떠나면 엄마는 어떡하나?'
걱정된다고? 걱정할 필요 없다. 멀리서 지켜보는 것이
장기적으로는 엄마를 더욱 사랑하는 길이다.
엄마 때문에 딸의 인생이 불행해진다면, 엄마의 남은 인생 또한 좋을 리 없기 때문이다.

딸에게 엄마는, 엄마에게 딸은 무엇인가?

먼 친척뻘 되는 동생 G의 이야기다. G는 아버지 얼굴을 모르
고 자랐다. 태어난 지 1년도 채 되지 않아 부모님이 이혼을 했기
때문이다. 공무원인 어머니 덕에 먹고사는 데는 큰 문제가 없었
으나, G의 어머니는 하루도 거르지 않고 헤어진 전 남편을 욕했

으며, 가끔은 G에게 심한 매질과 폭언도 일삼았다.

어머니는 G가 초등학교 4학년 때 한 번, 중학교 2학년 때 또 한 번, 이렇게 두 번 재혼을 했지만 특유의 신경질적인 성품 때문에 새아버지들도 곧 떠나고 말았다. 공무원이라는 안정된 신분에 재산도 남부럽지 않게 불렸건만 괴팍하고 기복이 심한 성격 탓에 남자들이 학을 떼고 등을 돌려버린 것이다.

G의 엄마는 세 번의 결혼 실패를 겪고도 결코 변하지 않았다. 오히려 이혼을 할 때마다 더욱 난폭해졌고 모든 것을 팔자 탓으로만 돌렸다. 고등학교 시절, 한 번은 어머니의 심한 매질과 폭언으로 집에 경찰이 들이닥친 일도 있었다. 옆집아저씨가 사람이 죽어나가는가 싶어 파출소에 신고를 했다는 것이다.

그녀는 그렇게 불우하게 자랐다. 그러나 악착같이 공부하여 전문직을 가지게 된 G는 친아버지 쪽의 중매로 안정된 직업을 가진 착한 남자와 결혼을 하게 된다. 그런데 그 결혼은 양가 어른들의 혼수 시비가 확대되어 꼭 1년 만에 합의이혼에 이른다. 정확히 말하자면 G의 어머니가 깽판을 놓아서 사돈 간에 감정 싸움이 극대화되었고, 결국 이혼에 이른 것이다.

이후 G는 심각한 조울증에 시달리며 지인들에게 횡설수설하며 장황하게 전화를 걸곤 했다. 업무에서조차 큰 착오를 일으켜 직장도 그만두게 되었다. 결국 지금은 강원도 두메산골 요양원에서 요양을 하는 중이다.

W는 오래전부터 엄마를 싫어했다. 철들고 얼마 안되어서부터 엄마는 그녀에게 큰 짐이었다. 엄마와 대화를 나누는 것도, 쳐다보는 것도 싫지만 한 번도 내색은 하지 못했다. 엄마를 벗어나서 멀리 외국으로 이민을 가는 것까지 꿈꾸지만, 남편의 직업이 전문직이라 이민도 쉽지 않다. 그녀는 엄마의 강요로 친정집 아파트 바로 옆 동에 산다. 매일 그녀의 집에 들러서 황당한 요구를 늘어놓는 엄마. 왜 엄마에게 자신의 감정을 드러내지 않느냐고 물으니 그녀는 단 한 번도 그래본 적이 없다며, 만약 자신이 불만을 제기한다면 신경과민인 엄마가 무슨 일을 저지르실지 모른다고 했다.

그런 그녀에게 언제부터인가 이상한 증상이 나타나기 시작했다. 사람들과 만나거나 대화하는 것을 싫어하게 되었다. 엄마에게 당한 상처 때문에 세상 사람들 모두가 무서워졌고 현실에서 도망치고 싶어진 것이다.

K는 어려운 집안 형편에도 불구하고 맹모 엄마의 노력 덕분에 초등학교 시절부터 형편에 비해 수준이 높은 사교육을 받았다. 발레부터 바이올린까지, 변변한 직업도 없는 아버지의 재력으로는 도저히 꿈도 꾸지 못할 값비싼 예능교육을 받은 것이다. 다행히 그녀는 재능이 있어 각종 대회에 출전하여 상을 놓치지 않았고, 그런 그녀의 뒤에는 인생 전체를 걸고 그녀를 챙겨주는

엄마의 손길이 늘 함께했다.

그녀가 대학을 졸업하고 취업을 한 후에도 엄마의 손길은 끝나지 않았다. 심지어 신입사원에게 주어진 과제까지 대신 해줄 정도로 엄마는 그녀의 손발 노릇을 톡톡히 했다. 그러나 그녀도 마냥 좋지만은 않다. 날이 갈수록 점점 심해지는 엄마의 잔소리가 그녀는 정말로 힘들고 괴롭다.

사실 고등학교 때까지만 해도 그녀는 가정 형편이 그렇게 어려운 줄 몰랐다. 어느 날 우연히 자신의 집이 월세로 근근이 버티는 빈곤한 상황임을 알아챈 그녀는 차라리 처음부터 가난한 집안 딸답게 살았더라면 이렇게 갈등하진 않았을 것이라고 말한다. 친구들은 모두 그녀의 집처럼 매달 월세 낼 고민을 하고 살진 않기 때문이다.

어려움 속에서도 몸을 아끼지 않고 희생한 엄마가 대단히 고마우면서도, K는 엄마를 보면 미안함과 더불어 부담감이 교차한다. 갱년기 때문인지 엄마의 참견은 더욱 심해졌고, 엄마가 그녀에게 거는 기대감 역시 점점 더 커져만 간다. K는 엄마에게서 탈출하고 싶다.

회사후배 X는 애정결핍이 심한 엄마를 두었다. X의 엄마는 종종 그녀에게 "넌 내 엄마야~!" 하며 딸에게 엄마 역할을 요구한단다. 그녀는 "난 너의 딸이야!"라고 능청스럽게 말하는 엄마를 볼 때면 소름이 쫙 돋는다.

일찍이 엄마를 여의고 이 여인 저 여인의 강보에서 자란 엄마는 자신이 자라면서 받지 못한 모성애를 딸에게서 받으려 한다. "난 너의 딸이야!"라는 말 속에는 "넌 내게 엄마처럼 잘해주어야 해!"라는 의미가 함축되어 있음을 잘 알기에 X는 미칠 것 같다. 어느 날은 "언니~!" 하며 어리광을 부리고, 딸의 옷을 몰래 입고 안 어울리는 망사스타킹과 챙 넓은 모자까지 쓰는 엄마. X가 보기에도 정상이 아니다.

이처럼 뒤바뀐 모녀관계가 건강할 리 없다. 늘 혼자인 엄마에게 동창모임에라도 나가보라고 권하면 "수준이 안 맞아서 못 나가겠다."고 한다. 그러나 X가 보기에 엄마는 왕따를 당하는 것임이 틀림없다. 늘 자기자랑만 늘어놓고 남 생각은 눈곱만큼도 하지 않는 이기적인 사람을 과연 누가 좋아하겠는가? X는 자신도 나중에 저렇게 되면 어쩌나 싶어 두렵다. 또한 갈수록 심해지는 엄마의 상태를 어떻게 이해해야 할지 도무지 모르겠다.

거리를 둘수록 애틋해지는 게 가족이다

그녀들은 이구동성으로 엄마에게서 벗어나서 어디론가 떠나고 싶다고 말한다. 남들은 '자식 이기는 부모 없다'고 하지만 그녀들은 '엄마 이기는 딸 없다'고 한탄한다. 절대로 엄마처럼 되고 싶지 않은데, 엄마와 점점 닮아가는 자신의 모습을 발견할 때마다 수시로 가슴이 철렁 내려앉는다고 한다.

가족이라는 이유만으로, 외면하고 싶은 상대를 비명 한 번 못 지르고 참고 견디며 감싸 안아야 한다는 것은 대단히 고통스러운 일이다. 우리의 일상에 잠재해 있는 오랜 유교의식, 즉 부모가 아무리 잘못하더라도 자식은 무조건 참는 것이 도리라는, 그런 무조건적인 효孝 사상이 우리의 현실을 이렇게 만들었는지도 모른다.

특히 딸과 어머니의 관계는 매우 복잡하다. 어머니는 늘 모성애가 철철 넘치는 아름다운 존재로 그려지지만, 기실은 속 썩이는 딸들 못지않게 어머니라는 무거운 짐을 평생 짊어지고 사는 딸들도 적잖다.

그렇다면 어떻게 해야 할까? 함께 살자니 괴롭고, 떠나자니 짠하다. 하지만 언제까지고 그런 건강하지 못한 관계를 끌고 갈 수는 없다. 엄마에게서 독립하라! 외국 사람들은 성인이 되면 집을 떠나서 독립하는 것이 당연한 일이다. 아무리 마음이 잘 맞는 부모 자식 간이라도 일정한 시기가 되면 독립군이 되어 각자의 삶을 개척해야 한다.

인연에도 생명이 있다. 부모와 자식 간의 인연이 평생 갈 거라는 믿음은 큰 오산이다. 마음의 인연은 평생일지 몰라도 삶의 인연은 성인이 될 때까지만 이어가면 충분하다. 엄마의 이상한 성격은 곁에서 수발든다고 나아지는 것이 아니다. "성격이 인생을 만든다."는 말이 있듯이, 엄마는 바로 그 별난 성격 때문에 인생이 힘든 것이다. 엄마의 문제는 엄마의 몫이다.

　지금 엄마 때문에 괴롭다면, 엄마에게 자신의 속마음을 말과 글로 충분히 알리기 바란다. 힘든 점을 표현하고 도움을 청해야 한다. 아마 대단히 어려운 일일 것이다. 그러나 꼭 거쳐야 할 필수코스다. 아무리 가까운 사람이라 해도 내 속을 훤히 알아줄 수는 없으니까 말이다. 원래 등잔 밑이 어두운 법이다. 가족끼리 더 모를 수 있다.

　우선 가능한 한 엄마와 자주 마주치지 않도록 인생의 판을 새롭게 짤 필요가 있다. 어쩌다 가끔 만나는 게 오히려 더 반갑다. 그래도 '내가 떠나면 엄마는 어떡하나?' 걱정된다고? 걱정할 필요 없다. 멀리서 지켜보는 것이 장기적으로는 엄마를 더욱 사랑하는 길이다. 엄마 때문에 딸의 인생이 불행해진다면, 엄마의 남은 인생 또한 좋을 리 없기 때문이다.

●

아이에게 필요한 건
'늘 곁에 있는 엄마'가
아니다

부모들은 아이를 흰 도화지라고 여기고
그 도화지 위에 무언가 계속 그림을 그려주어야 한다는 강박관념에 시달리지만,
아기들은 태어나는 그 순간부터 독립된 인격체다.
어른들보다 더 정확한 분별력과 강인함을 이미 지니고 있으며, 자기 치유력도 가지고 태어난다.
아이들은 자체의 에너지만으로도 충분히 잘 살아나갈 수 있다.

아이와 직장은 양자택일의 문제가 아니다

여자의 인생에서 출산과 육아는 뜨거운 감자와도 같은 문제
다. 아이가 주는 기쁨이야 그 무엇과도 바꿀 수 없는 환희이고,
여성으로서 인류에 공헌할 수 있는 일 중에서 가장 숭고한 일이
다. 하지만 가장 왕성하게 일할 시기에, 일정 기간 동안 무조건

적인 희생으로 일과 육아를 병행한다는 것은 생각처럼 쉬운 일이 아니다. 가끔 아무런 대책도 없이 마냥 많이 낳으라고만 하는 캠페인을 보면 속에서 천불이 올라온다.

그런데 아이와 직장을 양자택일의 문제로만 여기는 여자들에게도 문제는 있다. 두 아이를 키우면서 여태껏 직장생활을 병행해온 내 경험에 의하면, 일정 기간 동안은 좀 힘들더라도 아이에 대한 지나친 걱정과 집착을 버리면 평생 쌓아가야 할 커리어를 중단하지 않아도 된다는 것이다. 매우 힘든 일이기는 하지만, 그래도 육아가 평생 계속되는 일은 아니기 때문이다. 두 돌까지가 가장 많이 신경 쓰이는 시기이고, 다섯 살까지가 그 다음으로 중요한 단계다. 그리고 웬만한 아이들은 초등학교 4학년만 되어도 스스로 많은 것을 해낸다.

방송작가 H는 서른여덟이라는 늦은 나이에 결혼을 하고, 난산을 거쳐 재작년에 딸아이를 낳았다. 방송작가로 커리어를 잘 쌓아왔고 나름 인정도 받고 있지만, 아이를 낳은 후로는 사람이 아예 변한 것 같았다. 아이한테 너무 집착하는 것이다.

처음에는 뒤늦은 나이에 힘들게 얻은 자식이라 더욱 귀하게 여기나 싶었지만, 갈수록 도가 지나쳤다. 아기를 맡긴 어린이집 반찬을 일일이 따지며 영양소가 부실하다고 걱정하는 것은 기본이고, 온갖 육아서와 어린이 건강 관련 도서를 섭렵하며 쓸데없는 걱정까지 사서 하곤 했다. 자신이 밖에서 일을 하면 아이한테 무슨 큰일이라도 벌어질 것 같다고 한탄하기도 한다.

그런 탓인지 그녀는 예전만큼 일에 집중하지 못했다. 그녀 같은 유능한 작가를 양성한다는 게 결코 쉬운 일이 아니다. 그 정도의 실력을 갖춘 교양작가가 육아 걱정에 휘둘려 방송계를 떠난다면 본인이나 회사 모두에게 막심한 손해인 것이다.

아이가 어린이집에 다니게 되면 집에서 돌볼 때보다 잔병치레가 잦은 게 일반적이다. 그런데 참 이상한 것은, 어릴 적에 병치레를 많이 한 아이일수록 오히려 나중에 건강하다는 사실이다. 나도 오만가지 병을 다 달고 다녔지만 지금은 이렇게 건강미인이란 소리까지 들으며 잘살고 있다.

게다가 어린이집에 다닌 아이들이 초등학교에 들어가서는 오히려 더 잘 적응하고 건강하게 자란다는 연구결과도 있다. 호주 연방정부가 주관해 1만 명의 어린이를 주기적으로 조사한 연구결과에 의하면, '어린이집에 오랜 시간 맡겨지는 아이들은 집에서 돌보는 아이들보다 중이염 같은 질병을 더 자주 앓게 되지만, 오히려 감염에 대한 저항력이 생겨서 초등학교에 들어갈 무렵이면 집에만 있었던 아이들보다 더 건강해진다'는 것이다. 특별히 잘 먹인 것도 없는데, 우리 집의 두 아이가 왜 이렇게 건강한지 그 이유를 이제 알 것 같다.

버젓한 직장이 가져다주는 대단한 위력

주위에 "육아 도우미에게 수고비를 주고 나면 남는 것이 하나도 없다. 차라리 그럴 바엔 회사 그만두고 내가 보는 게 낫다."며 퇴사를 결심하는 여성들이 많다. Y도 그런 생각을 하는 여성중 한 명이다. 어느 날 그녀는 나에게 육아문제 때문에 사직을고려하는 중이라고 털어놓았다.

그녀는 연봉이 3,900만 원 정도지만 세금 등 이것저것을 제하고 나면 실수령액이 매달 280만 원이 채 안된다. 첫 아이는 시어머니가 세 돌까지 키워주셨는데, 지금은 동네 어린이집에 다닌다. 그런데 이번에 낳은 둘째의 경우는 시어머니가 건강이 안좋아지셔서 더 이상 봐주실 수가 없다. 그래서 그녀는 지금 심각하게 사직을 고려하고 있다. 육아 도우미에게 드리는 수고비가 만만치 않기 때문이다.

중국 동포 도우미는 숙식을 할 경우 월 180~210만 원 가량이고(이건 그냥 일반적인 내 주변 사례를 든 것이다) 우리나라 도우미는매일 출퇴근할 경우, 보통 200만 원 선이라고 한다. 그러면 Y의경우 월급 받아서 고스란히 육아비로 들어가니, '남는 게 거의없다'는 말이 맞기는 하다.

하지만 나는 Y에게 사직을 극구 말리며 돈보다 더 중요한 경력과 실력, 연금, 퇴직금, 인맥 등 중요한 유형, 무형의 재산들이 남지 않느냐고 말했다. 지금 당장은 고단해도, 일을 놓아버리면 나중에 '나'는 사라지고, '아이에게 집착하는 엄마'만 남는다고, 아이한테 '내가 너 때문에 내 인생을 포기했으니 네가 책임져라'라고 할 거냐고 말이다. 아이도 결코 그런 엄마를 원하지는 않을 것이다.

요즘은 남녀불문하고 75세까지 일을 해야만 하는 시대다. 커리어 관리, 인맥 관리, 연금 관리가 무엇보다 중요하다. 그리고 그런 것들은 돈으로 환산할 수 없는 대단히 큰 재산이다. 이를 간과하고 돈으로만 직장생활의 가치를 환산하는 것은, 버젓한 직장이 가져다주는 대단한 위력을 모르고 하는 말이다.

도우미 수고비 아끼려다가 내 몸 골병 나고 괜히 부부싸움이라도 하게 되면, 약값과 술값이 더 든다. 아이가 어느 정도 클 때까지라도 육아 도우미의 손을 빌리자. 10~20년이 아니다. 보통은 2~3년, 길어야 5년이다. 그 사이에 내가 쌓을 커리어와 인맥, 실력은 월급이 가진 금전적인 가치와는 비교할 수 없을 정도로 귀중한 것이다. 70대까지 일해야 하는 시대인데, 일을 중단했다가 다시 시작하는 것에 비하면, 중간에 잠시 힘들고 어려운 시기를 견디는 것이 훨씬 이득이라는 점을 기억하자.

또한 흔히들 남의 손에 아이를 맡기는 것에 대해, 돈도 돈이지만 다른 점에 대해서도 걱정을 많이 한다. 그런데 그건 사람을 너무 못 믿어서 하는 생각이다. 50~60대 여성들 중에 경제적으로 안정된 상황이라도 일을 하려고 나서는 분들이 많다. 이런 분들 중에서 잘만 찾으면 교양 있고 좋은 분들을 만날 수 있다.

누구나 자기 자식을 키울 땐 예쁜 줄도 모르고 얼떨결에 키운다. 그러다 50세가 넘으면 아이들이 그렇게 예쁠 수가 없다고 이구동성으로 말한다. 조언을 하자면, 너무 젊은 분들보다는 자식을 다 키운, 50대 이상의 너그러운 인상을 가진 아주머니들을 소개받아서, 아침에 오셨다가 저녁에 가시는 것으로 도움을 받자. 중국 동포 도우미도 좋은 분을 만날 수 있지만, 한집에서 숙식을 함께하려면 아무래도 부담스럽다. 그러니 한 동네에 사는 인품 좋은 아주머니를 잘 수소문하여 찾아보자.

나의 경우엔 같은 동네에 사시는 이웃 아주머니가 두 아이를 키워주셨다. 내가 늦을 땐 아이가 그 댁에서 잔 적도 많다. 후덕한 아주머니의 넉넉한 사랑 덕분인지 두 아이 모두 인성이 참 바르고 따뜻하다. 아쉽게도 지금은 그분과 연락이 끊겼지만, 그 댁의 가족 모두가 우리 아이들을 친조카처럼 사랑해주어서 지금도 그 가족들이 매우 그립다.

엄마가 일을 하면 아이의 정서가 불안해질까?

나에게는 2년 터울의 딸이 둘 있다. 말 그대로 '대충' 키웠다. 열이 40도까지 올라 펄펄 끓어도 병원에 달려가는 대신 홀딱 벗기고 냉찜질을 해주었다. 그리고 아침이 되면 예외 없이 나는 출근을 하고, 아이들은 도우미 아주머니 손에 넘기거나 묵묵히 어린이집으로 보냈다. 남들은 아이가 아프면 안쓰러운 마음에 회사에 와서도 일이 손에 잡히지 않는다고 하지만 나는 "아기들은 천사가 따로 지켜준다."는 믿음으로 아이가 이겨내기만을 기도했다. 이제껏 회사일과 가사를 무리 없이 병행할 수 있었던 것도 잔걱정, 잔근심을 뚝 끊은 일종의 뚝심 덕분이었다. 엄마가 호들갑떨지 않고 그냥 내버려두니까 아이들의 잔병도 무안했는지 곧 가라앉았다.

그렇게 낙천적인 엄마가 대충 키운 아이들은 모두 긍정적이고 밝은 성품으로 자랐고 가는 곳마다 신임을 받고 있다. 두 아이 모두 사교육을 거의 받지 않고 원하는 대학에 입학했고, 밴드부, 봉사서클에서 열정적으로 학교생활을 해왔다. 큰아이는 대기업에 입사, 한 해에 두 번이나 최우수 직원 표창을 받았고, '맏딸은 살림밑천'이라는 옛말처럼 집 안 정리는 물론 어른 공경까지 정성스럽게 해내며 주변을 감동시킨다. 둘째아이는 코이카를 통해 아프리카 우간다에 파견, 봉사활동을 한 학기 동안 하고 돌아왔다.

내가 아이들에게 주문한 것은 단 한 가지였다. "자기효능감이 높은 삶을 살라."는 것이다. 자기효능감이 높은 삶을 살려면 어떻게 살 것인지에 대한 답은 언제나 아이들 몫이었다.

아이를 키울 때 각별히 신경 써야 할 부분이라면 호기심과 성실함을 키워주는 것이다. 상위권 성적을 자랑하는 아이더라도, 매사에 호기심이 없고 성실함이 부족하다면 나중에 문제가 생긴다. 호기심이 많고 성실한 아이들은 학년이 올라가면서 차츰 학업 성취도도 높아진다. 나의 두 아이 모두 처음부터 성적이 우수했던 것은 아니다. 큰 아이는 고등학교 1학년 때부터, 작은 아이는 중학교 3학년 때부터 스스로 공부하겠다는 의지를 불태웠는데, 내가 참견하지 않아도 스스로 알아서 학업에 몰두한다. 늦게 타오르는 게 더 무섭다고 요즘은 아이들이 너무 '공부, 공부' 하고 다녀서 걱정이다. 호기심과 성실함을 갖춘 아이들은 처음엔 느리게 가는 것 같아도 때가 되면 자신의 길을 찾아 열정적으로 항해를 해나간다.

힙합이든, 사진이든, 나는 아이가 하고 싶어서 하는 거라면 말리거나 나무라지 않는다. 성적이 좋든 나쁘든, 그것은 문제가 되지 않는다. 공부도 다른 취미활동과 마찬가지로 아이가 하고 싶어서 선택한 활동들 중 하나니까 말이다. 한번은 큰 아이가 나에게 이런 말을 했다. "이래라저래라 다그치고 캐묻는 엄마 밑에 있었다면, 지금처럼 이렇게 열심히 하지 않았을 거야. 내가 선택한 것들이니까 이렇게 최선을 다하는 거지!"

세상에서 가장 성과가 좋은 것은 자기가 좋아서 하는 일, 스스로 신이 나서 하는 일이다. 어린 아이들이 뭘 알겠느냐고? 천

만에! 아이들이 어른들보다 훨씬 더 정확하다. 아마도 더 단순하고 진실하기 때문일 것이다.

나는 육아문제에 과도하게 집착하고 걱정하는 후배들에게 글로리아 스타이넘의 말을 빌려 이렇게 이야기하곤 한다.

"부모들은 아이들을 흰 도화지라고 여기고 그 도화지 위에 무언가 계속 그림을 그려주어야 한다는 강박관념에 시달리지만, 아기들은 태어나는 그 순간부터 독립된 인격체다. 어른들보다 더 정확한 분별력과 강인함을 이미 지니고 있으며, 자기 치유력도 가지고 태어난다. 아이들은 자체의 에너지만으로도 충분히 잘 살아나갈 수 있다."

육아의 방식은 전부 다를지언정 이 원리만큼은 공통적이라고 믿는다. 우리 조부모님 세대만 해도 10명씩 낳는 것이 흔한 일이었고, 내가 어릴 때만 해도 집집마다 형제자매가 4~5명 정도는 보통이었다. 낳아놓기만 하면, 아이들이 저 혼자 자란 것이나 다름없다. 밖에서 싸우고 들어와도 내버려두고, 잔병치레쯤은 걱정도 안 하고 키웠지만 다들 탈 없이 잘 자랐다. 그렇게 대충 키운 자식들이 나중에 생활력도 더 강하고 부모에게도 더 잘한다. "내가 오냐오냐 키운 자식 남이 미워하고, 내가 홀대한 자식 남에게 사랑받는다."는 말도 있지 않은가?

워킹맘들이 가진 걱정거리 1위는 바로 "엄마가 신경을 못 써주어서 아이에게 정서적인 문제가 생기면 어쩌나?" 하는 것이다. 얼마 전, 엄마가 직장에 다니는 것과 자녀의 정서적 건강 사이에 상관관계가 없다는 반가운 연구결과가 발표되었다. 영국의 런던 대학교 애니 맥먼 박사는 영국 어린이 1만 2,000명을 대상으로 엄마의 직업과 아이의 정신건강의 상관관계를 조사했는데, 엄마가 직장에 나가느냐 여부는 자녀의 정신건강에 영향을 주는 변수가 아님이 밝혀졌다.

과거에 몇몇 아동심리학자들이 "아이가 태어난 후 처음 1년 동안 엄마가 일을 하느냐 안 하느냐는 아이의 일생에 중요한 영향을 미친다."는 주장을 해서 워킹맘들을 마음 졸이게 만들었다. 그러나 맥먼 박사의 연구결과는 이런 주장에 정면으로 맞서는 것으로 "엄마가 직장에 나가는지 안 나가는지는 장단기적으로 자녀의 정서에 큰 영향을 주지 않는다."는 반박이다.

미국 소아과학회도 비슷한 의견을 내놓았다. "자녀의 정서는 전체적으로 가족의 정신이 건강한지, 부모가 아이를 충분히 사랑하고 있는지 등에 영향을 받는다."라며, 엄마가 직장에 다니는지 아닌지는 별다른 영향을 주지 않는다고 밝혔다. 오히려 "아내가 직장생활을 열심히 하는 것이 결혼생활의 활력소가 될 수 있다."는 연구결과가 발표되었다. 결혼한 남녀 169쌍을 대상으로 이루어진 한 연구에 의하면, 워킹맘의 경우 "직장에서 더 많은 책임과 업무를 맡을수록, 결혼생활에 대한 만족도가 높아진다."고 한다. 가족 심리학 학회지에 발표된 연구논문에 따르면,

그 이유 중 하나로 아내의 업무량이 많아질수록 남편이 집안일을 더 많이 돕는 경향이 있기 때문인데, "아내가 열심히 일하는 것이 부부생활에 활력소가 될 수 있으며, 배우자로서 서로의 부족함을 보완해줄 수 있다."고 결론 내렸다. 바쁜 결혼생활이 곧 행복한 결혼생활이 될 수 있음을 보여주는 연구결과다.

'늘 옆에 있는 엄마' 보다는 '심리적으로 안정된 엄마'

나는 아이에게 좋은 엄마란, 다정한 말투와 따뜻한 눈빛을 가지고 열심히 사는 엄마라고 생각한다. 늘 초조해하고 심리적으로 위축되어 있고, 감정기복이 심한 엄마를 보며 자란 아기가 긍정적이고 안정된 정서를 물려받기란 쉬운 일이 아니다. 몸뿐만 아니라 마음까지 건강한 사람으로 자라도록 보살펴주는 것이 엄마가 줄 수 있는 가장 큰 선물일 텐데, 그러기 위해서는 부모가 먼저 심신이 안정되어야 한다. 아이에게 안정된 부모의 존재는 어떤 상황에서든 심리적으로 든든한 언덕이 된다.

오랜 시간 교단에 서신 초등학교 은사님은 아이의 표정만 보아도 그 집 엄마의 얼굴이 보인다고 말하셨다. 적극적이고 긍정적인 성향의 엄마는 아이의 표정을 밝게 만들어주는 반면 의욕이 없는 부정적인 엄마는 아이의 표정을 무표정하게 만든다.

사람은 환경의 동물이다. 그래서 환경의 영향을 직격탄으로 받는다. 사람마다 뿜어져 나오는 에너지라는 게 있다. 좋은 에너지를 발산하는 사람들이 구성원으로 모이면 그곳은 좋은 환경이 조성되고, 반대의 경우 각박하고 황폐한 환경이 되고 만다. 아이를 사랑한다면 아이의 환경부터 긍정적인 에너지가 분출될 수 있도록 잘 조성해야 할 것이다.

아이가 뒤처질까 봐 불안하고 초조해질 때마다 자신의 심리상태부터 냉정하게 들여다보기 바란다. 아이만 걱정하지 말고 나의 내면이 제대로 돌아가고 있는지, 체크해보자는 말이다. 엄마가 잘 지내야 아이도 잘 자란다.

'아이는 부모의 뒷모습을 보고 큰다'는 말을 기억하기 바란다. 다정한 말투, 눈빛, 태도는 아이를 심리적으로 안정되게 만든다. 정서적으로 안정된 엄마는 그냥 그 자체로 훌륭한 엄마다.

버트런드 러셀은 "훌륭한 사람이란? 다정하고 유쾌하고 명랑한 사람이다."라고 말했다. 나는 "훌륭한 엄마란? 다정하고 유쾌하고 명랑한 여인이다."라고 말하고 싶다.

아이는 파랑새와 같은 존재다. 언젠가 떠나보내야 할 파랑새. 함께할 시간이 그리 길지도 않다. 무릇 자식만 파랑새일까 싶다. 세상의 모든 인연이 결국 모두 파랑새 아닐까? 잠시 머물렀다 가는, 그래서 '있을 때 잘하라'는 말이 생겨난 것 아닐까? 그러니 함께 있을 때 아낌없이 사랑해주고 행복한 시간을 누리자.

part 4

너와 나, 가장
행복한 방식으로
존재하기를

●

앞에 놓인 몇몇 크고 작은 문제들 때문에 마음을 꽁꽁 묶고 각박하게 사는 건 아니닌가? 세상에는 아름답고 사랑스러운 것들이 너무나 많은데, 그런 걸 느낄 틈도 없이 쫓기듯 사는 건 아닌가?

자신을 행복한 사람이라고 여기면 고스란히 행복의 길로 가게 되고, 불쌍한 사람이라 여기면 고스란히 불행의 길로 자신을 인도하게 된다. 우리는 각자 자기 인생이라는 배의 선장이므로 정신을 똑바로 차리고 항해해야 한다. 인생은 바람 불고 비 오고 폭풍 치고 구름 낀 날투성이지만, 반면 태양도 곧 떠오른다.

나는 앞으로 펼쳐질 내 인생을 상상하면 가슴이 떨리고 기대감으로 한껏 흥분된다. 얼마나 활기차고 즐거울까, 그리고 얼마나 활짝 피어날까 싶어서 말이다. 이제까지는 기반을 닦는 시간이었다면 앞으로는 그 반석 위에서 굳건한 기둥들을 잘 세워나갈 시기다. 이 책의 마지막 파트인 4부에서는 내가 궁극적으로 제안하고 싶은 '영혼이 세련된 여성들을 위한 셀프 테라피'에 관해 이야기하고 싶다. 심각할 것 없다. 가벼운 마음으로 나만의 소소한 행복들을 찾아보자. 거기서부터 시작하면 된다.

●

나는 나이 든
내 모습이
더 좋다

예전의 나는 나의 몸 상태와 마음 상태를 잘 읽지 못했다.
그러나 지금은 약간만 이상이 와도 곧 알아챌 수 있다. 어떻게 하면 위기를
잘 극복해 나갈지를 알고 있으며, 응급상황인지 아닌지, 입원을 해야 하는지 아닌지도 안다.
내달려야 할 순간인지, 쉬어가야 할 순간인지도 잘 가늠한다.
그리고 고장 난 곳이 있으면 스스로 곧잘 고친다. 의사로 치면 임상 내공 30년차다.

100세까지 살 텐데, 왜 벌써 나이 타령?

남자에 비해 여자들은 나이 드는 것에 대해 특히 더 부정적이
다. 나이는 곧 주름, 흐트러진 몸매, 처진 뱃살과 동의어라고 생
각하기 때문이다. 나이가 드는 것은 너무 당연한 일인데, 무슨
잘못이라도 한 것처럼 비탄에 빠지거나 자책한다.

나이를 한탄하는 여자후배들에게 주의를 주었더니 "여자들은 나이 들면 설 자리가 없어지잖아요. 여자 값은 나이 값이라고 하던데…."라는 그녀들의 대답에 나는 기가 찼다. 남자들이 심어놓은 말도 안 되는 논리에 빠져 제 발등을 찍는 꼴이라니.

자랑 같지만, 나는 나이가 들면서 오란 데도 더 많아지고 인기도 치솟았다. 예전에는 너무 날카로워서 주위 사람들에게 부담스러운 느낌을 주기도 했지만, 나이가 들어 푸근해지니 '사람 좋다'는 평판도 듣게 되었다. 살이 좀 오른 지금은 없던 우아함도 생겼다.

대체 우리가 몇 살까지 살기에 이렇게 허구한 날 나이타령일까? 조선 말기에 여자들의 평균수명은 50대 후반이었다고 한다. 그러므로 조선 말기로 치면 여자 나이 30세는 이미 인생의 절반을 더 산 나이다. 그러나 요즘은 다르다. 80세까지 거뜬히 사는 시대이니, 조선 말기를 기준으로 볼 때 서른이라는 나이는 고작 20세 정도에 불과하다.

그런데도 나이 서른에 벌써부터 인생 다 산 듯이 "뭔가 새로운 것을 시작하기엔 너무 늦은 나이 아닌가요?"라고 푸념하는 젊은 여성들을 보면 화가 난다. 나는 여전히 아직 살날이 더 많은 젊은 나이라고 생각한다. 내 인생에는 앞으로도 엄청난 기회가 밀려올 것이며 최소한 향후 30년간은 더 열정적으로 일할 수 있다고 생각한다. 지나온 시간들이 세상과 사람들을 이해하는 기간이었다면, 앞으로는 그 이해를 바탕으로 주욱 날개를 펴나 갈 기간이라고 본다. 그런 긍정적인 사고 때문인지 예전보다 몸도 마음도 더욱 건강해지고 명랑해졌다.

예전의 나는 나의 몸 상태와 마음 상태를 잘 읽지 못했다. 운전 미숙으로 끊임없이 시행착오를 겪었으며, 가끔은 엔진이 푹 꺼져도 그 사실을 전혀 눈치 채지 못했다. 그러나 지금은 운전 실력이 확실히 업그레이드되어 몸과 마음에 약간만 이상이 와도 곧 알아챌 수 있다. 어떻게 하면 위기를 잘 극복해 나갈지를 알고 있으며, 응급상황인지 아닌지, 입원을 해야 하는지 휴식만으로도 치유가 가능한지 안다. 내달려야 할 순간인지 쉬어가야 할 순간인지까지도 잘 가늠한다. 그리고 고장 난 곳이 있으면 스스로 곧잘 집도한다. 의사로 치면 임상 내공 30년차다.

특히 회사 업무를 하다 보면 예기치 않은 일들이 속속 발생한다. 어디 회사 일뿐이랴. 인생사란 온갖 사건, 사고의 연속이다. 한동안 조용했다가도 어느 순간 문제가 휘몰아친다. 그러나 많고 많은 사건들 중에서도 가장 충격이 크고 예측이 불가능한 것이 있다면, 단연 사람에 관한 부분이다.

때때로는 급작스럽게 나의 입지가 추락하는 아픔도 겪는다. 이런 일들이 생기면 예전엔 분한 마음에 전의를 상실하고 마냥 억울해했으나, 이즈음은 '전화위복'이라는 말로 나를 위로한다.

그리고 더욱 긍정적인 대안을 내게 제시하며 "이 일이 오히려 더 나은 반석이 될 수 있다. 당장 직장을 그만둔다손 쳐도 이 정도로 열심히 하면 어디서건 잘 해낼 수 있다."고 나를 위로한다. 그러다 보면 결국 모든 것이 제자리로 돌아가지만, 그때까지라도 나를 잘 설득하고 다독여 평정심을 유지한다.

대부분의 사람들은, 여전히 나이 든다는 것을 공포로 여긴다. 그러나 잘 생각해보면 인생에서 나이가 들어서 좋아진 게 더 많아졌음을 이내 발견할 수 있다. 나이가 들면서 매사에 "아니, 이럴 수가! 인간들이 이럴 수가!" 하던 분노의 마음이 "이렇게 좋은 사람도 만나다니, 참 감사하기도 하지!" 하는 긍정의 마음으로 돌아서게 되고, 나름의 인생 지혜도 터득해 저절로 성숙해진다. 상처받는 일이나 갈등하는 일도 확연히 줄어들고, 시간이 약이라는 생각에 참을성도 새록새록 붙는다. 이 모든 '인생 내공'이 나이 덕분이라고 여기게 되면 오히려 감사하는 마음이 생긴다.

막연히 나이 드는 게 불안하고 싫은 사람들은 지금 하고 있는 일에서 재미와 보람을 찾지 못한 경우가 많다. 재미를 못 느낀다는 것은 자신의 적성이나 흥미와는 거리가 먼 일들을 하고 있기 때문이다.

일류대에 들어간 수재들도 자기 감정을 어떻게 조절해 나가야 할지 몰라서 심각한 좌절과 실패를 겪는 경우를 자주 목격한다.

공부는 잘했을지 모르지만 삶에는 무지하기 때문이다.

먼 친척 조카 중에 의대를 목표로 4수에 도전하는 아이가 있다. 왜 그토록 의대만을 고수하느냐고 물었더니 이렇게 대답했다.

"다른 직업은 먹고살기가 어렵잖아요. 연구직의 경우는 계약직이 많고, 이과 나와서 밥벌이 제대로 하려면 의사밖에 없어요."

'먹고살 길'이 보장되는 직업을 선택해야만 한다는 얘기다. 고작 20대 초반인 아이가 '먹고사는' 문제에 대한 이렇게 강한 의지를 가졌다는 사실과 마주하며 한없는 슬픔을 느꼈다.

나의 아버지 세대, 즉 1950년대만 해도 적성에 맞게 진로를 선택하는 분위기가 아니었다. 오직 먹고살 수 있는 직업을 선택하는 것이 우선이었기 때문이다. 그런 시절에 적성을 운운하는 것은 배부른 소리였다.

60년이 흐른 지금은 어떨까? 국민소득이 엄청나게 높아졌는데도 진로 선택에 있어서는 적성보다 '먹고사는' 문제가 우선이다. 내가 이 부분을 이렇게 강조하는 것은 '좋아하는 일'을 직업으로 선택하는 것과 삶의 행복감 사이에 깊은 상관관계가 있기 때문이다.

서구인들은 결코 수입이 많다는 이유만으로 의대 진학을 택하지 않는다. 단연코 적성과 흥미를 따져 진로를 결정한다. 우리나라 의대생들에게는 피부과와 성형외과가 특히 인기과목이라는데, 그것 역시 다른 과목에 비해 돈을 많이 벌 수 있기 때문이란다. 그런데 영국 같은 나라는 좀 다르다. 성형외과의 경우 재건 치료 분야에서 일하려는 학생들이 많지만, 미용목적의 성형 기술을 연마하려는 학생들은 찾아보기가 힘들다. 또한 의사라는 직업이 영국에서는 '사회봉사직'이란 느낌이 강해서 돈벌이에 열을 올리는 모습을 대단히 터부시한다.

의사라는 직업을 폄하하려는 게 결코 아니다. 직업 선택의 기준이 돈벌이가 아닌 적성이 되어야 한다는 얘기를 하기 위한 것이다. 적성에 맞는 분야를 택해야 재미도 있고 보람도 느끼며 성과도 잘 나온다. 일을 택할 때도, 직장을 고를 때도, 진학할 학교나 학과를 택할 때도, 취미를 가질 때도, 남자를 만날 때도, 집을 정할 때도, 물건을 구입할 때도, 여행지를 고를 때도, 음식을 고를 때도, 적성과 흥미에 적합한 쪽을 선택해야 재미있게 즐겁게 해나갈 수 있으며 오래해도 지치지 않는다.

예나 지금이나 엄마들은 아이의 적성과 흥미 분야를 찾아주려고 피아노, 미술, 발레, 태권도 등을 가르치며 부단히 투자했다. 담임선생님 역시 학기말 성적표의 선생님 의견란에 "OO는 공작 만들기에 소질이 있으며 청소가 특기입니다."라는 의견을 적어주며 잘하고 좋아하는 것이 무엇인지 부모에게 알렸다.

자신의 흥미와 적성이 무엇인지 잘 모르겠다면 초등학교 성적표부터 다시 찾아서 읽어보면 힌트를 얻을 수 있을 것이다. 아니면 MBTI 같은 성격분석법이나 적성검사를 통해 객관적인 토대를 마련한 후 부모님과 스승, 친구들에게 자문한다면 분명 '이거다!' 싶은 것이 잡힌다. 특히 나이 서른부터는 남보다 잘할 수 있는 자기만의 장기를 적극적으로 발전시켜나가야 한다. 그러려면 그 전에 자기 자신에 대해 철저하게 해부하고 잘 알아두어야 한다.

나는 32세의 어느 날, 나라는 사람의 정체를 파헤치는 분석을 해나가기 시작했다. 조부, 조모, 아버지, 어머니, 자매들의 재능과 강점을 정리하고, 어릴 적부터 알아온 친구들과 스승들을 찾아가 나에 대한 소견서를 받았다. 그것을 바탕으로 몇 달에 걸쳐서 리포트를 작성하듯 '김태경 SWOT 분석'을 해나갔다. 그 이후로 나는 나에게 재능이 없는 분야는 아예 쳐다보지도 않는다. 미련도 버렸다. 재주가 12가지면 밥을 굶는다고, 만능선수가 되려다가 이도 저도 못 되고 세월만 보낸 사람들을 많이 보아왔기 때문이다. 서른부터는 집중과 선택이 필수다.

나의 경우, 어릴 적부터 아버지와 여러 은사님들이 글을 써보라고 권해주셨다. 되돌아보면 글의 종류가 광고 카피든, 기획서든, 업무 보고서든, 리포트든, 남의 연애편지 대필이든, 낙서든든…, 어떤 것이든 나는 글을 쓸 때 매우 신이 났고 몰입할 수 있었다. 나란 사람이 '글 쓰는 일에 적합한 사람'임을 깨달은 이후부터 나는 잃었던 보물이라도 발견한 듯 기뻤다.

여성학자 오한숙희 씨의 어머니는 74세에 그림 공부를 시작해, 평생 느껴본 적 없는 행복감에 젖어 사신다고 한다. 또 미국의 마더 모제스라는 할머니는 평생 단 한 번도 그림을 그린 적도, 배운 적도 없었으나 67세부터 그림을 그리기 시작해, 101세까지 그림을 그리다가 돌아가셨다. 그분의 작품은 독특한 화풍으로 유럽의 유명 미술관 여러 곳에 전시되었는데, 모제스 할머니는 1,600점이라는 어마어마한 양의 작품을 남겼다고 한다.

나이가 들어서도 자기 적성에 맞는 일들을 찾아내 몰두하게 되면 인생이 행복해지고 즐거워진다. 그런 사례는 주위에 얼마든지 있다. 그런데 고작 서른밖에 안된 여자들이 자신의 적성과 흥미가 어디에 있는지를 찾아낼 생각은 안 하고 나이 탓을 하며 세월을 낭비하다니 부끄러운 일이다.

자신의 재능이 어디에 있는지 찾았다면 주저하지 말고 그 분야를 열심히 준비하자. 직장동료 M은 식물을 다루는 데 남다른 재능이 있었다. 어떤 화초든 그녀에게 보내면 죽어가던 것도 되살아났다. 자신의 재능을 알게 된 그녀는 스스로 화훼 강의를 듣고 전문서적과 씨름하면서 십여 년을 공부했다. 결국 재작년에 회사를 그만둔 후 본격적으로 그 일에 뛰어들어 지금은 경기도에서 작은 식물원을 운영하며 재미있게 산다. 회사에 다니는 동안에는 본업을 열심히 하면서 자본을 마련했고, 오랜 시간 준비했기에 시행착오를 줄일 수 있었다. 그녀는 이렇게 말한다.

"무얼 하든 예상보다 시간이 훨씬 많이 걸려요."

구준한 노력이 동반되어야 재능도 적성도 빛을 발할 수 있다는 것이다. 그녀는 요즘 제자들을 가르치며 새로운 갈등에 부딪혔다고 토로한다. 6개월 과정만 마치면 모두가 '식물 전문가'가 되는 줄로 착각하는 조급한 학생들이 너무 많다는 것이다.

"어느 분야건 10년 이상은 푹 파묻혀 살아야 좀 안다 싶어져요. 요즘 아이들은 어찌나 끈기가 없는지, 정말 화가 나요."

확신이 생겼다고 해서 당장 하던 일을 그만두고 뛰어드는 것은 사실 성공확률이 그리 높지 않다. 무슨 일이든 실제로 부딪쳐보면 생각지도 못한 또 다른 난관이 기다리고 있다. 밖에서 볼 때는 양지만 보여도 안으로 들어가 보면 음지가 더 많은 법, 그런 음지조차 껴안을 수 있어야 비로소 자기 것이 된다.

생업에 종사하는 동안 틈틈이 학원이나 인터넷 강의 등을 통해 배워나가는 한편 직접 전문가를 찾아가 일손을 거들며 어깨너머로 그 분야의 애환을 익혀나간다면, 어느새 좋아하는 분야에서 작은 전문가로 성장할 수 있을 것이다.

죽기 전에 꼭 하고 싶은 일

죽기 전에 꼭 하고 싶은 일, '버킷리스트'가 있는가? 중세시대에 자살할 때 목에 밧줄을 감고 양동이를 차버리는 행위(Kick the Bucket)에서 유래된 말이다. 나의 버킷리스트에 늘 빠지지 않는

두 가지는, '실버들의 재미난 삶에 일조하기'와 '글쓰기'다.

실버 분야에 관심을 갖게 된 계기는 두 분의 할머니 때문이다. 어릴 적에 친할머니와 외할머니가 우리 집에서 함께 사셨었다. 두 분의 외로운 노후를 마주하니 어린 나이에도 가슴이 미어졌다. 안마도 해드리고 흰머리도 뽑아드리고, 이 얘기 저 얘기 조잘거리며 할머니들께 다정하게 다가가려고 나름 애썼지만 두 분의 고독은 땅바닥에 닿을 만큼 깊었다.

어릴 적부터 나는 이상하게도 노인들과 이야기를 나누다 보면 마구 신이 나고 기분이 좋아졌다. 큰 언니의 시어머니도, 시고모도, 시아버지도 나만 보면 모두들 즐거워하신다. 나에게는 노인과 소통하는 재능이 숨어 있는 것이다. 그래서 미래에 할 일을 어르신들의 삶을 재미나게 만들어드리는 것으로 잡았다.

그래서일까? 대학교 겸임교수 시절, 학생들과 수시로 요양원을 방문해 위문 공연을 하며 어르신들과 연을 이어갔다. 한 실버 단체와는 좋은 인연을 맺어 정기적으로 노인 대상의 강연을 하게 되었고, 〈노년에 산다〉라는 잡지에 기고도 하며 그쪽과 부단히 끈을 이어나가고 있다. 나의 노트북, 자료 철, 공책에는 실버 관련 자료와 책, 논문들을 정리한 내용, 관련 기획안들이 가득하다. 지금 당장 '나쁜 노년, 좋은 노년'을 주제로 책을 써도 될 만큼 많은 기초자료들이 정리되어 있다.

회사에서 좌절에 빠지거나 벽에 부딪힐 때마다 나는 그동안 공들여 모아온 자료들을 들춰보며 현실의 난감함을 달래고 미래에 대한 불안감을 떨쳐낸다. "이렇게 할 일이 많은데!" 하고 자위하며 뻗어버리고 싶은 마음을 추스를 수 있다.

두 번째는 글 쓰는 일이다. 어느 늦가을 퇴근길, 가슴이 뻥 뚫린 것만 같은 허전한 기분에 몸이 축 가라앉았다. 이후 우연찮게 글을 쓰며 그 기분을 말끔히 떨쳐낼 수 있었다. 무언가에 깊이 몰두할 때 공허한 감정은 사라지고 그 자리에 뿌듯함이 들어찬다는 것을, 글을 쓰며 실감했다. 사는 게 공허하다고 느껴질 때 나는 책을 읽고 글을 쓰는 일에 심혈을 기울인다.

미술도 더 공부하고 싶다. 나는 30대 후반에 문득 10대 때부터 좋아하던 미술 분야를 제대로 알고 싶은 욕심이 생겼다. 메말라가는 정서도 촉촉이 적시고 싶고 여기저기 자랑하고 싶은 '폼생폼사'의 심정도 한몫 더해져서 미술의 세계에 입문했다. 미술관에서 진행하는 단기과정을 듣고 전문가들과 활발하게 교류하며 이론 공부부터 시작했다. 이후 삶에 흥분과 윤기가 가득해졌으며 미적 사치를 맘껏 누리고 살아 남다른 자긍심도 생겼다.

어느 해부턴가 학생들을 가르치고 대학원에도 들어가고 싶다는 생각이 들었다. 강의를 하게 되면 학생들로부터 배우는 것이 더 많다는 말을 자주 들어왔고, 청춘들과 교류하며 자극 받고 싶다는 욕구가 생겼기 때문이다. 그때가 아마도 직장생활 중에서 최대의 위기를 맞았던 순간이 아니었나 싶다. 직장에서 겪고 있는 갈등과 고비를 밖에서 해소하고 싶었던 것 같다. 그런데 때마침 대학 강의를 강력히 권유하는 선배가 있어서 연월차를 동원하며 어렵사리 강의를 시작하게 되었다. 학생들에게 배운 게 더 많은 시간이었다. 그때 겸임교수로 강의를 했던 대학의 제자들과는 정이 많이 들어서 지금도 교류하고 있다. 이후 강의를 계속 진행하면서 나의 부족한 부분을 많이 발견했고, 마침 모교 경희대 대학원에서 전액 장학금을 받게 되어 감사히 대학원을 다녔다. 또한 철학공부를 제대로 하고 싶어서 성균관대 동양철학 박사과정에 입학, 8학기를 수료했다.

어쩌다 보니 내 얘기만 지루하게 많이 써놨는데, 결론은 30대가 아주 젊은 나이라는 것이다. 마흔은 꿈틀거리기 시작할 나이이고 쉰이 되어야 비로소 진검승부를 할 시점이라는 것이다. 그런 의미에서 나는 죽기 전에 이런 회고록을 쓰고 싶다.

"내 인생 여한 없이 깨지고 좌절하고 부딪히며 살았노라. 늘 좋은 날씨만 있었던 건 아니었지만 안개를 뚫고 비바람 물리치고 정말 격렬하고 풍성하게 살다 간다. 나는 다시 태어나도 이처럼 살다 가련다."

불행하지만 않아도
행복한 것이다

철학자 칸트는 행복의 조건이
'할 일이 있고, 사랑할 대상이 있고, 희망이 있다고 여길 때'라고 했다.
행복의 기준을 물질적인 것, 남에게 보이는 것, 단번에 무언가를 이루어내는 것에 두면
행복은 저 멀리 도망간다. 그런 점에서 불행하지만 않아도 행복한 것이라고 나는 생각한다.
유익하고 재미난 일들에 몰두하며 사는 이들이 가장 행복한 사람 아닐까

행복에 대한 터무니없는 집착은 인생을 모르는 것

우리나라 사람들은 일종의 행복강박증에 빠져 있는 것 같다. 행복하지 않으면 불행한 것이라 여긴다. 수년 전부터 '행복'이라는 키워드는 우리의 일상 속을 파고들어 여전히 엄청난 위용을 자랑한다. 책이나 광고, TV에서도 온통 '행복' 타령이다. 행복에

대한 갈망이 거의 '집착' 수준으로 이어지고 있다.

그런데 다들 그렇게 행복을 강조, 혹은 강요하지만, 정작 인생에서 행복했던 때가 언제였느냐고 물으면 딱히 떠오르는 대답이 없어 머뭇거린다. 그러다 잠시 후에 나오는 대답은 대학에 합격했을 때, 취직했을 때, 승진했을 때, 내 집 장만했을 때, 자녀가 대학에 합격했을 때… 등등이다. 평범한 삶을 살아가는 사람들의 대답은 여기서 크게 벗어나지 않는다.

그런데 생각해보면 자녀가 대학에 합격할 일은 평생 많아야 두세 번뿐이고 꿈에 그리던 내 집 장만과 승진도 가끔 있는 일이다. 이런 것들만이 행복의 기준이 된다면, 일생 동안 행복한 순간은 고작 10번 안팎일 것이다.

행복의 기준을 물질적인 것, 남에게 보이는 것, 단번에 무언가를 이루어내는 것에 두면 행복은 저 멀리 도망간다. 그런 점에서 나는 불행하지만 않아도 행복한 것이라고 생각한다. 유익하고 재미난 일들에 몰두하며 사는 이들이 가장 행복한 사람 아닐까? 부지런히 순대를 썰며 손님을 불러 모으는 남대문 시장 포장마차 아줌마, 2,000원짜리 칼국수를 팔면서도 밑지지 않는다고 오히려 손님들을 안심시키는 목동 손칼국수 집 주인 내외, 자전거를 신나게 타는 사람들, 가벼운 발걸음으로 산책길을 걷는 사람들의 모습에서 행복의 순간을 발견한다.

부모들에게 '자녀가 어떤 삶을 살기를 바라느냐'고 물으면 한

결같이 그저 험한 일 안 당하고 건강하게, 그리고 평탄하게 살
길 바란다고 말한다. 참 이상하다. 모든 이들이 평탄하길 소원
하면서도 실제로 삶이 평탄해지면 권태감과 답답함을 느낀다.
참으로 이율배반적인 일이다. "사는 게 왜 만날 이래?"라거나
"뭐 좀 화끈한 거 없어!?" 하는 말들을 습관적으로 내뱉는다. 그
런 감정들이 모이면 무리한 출사표를 던지게 되고, 이내 평탄한
삶은 무너진다.

유럽의 작은 여관들은 대체로 4대째, 혹은 6대째 대대로 운영
되고 있다. 가업을 이어받아 열심히 일하며 자부심을 찾는 사람
들이다. 가까운 일본에만 가봐도 우리나라와 달리 여러 대에 걸
쳐 이어져 내려오는 오래된 가게들이 많다. 특색 있는 라면가게
라든가 작은 아이스크림 가게, 빵집 등이 수두룩하다. 이처럼
가업을 이어 지역의 명소가 되고 관광객들로 붐빈다.

그런데 아무리 손님이 많고 장사가 잘되어도 이들은 무리하게
가게를 확장하거나 프랜차이즈로 키우지 않는다. 아마 우리나라
사람들이라면 장사가 잘될 때 확장을 하거나 다른 곳에 분점을
오픈할 것이다. 하지만 가업을 이어온 오래된 가게의 주인들은
오로지 지금 하는 가게에만 전념하기 위해 다른 것들은 일절 생
각하지 않는다. 잊지 않고 찾아와주는 단골 손님들에게 한결같
은 맛과 서비스를 전하려면 지금 가게에만 전념해야 함을 잘 알

고 있기 때문이다.

주변에 음식점을 열어서 돈을 벌었다고 소문이 난 지인들의 경우, 수년 뒤에 물어보면 무리하게 확장했다가 벌어놓은 것까지 다 까먹었다는 사례가 많다. 이상하게도 우리는 큰 것에만 열광하고 그것을 성공이라고 여긴다. 작지만 실속 있게 꾸려나가는 모습, 튼튼하게 내실을 기하는 꾸준한 모습을 발전이 없고 답답한 것으로 치부한다. 그래서 다들 삶이 더욱 힘들고 요동치는 것인지도 모르겠다.

무엇이 우리를 행복하게 할까?

나의 아버지는 '목적이 이끄는 삶'만을 사시다가 행복을 놓친 분이다. 천재 축에 드는 분이셨지만 안타깝게도 당신의 행복에는 무심했다. 독일 프라이브루크 대학교에서 단 2년 반 만에 의학박사학위를 받으신 유능한 내과 전문의로, 큰 키에 세련된 외모의 소유자였던 아버지는 많은 것을 가지고 있었지만 결코 행복하게 살지 못하시고 만 57세에 식도암으로 일찍 돌아가셨다.

왜 아버지는 행복하지 못했을까? 나는 아주 오랫동안 이 생각을 했다. 한편으론 불행의 유전자가 내게 올까 봐 내심 걱정하기도 했다. 아버지는 명예에 대한 집착이 유독 강한 분이었다. 의사협회 회장과 훔볼트학회 회장도 역임하셨지만, 거기에 결코 만족하지 않고 정치판에 뛰어들었다. 그런데 그 판은 아버지같이 순수한 학자가 뒹굴 수 있는 판이 아니었다. 아버지가 불행하셨던 원인은 당신의 프레임을 제대로 파악하지 못하고 엉뚱한 곳에 한눈을 팔았기 때문이다. 아무나 사업가가 되는 것이 아니듯 정치도 그 방면에 적성이 있고 재능이 있어야 되는 것이다.

종종 적성이나 재능이 희망하는 분야와 크게 차이가 나는 경우를 본다. 이 경우 절대적으로 재능과 적성 쪽으로 키를 잡아야 한다. 그러나 대부분의 사람들은 희망 분야에 대한 미련을 버리지 못한다. 내가 실패를 경험했던 경우들만 생각해봐도, 대체로 적성보다 희망 쪽으로 마음이 기울었을 때였다.

초등학교 시절부터 숫자감각이 아주 젬병인 친구가 있었다. 상식적으로 생각해봐도 이 친구는 숫자와는 거리가 먼 일을 해야 하건만, 모두의 반대를 무릅쓰고 증권회사에 들어갔다. 남들은 어림 산수로 척척 해내는 일인데도 그는 전자계산기로 여러 번 두드려도 실수가 잦았다. 결국 대리 시절 엄청난 사고를 한 건 터트리고 안 좋게 끝났다. 그 이후로 그의 삶은 고전의 연속이다. 어떤가? 적성을 무시한 결과는 이렇게 무참하다.

독일인들은 초등학교 저학년 때 진로를 정한다. 대학에 입학할 아이와 아닌 아이가 이때 결정되는 것이다. 대부분의 아이들은 대학에 들어가지 않는 코스를 택한다. 그리고 기술을 배워 평생 목수나 자동차 수리공, 전기공, 요리사로 만족하며 산다.

우리는 꿈이 너무 크다. 아니, 꿈의 크기가 아니라 내용에 문제가 있다. 남들에게 근사해 보일 만한 직업만 선망하고, 부자 동네에 살아야만 성공한 인생이라고 생각한다. 그리고 자신의 능력으로 감당하기 힘든 일들을 무리하게 욕망한다. 도전이 아니라 만용인 줄도 모르고, 도전은 아름답다며 무리한 목표와 욕구를 미화하고 합리화한다.

어린 시절부터 우리는 어른들 앞에서 크고 멋진 꿈을 거창하게 말해야 칭찬받곤 했다. 의사, 판검사, 회계사 같은 전문직은 기본이고 대통령 영부인, 외교관, 대학교 총장, 대기업 회장, 장군 같은 걸 말해야 어른들은 배포가 크다고 칭찬했다. 소시민의 삶을 살고 싶다고 소박하게 말하면 어른들은 곧바로 실망스러운 표정을 지으며 꿈을 크게 가지라고 했다.

《행복의 조건》의 저자 조지 베일런트는, 행복은 "인생의 조건에 어떻게 대응하는가?"에 달려 있다고 했다. 여기에서 '방어기제'라는 말이 등장하는데, 방어기제란 기본적인 생물학적 과정에 대응하는 정신세계의 현상을 일컫는 것이다. 행복의 첫 번째 조건은 바로 고통에 대응하는 성숙한 방어기제에 있었다. 어떤 일이 일어나느냐가 아니라, 그 일에 어떻게 대응하느냐에 따라 행복의 수준은 달라진다는 것이다. 같은 일을 겪고도 나타나는 양상은 제각기 다르다. 긍정적으로 해석하는 이가 있는가 하면 오랜 시간 그 굴레에서 벗어나지 못하고 끙끙 앓는 이도 있다.

또한 '행복하고 건강하게 나이 들 수 있을지 없을지를 결정짓는 필수조건'이 바로 '건강한 인간관계'라고 한다. 그리고 영성과 사회적 유대관계의 지평을 넓히는 일이야말로 중요한 요소라며 외롭게 살지 말라고 조지 베일런트는 조언한다.

비슷한 얘기로, 철학자 칸트는 행복의 조건이 '할 일이 있고, 사랑할 대상이 있고, 희망이 있다고 여길 때'라고 했다. 칸트가 역설한 이 세 가지를 채우기에도 빠듯한 게 인생이다. 그런데 여기다 남에게 멋지게 보일 궁리까지 하니 인생이 점점 고달파지는 것이다.

우리나라 사람들은 변화무쌍한 것을 발전이라 인식하는 경향이 크다. 그래서 수시로 이사도 하고 업종도 바꾸고 연락처도 바꾼다. 집시의 피가 흐르기라도 하는 걸까? 그래서 변덕도 심하고, 자기가 내뱉은 말을 수시로 잘 바꾼다. 일을 하면서 제일 힘든 부분이 바로 수시로 바뀌는 사람들의 태도와 말이다. 자리와 상황에 따라 태도가 달라지고 한 입으로 두말하는 것도 다반사다. 얼굴색 하나 안 바뀌고 어쩜 그렇게 다중인격자 노릇을 잘하는지. 좋은 삶을 살다 간 사람들은 번잡스럽지 않은 안분지족의 삶을 영위했다는 공통점이 있다. 고 리영희 선생이 말한 '심플 라이프 하이 씽킹Simple life high thinking'을 기억해야 한다.

정호승 시인의 어느 시 중에는 "산다는 것은 결국 낡은 의자 하나 차지하는 일이었을 뿐, 작고 낡은 의자에 한 번 앉았다가 일어나는 일이었을 뿐"이라는 구절이 있다. 시인은 인생이 거창한 것도 대단한 것도 아니라고 말한다. 고작 낡은 의자를 하나 차지하는 것이고, 그 낡은 의자에 잠시 앉았다가 가는 게 인생이라고 말한다. 그런데 우리는 헛된 욕망과 끝없는 분주함에 자신의 낡은 의자마저 망가뜨린다. 그리고 다른 사람의 의자조차 빼앗으려다가 망가뜨린다.

남이 보는 나와
내가 보는 나

누구의 삶에도 고통과 행복은 반드시 공존한다.
우리는 고통과 직면했을 때 그것을 자신만이 겪는 일로 확대 해석하는 버릇이 있다.
그래서 더 고통스러운 것이다. 나도 예전엔 그랬다. 나만 재수 없게 당하고 사는 것 같아서
억울하고 분했다. 그러나 주변을 둘러보니 다들 그 정도는 겪고 살았다.
양상만 다를 뿐, 다들 어느 정도는 '산다는 것'에 대한 통행료를 지불하고 산다.

당신만 빼고, 아무도 당신에게 신경 쓰지 않는다

주위 사람들은 내가 언제나 활기차다고 생각한다. 그런데 나도 처음부터 이러지는 않았다. 이렇게 되기까지 수많은 고비들이 있었다. 자주 우울해하고 축축 처지던 언젠가 좀 특별한 자각을 하게 된 이후로 나는 매우 명랑해졌다.

다들 그렇겠지만, 전쟁터 같은 직장에서, 특히 나처럼 드센 남자들 틈바구니에서 밥 먹고 살기란 정말 힘든 일이었다. 또한 한 남자와 한 지붕 밑에서 생존한다는 것 자체도 갈등의 연속이다. 회사 일과 집안일 등 이런저런 문제가 겹쳐 스트레스가 최고조로 올라갔을 때, 내가 선택한 도피처는 바로 과다한 수면이었다.

심할 때는 이틀 내리 잠만 잔 적도 있었다. 고통스러운 현실과 직면할 때마다 나는 길고 긴 수면에 빠져들었다. 식사도 거른 채 수면에 빠졌던 날들, 다이어트가 따로 필요 없을 정도로 살이 죽죽 내렸다. 오래 잔다고 해서 괴로운 상황이 달라지는 건 아니었지만, 어쨌든 당시에 내가 미치거나 돌지 않고 버틸 수 있었던 유일한 방법은 잠을 자는 것밖에 없었다.

그러던 어느 날 알게 되었다. 이것이 정말 큰 병이라는 것을. 그리고 '딱 한 번 사는 인생인데 내가 이러면 안 되는 것 아닌가?' 하는 강한 자각이 일었다. 내내 잠만 자던 나는 그 자리에서 털고 일어나 집 앞 한강변을 걸었다. 이후 나는 틈날 때마다 한강변을 걷고 또 걸었고, 그것은 내가 나를 위해 찾아낸 가장 훌륭한 치유책이 되어주었다. MP3에 가득 담긴 음악을 들으며 걷다 보면, 사라졌던 감성들이 하나둘 회복되는 듯했다. 수면중독에 빠져 있을 때는 아주 작은 소리조차 짜증스러웠지만, 마음의 상처가 회복되자 음악이 주는 감동에 서서히 젖어들었다.

여자들은 4명 중 1명꼴로 평생 한 번쯤 우울증을 겪는다고 한다. 당시 내 상황이 우울증이었는지, 아니면 그 목전까지 갔었는지는 정확히 모르겠지만, 침대에서 빠져나온 이후로 내 상태는 확실히 예전보다 좋아졌고 삶에 대한 예의를 갖추게 되었다.

정서가 안정되려면 남이 보는 나와 내가 보는 내가 동일해야 한다. 남이 보는 나인 ME와 내가 보는 나인 I의 조화는 자신에게 솔직할 때, 스스로와 진지한 대화를 나눌 때 가능해진다. 그래야 내재된 울음도 잘 잡아낼 수 있다.

세상에서 가장 큰 악덕은 자신에게조차 솔직하지 못한 것이다. 우리는 솔직하면 손해 본다는 의식이 저변에 깔려 있다. 뿌리 깊이 박힌 유교사상 때문인지 자기주장이 강하고 솔직한 여자는 팔자가 드세다는 구시대적인 인식도 여전히 팽배하다.

하지만 이제는 시대가 바뀌어 여자도 밥 벌어먹고 살아야 하고 그러려면 투쟁해야 한다. 공주를 키워주는 회사는 없다. 조신하게 가만히 있어서는 아무것도 되는 일이 없다.

누구나 불행할 수 있다, 그러나 누구나 행복할 수도 있다

인사이트 커뮤니케이션스 회장 마이클 브린은 우리나라 여성들에 대해 이런 비판을 한다.

"최근, 한국계 미국인인 한 심리전문가의 말에 따르면 한국인 여성들은 유난히 우울증이 심하다고 합니다. 그 이유는 모든 행동의 저변에 불안정함이 깔려 있기 때문입니다. 나는 혼자 있는 시간을 즐기는 한국 여성을 거의 본 적이 없어요. 대부분 누군가와 함께 있어야 한다고 생각합니다. 만약 친구들이 모두 애인을 만나느라 바쁘면, 그제야 자신도 남자친구를 만들더라구요."

'미녀들의 수다'라는 TV 프로그램에 출연해 '대구 아가씨'로 유명해진 캐서린은 이렇게 말했다.

"한국 여자친구들은 무조건 결혼을 해야 한다고 생각해요. 그래서 사랑하는 사람이 없어도 맞선을 보고 결혼을 한다고 하죠. 그리고 다 쌍꺼풀수술을 해요."

내가 아는 한 외국인 역시 이런 말을 했다.

"한국 여자들은 날씬하고 피부도 참 고와요. 그런데 자신감과 웃음이 부족해서 얼굴에 생기가 없어 보입니다. 향기 없는 조화 같다고 할까요?"

이 모든 것은 자기 자신과의 깊숙한 만남을 외면한 채 살아왔기 때문이다. 그리고 자기만의 개성을 찾기보단 남들과 똑같은 길을 걸으려 해서 그렇다. 더 깊은 원인은 뭘까? 자기만의 철학이 부재하다는 것, 용기 없음, 게으름, 책임지지 않음 등이 아닐까? 스스로를 외면하고 남들만 바라보면 남과 비교해 자기가 더 고통스럽다고 생각하거나, 피해의식, 과대망상이 생긴다. 남 얘기를 하는 데 열을 올리다 보면 '나'는 없어지고 마는 것이다.

가끔 회사의 여자후배들이 나에게 이렇게 말한다.

"솔직히 저는 능력 있는 남자 만나서 회사 때려치우고 집에서 놀고 싶어요. 저는 부장님이 이해가 안 돼요. 그만큼 일하셨으면 이젠 좀 노셔도 되잖아요? 골프도 치고 쇼핑도 하고요. 그런데 왜 이렇게 계속 열심히 일하세요?"

그리고 부잣집에 시집간 친구들을 부러워한다. 부잣집 며느리들이 얼마나 마음고생이 심한지도 모르고 철없게 군다. 우리 시대에는 신데렐라가 존재할 수 없다. 재력 있는 집안의 남자들은 자신과 비슷한 수준의 집안의 딸들과 혼인하기를 원한다. 거의 100%가 그렇다. 혹여 평범한 사람과 혼인을 한다 손쳐도, 그 과정은 처음부터 끝까지 서로에게 고통뿐이다.

누구의 삶에도 고통과 행복은 공존한다. 우리는 고통과 직면했을 때 그것을 자신만 겪는 일로 확대 해석하는 버릇이 있다. 그래서 더욱 고통스러운 것이다. 나도 예전엔 그랬다. 나만 재수 없게 당하고 사는 것 같아서 억울하고 분했다. 그러나 주변을 둘러보니 다들 그 정도는 겪고 살았다. 제각기 양상만 다를 뿐, 다들 어느 정도는 '산다는 것'에 대한 통행료를 지불하고 산다.

이른 아침에 반가운 지인의 전화 한 통을 받았다. 오랫동안 함께 일한 남자동료의 부인이었다. 그 남자동료는 안타깝게도 수년 전 고인이 되었고, 그녀는 젊은 나이에 아이 둘과 달랑 남았다. 생계를 걱정하는 내게 오히려 그녀는 활달한 목소리로 이렇게 말한다.

"언니, 저는 무지 잘 지내요. 웨딩 관련 자격증을 땄어요. 혹시 주위에 결혼하는 사람 있으면 소개해주세요. 뭐, 저만 힘들겠어요? 다른 사람들도 다들 이만큼은 힘들 거예요. 남편 덕분에 집에만 있다가 이제는 일하는 여성도 되고…. 저 아주 씩씩하게 잘 살아요. 우리 남편이 하늘나라에서 많이 응원해주나 봐요. 옆에서 도와주는 분들도 참 많고요."

젊은 나이에 혼자가 된 불행을 명랑하게 헤쳐 나가는 그녀가, 나는 이 세상 최고의 위너로 보였다.

보통 스스로 영리하다고 자부하는 사람들은 영양가 있고 쓸데 있는 일들만 골라서 하려고 잔머리를 굴린다. 그것이 지혜로운 거라고 자부하면서 말이다. 그러나 그것은 하나만 알고 둘은 모르는 짓이다. 머릿속에서 예상한 대로 되는 일은 거의 없다. 지금 당장은 실속 없고 쓸데없어 보이는 일도 나중에 그 일이 인연이 되어 새로운 역사가 탄생한다.

원래 위대한 것이란, 우리의 판단이 닿지 않은 곳에 있다. 자신의 좁은 식견과 알량한 지능이 전부인 양 굴지 말자. 내면에 귀 기울이고 모든 것들을 정성으로 대한다면 분명 예기치 못한 곳에서 기대하지도 않은 성과가 돌아올 것이다.

몸은 마음 때문에,
마음은 몸 때문에
아프다

몸이 아픈 사람들을 자세히 들여다보면 마음이 아픈 경우가 대부분이다.
그리고 마음이 아픈 사람들은 몸 어딘가에 아픈 곳이 꼭 있다.
'몸 따로 마음 따로'가 아니라, 몸과 마음은 이렇게 함께 움직인다.
마음이 아픈 데는 아픈 이유가 분명히 있다. 마음과 몸은 함께라서,
마음이 아프면 몸도 아프고, 몸은 하루에도 몇 번씩 우리에게 힘들다고 신호를 보낸다.

마음의 병은 의외로 쉽게 나을 수 있다

마음이 허할 때마다 라면과 빵을 엄청나게 먹던 여자후배가
있었다. 주관이 유독 강했던 그녀는 회사에서 자기 의견이 관철
되지 않을 때마다 극심한 스트레스를 받았고, 밥 대신 라면과 빵
으로 이를 풀었다. 마음의 상처를 밀가루 음식으로 달랜 것이다.

결국 그녀는 극심한 아토피에 시달리게 되며, 온몸에 발진이 돋아 빨갛게 되었고, 피가 날 때까지 긁어대곤 했다. 게다가 우울증까지 와서 매우 고통스러운 시간을 보냈다. 한여름에도 긴 치마와 긴팔 셔츠로 온몸을 가려야 했고, 급기야 아토피만 나을 수 있다면 무슨 짓이든 하겠다고 결심했다.

답은 의외로 간단했다. 스트레스의 근원이었던 직장을 과감히 그만두고, 영업직에 도전해 백화점 매장 매니저라는 새 일을 찾는 것으로 시작되었다. 그녀로서는 그쪽이 더 적성에 잘 맞는 일이었다. 그리고 라면과 빵, 알코올 등 아토피에 악영향을 주는 먹거리 일체를 입에 대지 않았다. 주변 환경도 전부 바꾸고 치유에만 전념했다. 결국 그런 노력 덕분에 5년이 지난 지금은 아토피와 우울증이 거의 다 나았다.

그녀의 경우 몸에 나타난 병은 마음의 병이 주원인이었다. 자기주장을 펼쳐야만 직성이 풀리는 성격인데, 답답한 회사 조직에서는 사사건건 의견이 가로막혔고, 유독 더 힘들었던 것이다. 본인의 성격에 딱 맞는 일을 찾은 후로, 그녀는 스트레스가 줄어들어서 자연스럽게 밀가루 음식도 안 먹게 되었다.

"남이 지시하는 일만 하다 보면 제 존재감이 없어지더라고요. 그걸 도저히 참을 수 없었어요. 하지만 지금은 성과가 바로 나오고, 상사 눈치 볼 일도 적고, 일한 만큼 대가가 나오니 좋아요."

그녀는 환경만 바꾼 것이 아니라 속마음을 꺼내놓지 못하는 성격도 고치려고 부단히 노력하는 중이다. 상담 전문가와 주기적으로 만나서 치유법들을 하나둘 깨우쳐 나가고 있다.

몸이 아픈 사람들을 자세히 들여다보면 마음이 아픈 경우가 대부분이다. 그리고 마음이 아픈 사람들을 들여다보면 몸 역시 어딘가가 아프다. '몸 따로 마음 따로'가 아니라, 몸과 마음은 이렇게 함께 움직인다. 보통 감당하기 힘든 스트레스가 주요인인데 마음이 아프면 몸도 아프고 몸은 하루에도 몇 번씩 우리에게 힘들다고 신호를 보낸다. 그러나 사람들은 대부분 그 소리에 귀 기울이지 않고 진통제 몇 알로 버티려 한다.

《수상록》의 저자 미셸 드 몽테뉴는 니체나 푸코 등에게 큰 영향을 끼친 거인이다. 니체는 "세상을 편히 사는 방법을 알아내라는 과제가 주어진다면 몽테뉴와 함께 그 문제를 해결하고 싶다."고 말했을 정도다. 그런 몽테뉴가 이런 말을 했다.

"최고의 걸작은 우리가 떳떳하게 살아가는 일이다."

과함도 부족함도 없이 분수에 맞게 사는 떳떳함의 지혜를 최고라 꼽은 것이다. 그의 지혜에 귀를 기울여볼 필요가 있다.

불행한 현실을 외면하기 위한 도피처

예전에 미국 정신과학회에서 '화를 푸는 방법 10가지'를 발표했다. 간단히 소개하자면 다음과 같다. 긍정적 생각, 숙면, 아무 생각 않고 걷기, 감정을 이완시켜주는 명상, 차 마시기, 음악 감상, 자연의 향기 맡기, 글쓰기, 스스로를 사랑하기, 매일 10분씩 행복한 순간 만들기다.

누구나 어린 시절을 아름답게 미화하려는 경향이 있다. 그러나 막상 눈을 감고 살짝 어린 시절로 돌아가 보면, 행복한 기억은 아주 조금이고 나머지는 온통 불안하고 두려운 기억투성이다. 우리가 어느 별에서 왔는지, 어디로 가는지 알 수 없기에 우리는 평생 실체 없는 불안에 떨며 살 수밖에 없다.

삼촌의 귀신 이야기에 화장실 가기가 겁이 났던 나의 어린 시절을 떠올리면 공연히 콧등이 찡해진다. 어린 시절은 새가 알을 깨고 나오는 고통의 시기다. 그때의 아픔들은 마음 깊은 곳에 상흔으로 박혀 우리의 인생 전체를 지배한다. 이를테면 어릴 적에 할아버지에 대한 기억이 안 좋았던 이들은 어르신만 보면 왠지 경직되고 피하고 싶은 태도를 나타낸다.

내가 가진 기억 조각 하나가 있다. 대여섯 살 정도였던 것 같다. 어른들이 다리 밑에서 주워왔다는 조롱에 가출을 결심하고 주섬주섬 인형과 옷가지를 싸며 보따리를 챙겼다. "어쩐지, 만날 구박하더라!" 하며.

무더운 여름이었다. 선잠에서 깨어 보니, 사방이 어두컴컴하고 아무도 없었다. 너무나 무서워서 소리 내어 엉엉 울었다. 마침 외할머니가 달려와서 "우리 간나, 우리 간나." 하며 달래주어

일단락되었지만, 그때의 공포감은 지금도 잊을 수가 없다.

이런 한없는 불안감과 두려움이 우리의 본래 모습이다. 아무리 훌륭한 부모님이 있어도, 아무리 주변 사람들이 따뜻하게 대해주어도, 이러한 모습은 마음속 깊숙한 곳에 박혀 있다가 언제든 돌발적으로 튀어나온다. 특히 힘들고 지칠 때나 살아남을 방도가 아득할 때 튀어나와, 쾌락에 빠지거나 성격장애가 의심될 정도로 과하게 굴거나, 무언가를 탐닉하게 된다.

인간은 감당하기 힘든 상황에 직면하면 본능적으로 정신을 분리하려 드는 경향이 있다. 즉 딴 데 정신을 파는 것이다. 어른들이 잔소리처럼 하는 "정신 팔고 다니지 마라!"가 이래서 나온 말이다. 있는 그대로의 현실을 직시하면 너무 괴롭고 무섭고 고통스러우니까 딴 데로 정신을 파는 것이다.

도피처는 다양한 형태로 나타난다. 그러나 공통점은 있다. 한쪽으로만 과하게 치닫는다는 것이다. 불행한 현실을 외면하기 위해 중독, 혹은 탐닉의 메커니즘에 빠져든다. '오타쿠'도 일종의 과도한 탐닉이다.

몰입의 순간, 불안이 사라진다

다이어트 좋다. 그러나 체중계 바늘이 가리키는 숫자에 따라 기분까지 좋았다 나빴다 널을 뛴다면 곤란하다. 쇼핑도 좋다. 어쩌다 기분전환을 하기에 쇼핑만 한 것도 없다. 그러나 그것이 병적일 정도라면 그것 역시 문제다. 게임도 마찬가지다. 재미있다. 그러나 매일 밤, 새벽까지 게임에 푹 빠져서 일과 건강에 지장을 줄 정도로 한다면 도박중독과 매한가지다. 헤어스타일 바꾸는 거? 누가 뭐라 하겠는가? 좋다. 멋지다. 그러나 한순간도 가만히 있지 않고 거울을 보며 머리모양을 체크하거나 매만진다면 이상이 있는 거다. '머리에 꽃 단다'는 관용구가 무슨 뜻인지 다시 한 번 생각해볼 필요가 있다.

한 지인은 장성한 두 딸이 도무지 밥은 안 먹고 과자만 먹는다고 걱정이다. 딸들 방에 들어가면 과자 봉지만 수북하단다. 젊은 여자후배들 중에 식사했느냐고 물으면 대충 때웠다고 답하는 친구들이 종종 있다. 밥 대신 베이커리 치즈빵, 컵라면, 삼각 김밥, 붕어빵 같은 것으로 허술하게 끼니를 때우고 다녀서인지 얼굴에 윤기도 없고 기운도 없어 보인다. 왜 이렇게 부실하게 먹느냐고 물으면, 다이어트 때문에 가볍게 때운다고 한다. 제대로 밥을 챙겨 먹으려면 돈도 많이 들고 말이다.

다양한 반찬과 함께 먹는 든든한 식사가 다이어트에 안 좋을 거라는 생각은 잘못되어도 한참 잘못된 것이다. 그런 잘못된 생각을 고쳐주려고 열심히 설득하지만 10만 원짜리 화장품은 척척 사면서도 제대로 된 밥 한 끼 사먹는 데는 인색한 그녀들이니, 그 사고구조 자체를 바꾸기란 쉽지 않다.

한 여자후배의 책상 위에는 테이크아웃 커피잔이 늘 서너 개씩 놓여 있다. 하루에 서너 잔 이상 커피를 사 마시는 게 습관이 되었다고 한다. 커피값으로만 한 달에 20만 원 이상 쓴다. 우리나라는 테이크아웃 커피를 들고 다니는 게 일종의 트렌드로 굳어졌지만 미국의 상류층 사람들은 절대로 테이크아웃 커피를 들고 다니며 마시지 않는다.

단맛의 요정에 의지하여 스트레스를 푸는 여자들도 꽤 많다. 매 끼니를 과자로 때우는 그녀들에게는 두통과 소화불량, 불면증, 월경불순이 늘 따라다닌다. 단 음식이 심하게 당긴다면 그것은 우울하단 신호라는 걸 얼른 알아차려야 한다.

설탕중독, 즉 '슈거 블루스'에 빠지면 건망증도 심해진다. 우울증보다 더한 병이 건망증이라고 하는데, 뭔가 자주 잃어버리거나 까먹고, 간단한 계산조차 틀리고, 바로 어제 일도 기억해내지 못하고, 중요한 서류를 분실하고, 사무실 책상 서랍을 활짝 열어젖힌 채 퇴근하고, 중요한 미팅 약속을 매번 깜박하고, 주변은 늘 너저분하며 일상 자체가 엉망진창이다.

골퍼 박세리는 최근 뜨개질을 새로 시작했다고 한다. 집중력을 키우기 위해서란다. 한 지인은 아기를 잃은 후 그 충격으로 인해 급격히 산만해지고 건망증이 심해졌는데, 의사의 권유로 시작한 자수 놓기가 치유에 큰 도움이 되었다고 한다.

집중력이 좋은 사람들은 슬픔이나 두려움, 절망 같은 부정적인 감정을 덜 느끼고 더 잘 극복해낸다는 연구결과가 있다. 몰입을 통해 안 좋은 것들을 털어내기 때문이다. 집중력이 떨어지게 되면 자꾸 몰입의 순간을 놓치며 어수선해지고, 생각이 부정적인 방향으로 흐르게 된다.

지금, 마음이 복잡하다면 집중력도 떨어진 상태일 것이다. 몰입의 순간을 통해 기쁨을 얻고 불안감을 떨쳐내는 훈련을 하자. 한 가지를 오래하는 습관과 지루한 것도 참아내는 습관을 연습해보기 바란다.

내 안의 나와 나누는 솔직한 대화

만약 가까운 이가 중독이나 탐닉에 빠졌을 때 어떻게 도울 것인가? 먼저 전문가를 찾아가 상태의 경과부터 진단을 받도록 해야 한다. 나는 최근 아끼는 여자후배 두 명에게 정신과 상담을 권유했는데, 실제로 그녀들은 '중증' 진단을 받았다. 본인들도 매우 놀란 모양이다. 이처럼 '전문가 상담'에 대해서 많은 사람들이 선입견을 가지고 두려워하는데, 더 늦기 전에 자신의 상태를 정확히 파악하는 게 현명한 태도다.

일단, 초기일 때는 주위에서 믿어주고 격려하는 태도가 필요하다. 긍정적인 방향으로 사고할 수 있도록 유도하고, 대화를 많이 나눈다. 다양성과 분별력에 대해 주지시키며 안심시켜주고 용기를 북돋아주는 것이 중요하다. 현재 상태에 대해 스스로 고찰할 수 있도록 유도하는 게 좋다.

중기일 때는 설득을 통한 치유로 직접적인 1대1 상담이 필요하다. 상담은 일정 기간 동안 지속되어야 한다는 점을 잘 설명하고, 중간에 그만두지 않도록 애정을 가지고 코칭한다.

좀 더 심각한 중증 단계는 이미 중독이나 의존성향이 심해진 상태다. 이 상태는 자기 스스로 심각성을 자각하거나 치료에 돌입하기가 어려운 상태라서, 남과 말을 섞기도 싫어하고 눈 마주치는 것조차 부담스러워한다. 그래서 주위 사람들이 인내를 가지고 더욱 적극적으로 챙겨주고 이끌어주어야 한다. 본인이 스스로 도대체 무엇이 문제인지 자각하지 못하기 때문이다. 주변 환경을 안전하게 조성하고 치료와 약물을 통한 적극적인 대처를 유도하는 것이 좋다. 의지할 수 있는 구체적 대상을 찾아주면 효과적인데, 이때 신앙의 힘이 절실해진다.

중독, 의존, 집착, 탐닉 등의 과도한 행동이 반복된다면, 마음이 힘든 상황임을 알아차려야 한다. 그리고 그 상황을 해소할 방도를 찾아야 한다. 우리를 망칠 능력도 우리 안에 있지만 우리를 치유할 능력도 우리 안에 있다. 사람이 양손을 가진 이유는, 한 손으로 다른 손을 잡아주고 다독여주라는 의미가 아닐까?

스스로의 아픈 곳을 어루만져주고 위로해주는 것, 그리고 내

안의 나와 솔직하게 대화하고 괜찮다고 말해주는 것이 필요하다. 무엇이 필요한지, 무엇이 버거운지 물어보고 답하는 것만으로도 크게 위로받을 수 있다. 나는 매순간 스스로에게 "네가 최고다.", "난 너를 믿는다.", "잘했어. 정말 잘했어.", "잘해낼 수 있어!" 등등 마치 주문처럼 이런 찬사와 신뢰를 보내곤 한다.

정서를 안정시키는 여러 가지 방법들 중 내가 추천하고 싶은 방법은 책을 읽는 것이다. 일상 속으로 책이 들어오면, 불안감이나 초조함이 사라지고 긍정적인 생각이 많아져 정서적으로 안정감을 되찾을 수 있다. 우리 시대의 문화 아이콘이자 대표적인 여성 셀러브리티인 오프라 윈프리는 어릴 적부터 갖게 된 독서 습관 덕을 단단히 본 케이스다.

또한 나는 억울하고 분한 일을 겪으면 즉시 풀려고 노력한다. 오래 담아둘수록 내 안에서 커다란 종기가 쑥쑥 자란다는 것을 잘 알기 때문이다. 인격자도 아니면서 괜히 초연한 척하지 말고, 화가 나면 화를 내는 게 건강한 정신세계를 가꾸는 지름길이다. 쿨한 척하는 여자들, 그 속을 들여다보면 새까맣다.

때로는 푼수처럼 굴고, 필요 이상 솔직할 필요도 있다. 우리는 놀랍도록 솔직하고 순수한 사람들에게 열광한다. 가면을 쓰고 살다 보면 점점 폐쇄적으로 변하면서 스스로를 가두게 된다. 솔직하자. 그리고 때론 푼수처럼 자신의 마음속을 풀어헤쳐라. 그게 건강한 마음과 몸을 위한 답이다.

이 세상에서 가장 소중한 사람은 바로 나 자신이고, 끝까지 함께 갈 사람도 나 자신이다. 내 마음이야말로 세상의 모든 진리가 다 들어 있는 우주다. 그러니 나 자신부터 잘 알아내자. "너 자신을 알라."고 했던 소크라테스의 말처럼, 우리는 자신을 잘 모른다. 심지어 알려고 노력도 하지 않는다. 영어 단어 외우는 것의 반만큼만 노력했더라도, 이렇게 바보 같이 살진 않을 것이다.

'화'를 잘 내는 사람이 오히려 낙관적이고, 분노를 잘 굴려야 멀쩡하게 잘 살 수 있다. 그런데 우리나라 여자들은 '화'라는 감정을 부끄럽게 여기도록 교육받았다. 화나는 일이 있어도 마냥 참기만 하면 병이 생길 수 있다. 그게 바로 '화병'이다. 신경정신과에서 쓰는 병명 중에 유일하게 한국어로 된 병명이기도 하다. 뒷목에서부터 뭔가가 치밀어 오르고 불이 난 듯 가슴이 뜨겁고 답답해지는 이 화병의 증상은 오직 한국인, 그중에서도 한국 여자들에게만 있는 증상이다. 화병은 차후 우울증을 동반하기도 하며 옆 사람에게 전이되기도 한다.

마음을 노 젓는 방법들

우리는 마음을 노 젓는 방법들에 대해 배우지 못한 채로 어른이 되었다. 10대와 20대 내내 시험 잘 보는 방법을 조련하는 데만 몰두하다 보니 정작 중요한 것에 대해서는 배울 기회를 놓치고 만 것이다.

얼마 전, 신문에서 정신과 전문의 오동재 박사가 쓴 '감정을 어떻게 처리해야 될까?'라는 글을 보고 깊이 공감했다. 여기에 일부 발췌하여 소개한다.

화가 나는 감정을 억누르고, 그리운 감정을 아닌 척 부정한다고 해서 사라지지 않는다. 감정을 감추려고 하면 할수록 내부로 파고들어 문제를 일으킬 수 있다. 감정을, 현실적 목표를 이루는 데 방해되는 거추장스러운 존재로만 생각하지 말아야 한다.

감정은 없어지길 바란다고 없어지는 것이 아니다. 가까운 가족이 죽어서 슬퍼하는 사람에게 그만 슬퍼하라고 이야기하는 것은 너무 무책임하다. 슬픔은 그만두겠다는 의지로 없어지지 않는다. 감정은 이성보다 더 원시적이다. 즉, 더 본능에 가깝다. 생리적인 현상과 비슷하다. 배고픈데 배고프다고 생각하지 말라고 이야기하면 배가 불러지는가? 배가 고플 때는 음식을 먹고 배고픔을 달래줘야 된다. 슬퍼하지 않겠다고 다짐을 해도 슬픔은 없어지지 않는다. 슬픔을 충분히 느끼고 스스로 그 감정이 풀어질 때까지 기다려줘야 한다.

분노와 그리움, 불안도 마찬가지다. 없어지라고 주문을 외운다고 부정적인 감정은 없어지지 않는다. 이런 감정을 부정적인 감정이라고 부르는 방식도 잘못이다. 부정적인 것이 아니라 필요한 감정이다.

생리적인 현상과 같이 그렇게 느껴야 될 필요가 있어서 느낀다. 감정을 충분히 느끼고, 그런 감정을 느끼는 자신을 위로하고 다독여야 한다. 그 감정이 스스로 물러날 때까지.

(출처 : 〈서울신문〉, 2011년 11월 26일)

앞을 가로막고 있는 몇 가지 일들 때문에 우리는 이 세상에 아름답고 좋은 것이 얼마나 많은지 모르고 눈뜬장님처럼 산다. 고통도 쾌락도 곧 지나가는 것임을 잊지 말자. 내 눈에, 내 혀 끝에, 내 귓가에, 아름다운 햇살, 향기, 찬란한 태양을 품는 건 어떨까? 이런 것들만큼은 영원히 우리 곁을 지켜줄 테니까 말이다.

우울증을 비롯한 정신장애로 휴직했던 직장인은 그렇지 않은 사람에 비해 암으로 인한 사망위험이 2~3배나 높은 것으로 조사됐다. 우울해서 병에 걸리는 걸까? 아니면 병이 있어서 우울해지는 걸까? 닭이 먼저인지 달걀이 먼저인지 정확하게 판단할 수는 없지만, 몸의 병과 마음의 병 사이에 깊은 상관관계가 있다는 사실은 분명하다. 과도하게 행동하거나 무언가에 집착한다면, 정신 건강에 빨간불이 켜졌다는 증거다. 정신에 빨간불이 켜지면 육체에도 곧 빨간불이 들어온다.

'스펙'보다 중요한 '내공'을 키워라

내 주변엔 30~40대에 일찍 세상을 뜬 남성들이 여럿 있다. 죽음의 사유는 다 다르지만 공통점이 하나 있다. 모두 점잖고 스마트하지만 속내를 잘 드러내 보이지 않는 내성적인 성격의 소유자들이었다는 점이다. 오픈하기를 주저하는 사람일수록 속으로 골병드는 사례가 참 많다.

학창 시절에 만난 여자친구들을 생각해보라. 하고 싶은 말을 시원하게 하고, 분하면 분하다고 울분을 토하고, 자신의 의사를 적극적으로 개진하는 친구들이 종종 있었을 것이다. 요즘은 시대가 변해서 그런 아이들이 꽤 많다고 하지만, 내가 학교 다닐 때만 해도 그런 성격을 가진 '적극파'들은 별종 취급을 받았다.

그런데 20~30년이 흐른 뒤에 보니, 성격에 따라 사는 모습들이 많이 달라졌다. 적극적인 성격이었던 친구들은 어디에서 어떤 모습으로 살든 한자리 차지하고 씩씩하게 잘 산다는 소문이 들려오지만, 반면 다소곳하게 자수 잘 놓을 것 같은 양갓집 규수 스타일의 친구들은 소식이 거의 닿지 않거나 간혹 건강이 안 좋다는 우울한 소식들만 들려온다.

누구든지 일생을 살다 보면, 크고 작은 사건사고를 겪게 마련이고 기가 막히고 코가 막히는 난관도 왕왕 맞닥뜨린다. 그런데 같은 상황에서도 어떤 이들은 잘 털고 일어나서 한국 여성의 강인한 기개를 발휘하지만 다른 이들은 마냥 주저앉아서 회복불능 상태가 될 때까지 스스로를 방치한다. 똑같은 상황에 직면해도 이처럼 다른 양상이 펼쳐지는 이유는 뭘까?

나는 내공의 차이라고 본다. '내공'은 요즘 무지 자주 회자되는 말이라 그리 낯설지는 않을 것이다. 그런데 사실 이 단어는 남자들이 자주 쓰던 단어다. 남자들은 상대의 스펙을 점검하기 전에 내공부터 살핀다. 내공이 스펙보다 우선임을 이미 간파한 것이다. 내공이 높은 상대를 만나면 소림사의 '땡중'마냥 "형님!" 하며 납작 엎드리는 게 남자들이다.

내공은 자기 정체성을 확립하는 데서부터 시작된다. 보통 정체성이 약하면 삶 전체가 흔들릴 수 있다. 제대로 된 주관이 없으니 이 사람 얘기도 그럴 듯하고, 저 사람 충고도 맞는 것 같다. 사안과 상황에 따라 흔들리며 방황하는 이유 역시 자기 정체성이 제대로 확립되지 않아서다.

뿌리 깊은 나무는 거친 비바람에도 쉬이 꺾이지 않으며 오랜 가뭄에도 잘 버티어낼 수 있다. 마찬가지로 내공이 깊으면 고난에 쉬이 꺾이지 않으며 현상에 휩쓸려 내려가지 않는다. 신이 나에게 돈과 명예, 내공 중 하나만 택하라고 한다면 나는 서슴없이 내공을 택할 것이다. 왜냐하면 내공의 깊이가 승리하는 삶의 단초이기 때문이다.

누구에게나 인생은 간단치 않은 과정일 것이다. 누구라도 마음의 고통을 전혀 맛보지 않고 살 수는 없다. 이별, 죽음, 사고, 따돌림, 경제적 고통, 배신 등등, 수없이 반복되는 인간 드라마에 휩쓸리지 않으려면 긍정적이고 낙관적인 마음을 갖는 훈련을 계속 해나가야 한다. 명상과 기도, 깊은 사색은 우리 의식의 레벨을 높여주고 건강을 회복시켜주는 데 큰 도움을 줄 것이다.

그렇다면 내공은 어떻게 쌓을 수 있는 것일까? 나의 경우, 수많은 고난을 자력으로 극복해내고, 다양한 사람과 만나는 것, 그리고 수많은 경험들과 꾸준히 해온 인문학 공부를 통하여 이루어졌다. 우리가 작은 일에도 매번 발끈하고 경박하게 대처하는 이유는 인간과 세상, 우주의 이치에 대한 이해가 부족해서인지도 모른다.

나는 감히 선포한다. "남들 다 가진 고만고만한 스펙 쌓느라 세월 낭비하지 말고, 대한민국 학원 먹여 살리는 희생은 좀 그만 하고, 내공 좀 키우시라!"고.

생각에는 돈 안 든다,
망상을 즐겨라

누구나 그러하겠지만, 일을 하다 보면 수도 없이 많은 난관에 부딪힌다.
그만두고 싶을 때가 한두 번이 아니다. 하지만 그럴 때마다 포기할 수는 없지 않은가?
나는 과정의 고단함에 함몰되지 않기 위해 일이 잘 마무리되었을 때를 자주 상상한다.
마지막 환희의 순간을 떠올리다 보면 부정적인 마음도 조금씩 사라진다.

빨강머리 앤처럼 신나고 즐겁게

내가 국민학교(그때는 초등학교가 아니라 국민학교였다)에 다니던
시절에는 《빨간 머리 앤》이 《알프스 소녀 하이디》와 더불어 당
대 최고의 베스트셀러였다. 앤과 하이디는 당시 거의 모든 여자
아이들의 영원한 로망이었고, 어려운 환경 속에서도 밝고 명랑

하고 씩씩하게 살아가는 모습은 어린이들에게 많은 용기와 희망을 주었다. 다들 없이 살던 시절이라 더더욱 그런 역경 극복 스토리에 절절하게 공감했던 것 같다. 천진난만하고 순진무구한 빨강머리 앤의 귀여운 재잘거림은 물론이고, 책에 나오는 앤의 고향마을, 캐나다 동부 프린스 에드워드 아일랜드의 그림처럼 아름다운 풍광은 아름다운 상상력을 무한히 제공하기도 했다.

그때만 해도 소설이나 만화가 주는 기쁨이 유달리 컸다. 요즘처럼 이미지나 영상물이 흔하지 않았고, 오로지 텍스트뿐이니 자연스럽게 상상의 나래를 마음껏 펼칠 수가 있었다. 그리고 순진무구한 동심은 동화 속 내용을 그대로 믿어버렸다.

"앞으로 알아야 할 온갖 것을 생각하면 신나지 않나요? 그런 생각을 하면 제가 살아 있다는 게 즐겁게 느껴지거든요."

《빨간 머리 앤》에 나오는 앤의 말이다. 나도 앤처럼, 신나고 즐거워지기 위해 망상여행을 떠난다. 캐나다 프린스 에드워드 아일랜드에도 가고 길버트를 떠올리며 로맨틱한 감상에 잠기기도 한다. 미래에 대한 화려한 상상들은 기죽은 마음을 다독여주고 가라앉았던 기분까지 붕 뜨게 만든다.

세상을 얻은 사람들을 보면 한결같이 '꿈의 사람들'이었다. 전세계 인구 중에 약 2% 정도만이 '자아실현'이라는 꿈을 이룬다고 한다. 꿈은 혼자 즐기는 망상에서 출발한다. 인간이 달나라에 가게 된 것도 결국은 누군가의 상상력이 현실로 이루어진 결과가 아닌가.

《빨간 머리 앤》의 주인공 앤 셜리는 주근깨투성이에 말라깽이로 늘 실수를 저지르는 말괄량이 소녀였지만, 그 누구도 그녀를 미워하지 않았다. 오히려 앤의 기발한 상상력과 순수함에 반해 다들 앤을 사랑했다. 신기하게도 기발한 상상력은 우리의 뇌를 자극하여 '총기'를 선사한다. 총기가 있는 사람들은 대체로 해맑다. 상상력이 풍부한 사람들은 감성도 풍부한데, 특유의 순수함 때문에 주위 사람들로부터 사랑도 많이 받는다.

인간이 비행기를 만들게 된 것도 하늘을 훨훨 나는 새를 바라보며 새처럼 나는 상상을 한 데서 비롯된 일일 것이다. 인류가 우주선을 쏘게 된 것도 '달나라에 정말 토끼가 살까? 한번 가보고 싶다. 어떻게 하면 갈 수 있을까?' 하는 상상에서부터 시작된 일이다.

미래의 나를 상상해보는 천진한 즐거움

누구나 그러하겠지만, 일을 하다 보면 수도 없이 많은 난관에 부딪힌다. 그만두고 싶을 때가 한두 번이 아니다. 하지만 그럴 때마다 포기할 수는 없지 않은가? 나는 과정의 고단함에 함몰되지 않기 위해 일이 잘 마무리되었을 때를 자주 상상한다. 마지막 환희의 순간을 떠올리다 보면 부정적인 마음도 조금씩 사라진다.

이 책을 집필하는 과정도 쉽지 않았다. 생업을 놓지 않고 틈틈이 글을 쓰는 것은 매우 어려운 일이었다. 워밍업을 하고 슬슬 글쓰기에 몰두하려 하면 갑자기 예기치 않은 일들이 여기저기서 터지곤 했다. 간신히 문제를 해결하고 나면 진이 빠져서 글에 집중할 수가 없다. 게다가 한참 중단했다가 다시 쓰려면 에너지가 2배 이상 필요하다. 어디 그뿐이랴? 썼던 글들을 나중에 다시 읽어보면 영 마음에 들지 않아 다 지워버린 것도 많았다. 그렇게 쌓고 허물기를 수백 번 반복하며 한 땀 한 땀 옷을 짓는다고 생각하며 원고를 완성했다.

무슨 일이든 포기하고 싶어지는 순간이 오면, 나는 최고의 순간들을 상상하며 영양제 주사를 놓듯이 망상여행을 떠난다. 예를 들어 이런 유치한 상상들을 한다. 전 세계인에게 나의 책이 사랑받는 상상을 한다거나, 〈뉴욕타임스〉 표지 인물이 되는 상상을 하며 입고 나갈 의상을 머릿속으로 미리 코디해보고, 근사한 내 모습에 흐뭇하게 웃는다. 그런 상상을 하다 보면 포기하고 싶은 마음이 쏙 들어간다.

화보에 나온 멋진 의상들을 걸치고 폼 잡는 상상도 종종 한다. 최근 조금 불어난 체중 때문에 옷태가 좀 안 날 것 같단 생각에 이르면 딱 2kg만 감량하자고 스스로를 설득한다. 배가 쏙 들어간 상태에서 다시 걸쳐보는 상상을 하면 정말 근사하다. 허리를 꼿꼿이 세우고 모델처럼 걷는 모습도 상상한다. 멋지다!

요즘은 독일의 예술가 요셉 보이스의 영향을 받아서인지 나도 예술가가 될 수 있다는 착각에 들떠 산다. 영국 최고의 예술가들을 키워내는 골드스미스 대학으로 유학을 간다. 학교 근처의 낡은 집을 개조하여 나만의 작업실을 만들고, 미디어 아티스트로 화려하게 데뷔한다. 짜장면을 소재로 퍼포먼스를 하고 화단의 스포트라이트를 받는다.

잡지를 보면서도 상상의 나래를 펼친다. 해외 빈티지 별장의 개성만점 인테리어를 머릿속에 담아두고 때때로 그 별장에서 재미나게 살고 있을 나를 상상한다.

나이 80세에도 여전히 건강 미인으로 유쾌하게 살고 있을 모습도 상상해본다. 80세가 되어도 멋진 할아버지들이 힐끔거리며 쳐다볼 정도로 귀여운 할머니가 되어 있을 나를 그리며 킥킥 웃는다. "어쩜 이렇게 멋지게 나이 드셨나요?" 하고 사람들이 물으면 "나 자신을 흠뻑 사랑하며 살았더니 이렇게 되네요. 호호. 에너지를 여기저기 흘리지 않은 것도 비결이구요."라고 대답해야지. 이렇게 답변도 미리 준비하고 낄낄거린다. 이런 상상에 다다르면 미모 유지를 위해 벌떡 일어난다. 그리고 걷기에 돌입한다.

때론 '객관'보다 '긍정'이 필요하다

똑같은 상황에 처해도 꼭 나쁜 쪽으로만 상상하는 사람이 있다. 불길한 결말만 떠올리며 아직 닥치지도 않은 미래를 걱정하며 심란해한다. 표정이 어두운 사람들은 대체로 불길한 상상을 자주 한다. 머릿속에 음울한 필름들만 돌아가니까 상영관 분위기도 어두침침해지는 것이다. 우리의 뇌는 영화 상영관과 같다. 뇌에 불길한 내용을 저장하면 그런 필름들만 돌아가고, 반대로 유익하고 재미난 것들을 저장하면 밝고 유쾌한 영화들이 상영된다.

상황을 객관적으로 보는 것보다 긍정적으로 보는 것이 더 좋은 결과를 가져온다는 사실들이 과학자들에 의해서 속속 밝혀지고 있다. 나는 안 좋은 일에 관해서는 대화 자체를 피한다. 운이 나빴거나 제대로 안 된 일들에 대해 사람들이 물으면 "죄송하지만 그 이야기는 꺼내고 싶지 않네요." 하고 단호하게 거절한다. 그 일을 입에 담는 순간부터 내 뇌에선 안 좋은 호르몬이 분비된다는 사실을 알기 때문이다. 이런 훈련 덕분인지 '근심 한 점 없는 편안한 얼굴'이란 평도 종종 듣고 산다. 좋은 일들에 대한 상상이라면 시도 때도 없이 하기 바란다. 억지로라도 웃어야 뇌가 착각하고 좋은 호르몬을 분비하니까.

서른과 마흔 사이,
놀기에 가장 좋은 나이

죽기 전에 가장 후회하게 될 일이 무엇일까? 좋은 학교에 못 들어간 것?
좋은 집을 갖지 못한 것? 좋은 직장에 다니지 못한 것?
아마도 이런 것들을 후회할 사람은 단 한 사람도 없을 것이다.
죽기 전에 사람들이 가장 후회하는 것은, 남에게 베풀지 못한 것,
자신을 온전히 사랑하지 못한 것, 그리고 여행을 자주 다니지 못한 것을 꼽는다.

더 이상 견딜 수 없다면, 짐을 싸라

여행의 참다운 묘미는 '돌아버릴 것 같은' 순간에 떠나야 알수 있다. 압력솥의 김을 빼주는 것으로 비유하면 적절할까? 눈치 볼 일도, 방해받거나 지시받을 일도 없는 시간과 공간에서 내가 직접 춤추고 노래하며 지휘까지 할 수 있는 해방구가 되어주

기 때문이다. 여행은 쌓인 찌꺼기를 털어내고, 좀 더 성숙하게 다음 단계로 훌쩍 넘어갈 수 있는 에너지를 준다. 외국 사람들의 삶의 면면 가운데 가장 부러운 게 여행이다. 그중에서도 '혼자 떠나는 여행'을 즐기는 모습은 가장 닮고 싶은 부분이다.

다마요는 중국 베이징에서 만난 일본 여성이다. 광고대행사에 재직할 당시, 남편이 베이징 대학교 인구문제연구소에 연구원으로 초빙되어 가족이 떨어져 지내게 되었다. 그런데 마침 회사에서도 중국 진출을 고려중이어서, 나를 지역전문가 명분으로 베이징에 파견시켰고, 1년 반 정도 베이징에 머물렀다.

당시 20대 후반이었던 다마요는 일본에서 태어났지만 다섯 살 때부터는 미국에서 자랐다고 했다. 대학을 졸업한 후에 5년간 은행에서 일하다가 사표를 내고 재충전을 하기 위해 혼자서 중국에 장기 배낭여행을 온 것이다. 이미 시카고에 작은 아파트도 장만한 알부자지만 정말 알뜰했다. 베이징에서 제일 저렴한 기숙사에 머물며 길거리에서 값싼 중국음식을 아주 맛나게 즐겼고, 단돈 1위안도 허투루 쓰지 않았으며, 웬만한 곳은 걸어가거나 미니버스를 이용했다. 마치 베이징 서민이라도 된 것처럼 현지인들의 눈높이에 맞추어 지내고 있었다. 여행을 일상처럼 하는 이는 일상도 여행 같으리라. 매우 인상적인 여인이었다.

그녀는 내몽골을 여행할 때도 중국의 하층민들만 이용하는 가장 느린 열차를 타고 3등 칸에서 30시간 이상을 보내며 중국 서민들과 똑같이 먹고 잤다. 편리하고 안락한 생활을 해온 그녀에게는 무척 힘든 여행이었지만, 오히려 중국인들 삶을 몸소 체험해서 즐거웠다며 아주 흡족해했다. 그렇지만 남에게 베푸는 일에는 결코 인색하지 않았다. 여행하다 만난 사람이 강도에게 전 재산을 털렸다고 하자 선뜻 200달러를 내놓기도 한다.

여러 명이 함께 여행을 다니면 심심하지도 않고 금전적으로도 이득이긴 하다. 하지만 혼자 하는 여행의 오롯한 즐거움은 결코 누릴 수 없다. 여행이라는 게 혼자는 외롭고 여럿은 번거롭지만, 그래도 외로움을 즐길 줄 아는 사람들은 전자를 택한다.

여럿이 함께 다니다 보면 서로의 단점이 드러나면서 갈등이 폭발한다. 그래서 친한 사람과는 여행하지 말라는 말이 생겼나 보다. 여행 내내 다른 사람의 감정을 챙기느라 여행의 참맛을 놓칠 수도 있고, 모두가 찬성하는 대로 의견을 조정하려면 남들 다 가는 유적지나, 쇼핑타운, 혹은 유명 식당만 돌아보고 끝나게 마련이다. 여행 와서까지 늘 하던 대로 먹고 마시고 수다 떨고 남 흉보다 돌아온다는 말이다.

얼마 전에 큰 배를 타고 제주도에 간 적이 있다. 유럽에서 온 한 젊은 여성이 갑판 위에서 담요를 두르고 앉아 책을 읽고, 편지도 쓰고, 음악도 듣고, 사진도 찍으며 노래까지 흥얼거리며 혼자서도 여러 시간 잘 노는 걸 봤다. "혼자 다니면 힘들거나 외롭지 않느냐?"고 물으니 환하게 웃으며 매일 새로운 친구들을 사귀고 새로운 풍광을 만나는 즐거움에 시간이 어떻게 가는지 모르겠다고 말했다.

나는 대학 때 홀트아동복지재단의 입양아 에스코트 프로그램에 선발되어 저렴하게 항공편을 이용할 수 있었다. 지금도 에스코트 제도가 있어서 더러 다녀왔다는 이들을 본다. 1980년대 중반에만 해도 유럽 왕복 항공료는 200만 원 정도였고, 미국 역시 180만 원 정도로 상당히 고가였다. 그러나 에스코트 봉사를 하면 미국과 유럽 모두 왕복 45만 원 정도에 다녀올 수 있었다. 20대 초반의 처녀가 다른 봉사자 한 명과 단 둘이서 18시간 이상 한숨도 못 자고 1세에서 5세까지의 아이들 다섯 명을 돌보는 일이란 결코 쉬운 일이 아니었다. 하지만 당시에는 힘든 줄도 모르고 즐겁게 해냈다.

프랑스 파리에 갔을 때는 지인의 집에서 그 집 아이들을 돌보며 한 달간 숙식을 해결했다. 일을 마칠 즈음에는 아이들을 잘 돌봐주어서 고맙다는 칭찬과 함께 보너스로 150달러를 받기도 했다. 유럽은 배낭여행자들을 위한 유스호스텔과 게스트하우스가 아주 훌륭해서 10, 20달러 정도면 깨끗한 시설을 이용할 수 있었다.

하지만 그 다음해에 간 미국은 숙박시설이 상당히 비싸서 도저히 이용할 수가 없었다. 모텔 급의 숙소도 100달러 이상이기 때문이다. 그래서 나는 지인 네트워크를 총동원했다. 교수님 사촌동생 집, 사촌언니의 학교 기숙사, 이민 간 초등학교 동창의 집 등을 수소문하여 여기저기 잘도 쏘다녔다. 심지어 오래전에 이민 간 친구 언니의 시댁어른 댁에서도 잤다.

하지만 내가 낯은 좀 두꺼워도 얌체는 아니다. 공짜로 잠을 재워주는 대가로 한국에서 들고 간 재료로 김치도 담가주고 육개장도 끓여주며 집주인들의 비위를 맞추었다. 그렇게 여러 달을 이곳저곳에서 보내면서 신세 지는 집의 집안일도 무척 열심히 했다. 그때 눈칫밥 먹으며 단련한 사회성과 적응력, 인내심은 살면서 벽에 부딪힐 때마다 큰 힘이 되고 있다. 어디서든 잘 적응하고 잘 살아남을 수 있다는 사실을 스스로 확신하게 되었고, 사람 사는 데는 어디나 다 똑같다는 진리도 알게 되었으며, 사는 거 별 거 아니라는 배짱도 두둑하게 붙었다.

나는 한 직장이나 한 가지 직업만 고수해온 사람이 아니다. 카피라이터에서 AE가 되었고, 다시 PD로 직업을 바꾸며 여러 번 이직했다. 새로운 일과 새로운 직장은 언제나 자리를 잡을 때까지 꽤 오랜 시간이 필요하다. 텃세 부리는 사람들 때문에 알량한 자존심이 마구 구겨지기도 했지만, 그 상황에서 살아남기로 결심하고 자존심까지 확 놓아버릴 수 있었던 힘은 철모를 때 여행하며 겪은 경험들 속에서 나온 것 같다.

그렇게 꿋꿋하게 버텨내니까 나름대로 내 자리가 생겼고, 10년이 넘으니 나도 중간 정도의 자리에서 터줏대감 노릇을 하게 되었다. 주소 하나만 달랑 가지고 있어도 세상 어디든 찾아갈 수 있다는 자신감이 있으니, 어떤 분야에서 어떤 일을 하든 열정만 있으면 다 잘해낼 수 있다는 확신도 생겼다.

길고 힘든 싸움일수록 '잠시 멈춤'이 필요하다

여행할 짬이 나지 않을 때, 나는 양화진 외국인 선교사 성지를 자주 찾는다. 이상하게도 그곳에는 머리를 깨끗하게 만들어주는 치유 에너지가 있는 듯하다. 100년 전 목숨 걸고 이 땅에 당도한 외국인 선교사들의 넋이 나를 위로해주는 것일까?

테마를 정해 여행하는 것도 의미 있고 보람될 것이다. 이를테면 건축물 기행, 맛집 기행, 식물원 기행 등 평소 관심사를 여행 테마로 삼아보라는 것이다. 어떤 이는 오랜 세월 동안 잊혀져가는 시골 다방을 찾아다니며 그것을 주제로 책을 출간했는데 참 재미있게 읽었던 기억이 난다. 내 여행의 주된 관심사는 그 지역의 작은 화랑과 미술관들이다. 언젠가 여유가 생기면 '우리나라 방방곡곡의 화랑과 미술관 둘러보기'라는 책을 쓰고 싶다.

서른과 마흔 사이, 인생에서 가장 힘든 시기다. 이렇게 힘든 시기일수록 잘 놀고 잘 먹어야 쓰러지지 않는다. 그렇다면 무얼

하며 놀까? 여행이 딱이다. 그리고 무엇을 먹어야 잘 먹었다고 소문이 날까? 여행지의 색다른 현지 음식들을 먹자. 나는 중국에서 토마토 채소 스프를 맛있게 먹은 기억이 있다. 특별한 조리법도 없다. 그냥 토마토와 채소를 잘게 썰어 냄비에 넣고 기름을 한 방울 두른 후 마지막에 계란을 풀어 끓이면 된다. 이 스프는 만들기가 간편해 요즘도 가끔 해먹는다. 스프를 만들면서 1년 반 동안 중국에서 만든 즐거운 추억들을 떠올려본다. 저절로 미소가 지어진다.

회사생활을 오래 하다 보면 크고 작은 위기가 주기적으로 온다. 5년에 한 번 정도는 지축을 뒤흔들 만한 큰 위기가 오고, 그 정도 위력은 아니어도 이런저런 위기가 1년에 한두 번 이상은 꼭 온다. 누구나 인생에서 이런 위기들을 경험하고 살 것이다. 어느 해인가는 회사에서 한 달에 한 건 이상 어마어마한 사건들이 펑펑 터졌고, 가정사에도 어려운 일이 생겨 거의 혼이 나갈 지경이 된 적이 있다.

그런데 그때 읽은 한 권의 책이 큰 위로가 되었다. 저자는 위기를 만날 때마다 혼자서 걷고 또 걷는다고 했다. 이틀이고 사흘이고 걷다 보면 마음이 편안해지고 복잡하던 머릿속이 텅 비는 해탈의 순간을 맞는다고 했다.

나의 장점이라면 무엇이든 '이거다' 싶으면 즉각 행동으로 옮기는 실행력이다. 당연히 책에 나온 대로 곧바로 따라 해보았다.

남도 끝으로 내려가 걷고 또 걸었다. 발이 부르트고 다리의 감각도 무뎌질 지경이었다. 기절할 것처럼 고통스러웠다. 하루에 20km를 걷는다는 것이 쉽지 않다는 것을 그때 처음 알았다.

그러나 몸이 힘들어질수록 신기하게도 마음속에는 평화가 찾아왔다. 마음속의 풍랑이 잠잠해지니 몸도 편안해졌다. 세상이 모두 아름답게만 보였다. '이 세상 소풍 끝나는 날 가서 아름다웠노라고 말하리라'는 콧노래가 흘렀다.

히말라야를 생각하면 나는 가슴이 뛴다. 히말라야 트래킹은 3년 전부터 계획한 일이었지만 계속 미뤄져왔다. 가장 큰 이유는 일 때문이다. 재작년에는 회사 사정 때문에 경황이 없었고, 작년엔 큰 프로젝트가 있어서 불가피하게 연기되었다. 월급쟁이가 15일 이상 장기휴가를 낸다는 것은 여간 눈치 보이는 일이 아니다. 물론 나에게 최우선은 회사이기 때문에 히말라야 트래킹의 꿈은 계속 연기될지 모른다. 그러나 히말라야만 떠올리면 내 가슴은 벌써부터 뛴다. 그리고 이미 거기에 가 있는 것처럼 행복해진다.

최근에도 굉장히 슬펐던 적이 있다. 일종의 우울감이 밀물처럼 엄습해왔다. 너무 바빠서 어딘가로 훌쩍 여행을 떠날 수도 없는 상황이었다. 나는 단 몇 시간만이라도 나를 위해 쓰자며 인천공항으로 달려갔다. 목동에서 김포공항을 거쳐 인천공항까지 연결된 멋진 지하철을 타고 말이다. 단돈 몇 천 원에 이렇게 멋진 길을 달릴 수 있는 곳은 우리나라밖엔 없을 것이다.

공항 이곳저곳을 둘러보며 1997년 5월 터키 이스탄불로 혼자 훌쩍 떠났던 날을 떠올렸다. 당시 나는 회사를 다니면서 두 아이를 키우느라 몸과 마음이 지칠 대로 지쳐 쓰러지기 일보직전이었다. 박사과정 학생이었던 남편은 언제나 공부를 핑계로 내게 모든 것을 떠넘겼고 아무 데도 기댈 데가 없던 나는 진이 빠져 버렸다.

더욱이 광고대행사 AE 업무는 극도로 짜증스러웠다. 보람이라곤 눈 씻고 찾아봐도 없는 나날이었다. AE는 광고주를 잘못 만나면 정말 혹독하게 고생한다. '돼지 목에 진주 목걸이'라고 아무리 좋은 광고 콘티를 제안해도, 광고주가 시안들 중에 가장 나쁜 것을 고르면 어쩔 수가 없다. 아무리 설득해도 통하지 않았다. 문제는 그러고 나서 '최악의 광고 콘티'를 가지고 진행한 광고의 성과가 제대로 안 나온 경우에 그 책임을 고스란히 광고대행사가 떠안아야 한다는 점이다. 항상 을의 입장인 AE 업무에 정말 신물이 났다.

당시 나에게는 돌파구가 절실했다. 그런 복잡한 심사로 떠난 터키는 한마디로 '놀라운' 곳이었다. 심란한 마음은 온데간데없이 사라지고, "이 아름다운 세상, 다 보고 죽어야지!" 하며 나에게 산다는 것에 대한 욕심을 가득 채워주었다. 의지가 불타오르니 회사 일도 다르게 생각하게 되었고, 스트레스를 스스로 조절할 수도 있었다. 여행을 통해 폭발 직전의 마음을 가라앉힌 것은 물론이고 한층 더 성숙할 수 있었다.

손 뻗으면 닿을 곳에 여행가방을

은퇴 후에 북한만 빼고 세상 모든 나라를 다닌 커플이 있다. 세계 192개국을 여행한 이해욱, 김성심 부부는 한국 기네스 기록에도 올랐고, 한 기관 설문조사에서도 '은퇴생활 롤 모델 1위'로 뽑혔다.

많은 이들이 어릴 적부터 세계 일주를 로망으로 여긴다. 그러나 여행도 습관이라서 평소에 여행을 많이 하지 않은 사람들은 억만금을 주고 등을 떠밀어도 절대 못 떠난다.

7년 동안 암 투병을 하며 결국 이겨낸 어떤 분은, 오로지 고향인 춘천으로 기차를 타고 가서 낚시를 하고 싶다는 소망 하나에 의지해 그 힘으로 투병할 수 있었다고 했다. 막상 몸져눕게 되면 기차를 타고 여행을 다니는 일이 얼마나 큰 축복인지를 간접적으로나마 경험할 수 있다.

한 지인은 단돈 1만 원을 들고 여기저기 잘 돌아다닌다. 소요산, 용문산, 온양온천, 천안을 수시로 다닌다. 얼마 전엔 봄나물을 캐어서 가져다주었고, 또 언젠가는 알밤을 주웠다며 한 보따리 들고 왔다. 망태기로 민물고기를 잡아서 매운탕을 만들어오기도 했다.

그녀는 이혼의 아픔으로 오랫동안 신경쇠약에 시달리며 불면증을 달고 살았다. 늘 진통제 몇 알을 주머니에 넣고 다닐 정도였다. 하지만 요가와 명상, 그리고 기차 여행으로 지병을 치유했다. 예전보다 더 예뻐졌음은 물론이고, 하는 일에서도 큰 성과를 내고 있다. 한 달에 한 번 정도 자신을 위해 이렇게 산으로 들로 강으로 바다로 떠난다는 그녀는 자동차 없이 광역전철만으로도 잘 다닌다.

죽기 전에 가장 후회하게 될 일이 무엇일까? 좋은 학교에 못 들어간 것? 좋은 집을 갖지 못한 것? 좋은 직장에 다니지 못한 것? 아마도 이런 것들을 후회할 사람은 단 한 사람도 없을 것이다. 죽기 전에 사람들이 가장 후회하는 것은, 남에게 베풀지 못한 것, 자신을 온전히 사랑하지 못한 것, 그리고 여행을 자주 다니지 못한 것을 꼽는다.

가까이에 여행가방을 두자. 보이는 곳에 트렁크 가방을 두는 것만으로도, 언제든 마음만 먹으면 떠날 수 있다는 해방감을 줄 것이다. 나 역시 가까운 시일에 혼자 히말라야 트래킹에 도전할 요량이다.

일상을
예술로 만드는
지적 사치 누리기

유럽의 여러 나라들은 우리처럼 대학진학률이 높지 않다.
하지만 그들의 지적 수준과 미적 감각은 웬만한 우리나라 박사들보다 훨씬 낫다.
문화적으로 매우 풍요로운 환경에서 자란 탓도 있지만, 그만큼 '예술을 일상으로,
일상을 예술로' 만들기 위해 부단히 노력하기 때문이다.
그녀들이 청바지에 티셔츠만 걸쳐도 '간지'가 나는 이유는,
이러한 문화적 소양이 자연스럽게 외모로 발현되기 때문이다.

돈이 없어도 충분히 우아하게 살 수 있다

가정에서 점점 책의 공간이 사라지고 있다. 서재와 책장이 점점 줄어드는 대신 그 자리에 영화관 같은 대형 TV가 들어차서 현란하다. 좁은 거실에 왜 그렇게 어색하게 큰 TV가 자리를 차지해야 하는지 알다가도 모를 일이다.

한 안과 전문의는 눈빛이 깊고 그윽해야 멋있고 지적인 사람으로 보인다고 말한다. 깊은 눈의 첫째 비결은 '독서'다. 독서를 많이 하는 사람들은 서로를 단박에 알아볼 수 있다. 이유는 눈빛이 남다르게 깊기 때문이다.

실제로 영국 서섹스 대학교 데이비드 루이스 박사팀은 독서, 산책, 음악 감상, 비디오 게임 등이 스트레스를 얼마나 줄여주는지를 측정했다. 실험결과, 6분 정도 책을 읽으면 스트레스가 68% 감소되었고 심장박동수가 낮아졌으며 근육의 긴장이 풀어지는 것으로 나타났다. 다른 방법들도 어느 정도 효과는 있지만 독서에는 못 미쳤다. 음악 감상은 61%, 커피 마시기는 54%, 산책은 42%의 스트레스가 줄어들었다. 비디오 게임은 스트레스를 21% 감소시켰지만, 오히려 심장박동수는 높아졌다.

돈이 많아도 취향은 천박하기 이루 말할 수 없는 이들이 많다. 그러나 어떤 이들은 얼마 안 되는 재력으로도 여한 없이 누리고 재미나게, 폼 나게 산다. 폼 나게 산다는 게 뭘까? 그렇게 어려운 일도 아니다. 조금만 부지런을 떨면 가능한 일이다.

요즘 우리나라도 매우 좋아져서, 구청마다 좋은 강좌를 들을 수 있는 교양 프로그램을 많이 운영한다. 무료이거나 약간의 실비만 내면 들을 수 있다. 몇몇 지인들은 구청의 문화센터에서 그림도 배우고, 소설작법도 배우고, 수영도 하고, 요리도 배우며

폼 나게 산다.

게다가 각 구마다 있는 구립도서관이나 시립도서관은 언제든지 친절하게 책을 대여해준다. 시시때때로 훌륭한 연사를 모시고 무료 특강도 연다. 세종문화회관에는 1,000원으로 훌륭한 공연을 볼 수 있는 제도가 있으며, 국립국악원에서는 매주 토요일에 좋은 콘텐츠의 공연을 영화표 1장 정도의 비용으로 관람할 수 있다. 또한 국가기금의 지원 덕분에 고가의 뮤지컬이나 공연을 저렴하게 볼 수 있는 지방 순회공연들도 많다.

적은 돈으로도 문화적인 사치를 누릴 수 있는 나라가 대한민국이다. 찾아보지 않아서 그렇지 해마다 열리는 국제 아트페어들은 세계 어느 나라 못지않은 훌륭한 예술작품들로 가득하다. 최근 코엑스에서 열린 국제 아트페어에 참관했는데, '1만 5,000원으로 내 눈이 이런 호사를 누릴 수 있다니!' 하는 생각에 감격스러울 지경이었다. 그날 본 작품만도 5,000점 가량으로 어마어마한 값어치의 작품들을 단 하루 동안 누린 것이다. 그 후 한동안 예술가가 된 듯이 황홀했다. 이런 호사를 하고 나면 그 누구도 부럽지 않다. 몸과 마음이 좋은 에너지로 가득 찬 것같은 뿌듯함이 생긴다. 꼭 가져야만 할까? 이렇게 누리고 살면 되는 것 아닌가? 언젠가는 스위스 바젤에서 매년 6월경에 열리는 세계적인 아트페어에도 꼭 가봐야지 하는 욕심도 부려본다.

꾸미지 않아도 우아함이 저절로 우러나오는 사람

우리는 단 7초만 봐도 상대방의 배경이나 성격, 취향 등을 단박에 알아챌 수 있다. 겉모습에 그 사람이 살아온 인생이 보이는 것이다. 외모는 추구하는 대로, 원하는 대로, 살아온 대로 바뀐다. 요리에 전념하는 이에게선 왠지 모를 요리사의 풍모가 느껴지고, 음악을 하는 이에게선 예술가의 모습이 보인다. 밤새 춤을 추고 온 딸내미가 독서실에서 밤을 꼴딱 샜다고 우긴들 엄마가 모를까? 아무리 우겨도 온몸에 무도회장의 묘한 분위기가 묻어나 금방 들통이 나고 만다.

여자라면 누구나 나이 들수록 더 이지적이고 세련된 모습으로 비춰지길 바랄 것이다. 그래서 과도한 지출도 마다하지 않고 명품에 열광하고 럭셔리한 치장을 한다.

얼마 전 봉사하는 삶에 남다른 사명을 가진 한 분을 만났다. 그분은 미국 교포 2세였는데, '버려진 아이들에게 좋은 맏형이 되어주는 게 꿈'이라고 했다. 소박한 셔츠에 오래된 바지 차림이었지만 그런 멋진 생각을 가지고 있어서 그런지 품위가 저절로 묻어나왔다. 자신의 삶을 좋은 방향으로 이끌어가는 사람들에게서는 이렇게 차원이 다른 기품이 드러난다. 아무리 비싼 화장품을 발라도 인공적으로는 만들어낼 수 없는 부분이다.

우리의 저열한 대화 주제부터 되돌아봐야 한다. 모였다 하면 만날 돈 벌 궁리나 남 비방하기, 아니면 자기 자랑 늘어놓기로 끝난다. 예술과 지성, 철학에 대한 토론으로 밤을 지새우는 서구인들이 그런 점에서 참 부럽다.

품위란 다른 게 아니다. 돌아가신 어머니가 남겨준 낡은 식탁을 잘 간수하는 안주인의 모습에서 드러나는 게 품위다. 외할머니가 물려준 미싱과 아버지가 물려준 그림, 어머니의 손때 묻은 그릇을 애지중지하는 모습이 품위다. 한 외국인은 작고 낡은 화장대를 가리키며 "우리 할아버지가 전쟁터에 나가셨다가 살아 돌아오신 기념으로 할머니가 사신 것"이라며 할아버지의 1차 세계대전 참전기를 자랑한다. 진정으로 소중한 것이 무엇인가를 아는 사람들에게선 좋은 에너지와 기품이 느껴진다. 이런 품위들이 모여서 진정으로 호화로운 외모가 만들어지는 것 아닐까?

딸아이가 홈스테이를 하며 머물었던 텍사스의 어느 가정은 150년 전에 지어진 아주 낡은 집이었다. 후손들은 이 집을 해마다 수리해서 5대째 살고 있었다. 마당 한가운데 있는 큰 종려나무는 손자의 첫돌을 기념하여 증조부가 심은 것이라고 했다. 취미가 무려 10가지도 넘는다는 집주인 아저씨는 사진에 조예가 깊었다. 거의 프로 급이어서 홈스테이를 했던 아이들의 일상을 일일이 카메라에 담아서 가족에게 보내주었다. 이렇게 살뜰하고 정성스러운 그는 한때 예술가를 꿈꾸었으나 엔지니어로 평생 일하며 예술가보다 더 예술적인 삶을 살고 있었다. 그래서 그런지 그는 늘 행복해 보였다.

13년 전 어느 늦은 가을에 나는 일본 교토의 한 산사를 찾았다. 가나 아트갤러리 수석 큐레이터와 함께 '다니엘 오스트'라는 세계적인 거장의 플라워 퍼포먼스 현장을 보기 위해서 방문한 것이다. 비가 부슬부슬 내리는 야심한 시간, 2,000명이 넘는 일본 여성들이 산사를 가득 채웠다. 삼삼오오 짝을 지어 조용조용히 거장의 작품을 관람하는 그녀들은 1권에 2만 엔이 넘는 화집도 여러 권씩 구입했다.

일본에는 이렇게 예술을 사랑하는 여성 애호가들이 참 많다. 일본이 문화강국이 된 것도 예술을 삶의 일부로 여기는 이런 여인들의 사랑과 지지 때문이다. 중년의 나이에도 삶에 찌들기보다 예술을 사랑하는 맑은 눈을 가진 그녀들이 마치 수줍은 소녀 같아 보였다. 혹자는 일본 여성들을 이기적이고 매몰차다고 평하지만, 내가 만난 일본 여성들은 남에게 의지하지 않고 정신적으로나 경제적으로 독립해 자신을 지켜나가면서 예술을 사랑하는 멋쟁이들이었다.

문화를 즐기며 자뻑에 빠져 사는 재미

미술관이나 갤러리는 어려운 곳이 아니다. 관람료가 무료인 곳이 많고, 어쩌다 유료 전시가 열려 관람료를 내야 하더라도 영화표 1장 값보다 저렴하다. 그러나 거기에 걸린 작품들의 가치는 실로 어마어마하다. 대형 전시의 경우, 작품 1점에 수백억 원을 호가하는 것도 많다.

얼마 전 어느 토요일 오후에 평창동 가나 아트갤러리에서 입장료 3,000원을 내고 전시회를 참관했는데, 휴일 오후인데도 사람이 별로 없어 매우 썰렁했다. '아, 이렇게 멋지고 근사한 전시를 왜 다들 모르는 거지!?' 하는 생각이 들어 몹시 아쉬웠다.

세계인을 환호하게 만든 거장의 작품들을 보면 저절로 안목이 높아진다. 나는 최근에 고 이대원 화백의 판화 2점을 구입했다. 1996년 프랑스 파리에서 전시한 작품인 '농원' 시리즈다. 판화 2점을 침대 앞에 두고 요리 보고 저리 보고 하다 보면 마치 임을 보는 듯이 행복하다. 아무리 비싼 명품가방도 이보다 더 큰 기쁨을 주진 못할 것이다.

작품을 사라는 얘기가 아니다. 포스터도 좋고 복제화도 좋다. 남들이 뭐라 하든 내 마음에 들고 끌리는 작품이라면, 멋진 액자를 구해서 잘 보이는 곳에 걸어두자. 집이 아주 근사해질 것이다. 우리나라 사람들은 유난히 진품에 대한 집착이 강한데, 진품만 따지다 보면 평생 좋은 작품을 가까이할 수 없다.

주머니 사정이 허락하는 대로 형편에 맞춰 작품을 사서 즐기면 된다. 미술관 아트숍에 들러 10만 원 내외 포스터나 복제화를 구입하는 것도 좋은 방법이다. 해외여행에 가서도 미술관에 들러 아트숍을 돌아보면, 집을 근사하게 꾸밀 수 있는 저렴하고 요긴한 상품들이 굉장히 많다.

나는 그동안 모은 미술작품 엽서들을 골라 방을 꾸몄다. 지인들이 우리 집에 오면 예쁜 카페나 갤러리 같다고 좋아한다. 변변한 가구 하나 없는 단출한 방이지만 몇 점의 그림과 판화, 예쁜 엽서들 때문에 무지 색다른 분위기가 연출된다. 한 잡지사 기자는 매우 신선하고 독특하다며 우리 집과 방을 잡지에 소개하고 싶다며 얼마 전에 촬영을 해갔다. 한 지인은 유럽의 자기 작업실 벽면 하나를 온통 쇼핑백으로 도배했는데, 희한하게도 너무 멋졌다. 나도 작업실이 생기면 시도해볼 계획이다.

유럽의 여러 나라들은 우리처럼 대학진학률이 높지 않다. 하지만, 그들의 지적 수준과 미적 감각은 웬만한 우리나라 박사들보다 훨씬 낫다. 문화적으로 매우 풍요로운 환경에서 자란 탓도 있지만, 그만큼 '예술을 일상으로, 일상을 예술로' 만들기 위해 부단히 노력하기 때문이다. 그녀들이 청바지에 티셔츠만 걸쳐도 소위 '간지'가 나는 이유는, 이러한 문화적 소양이 생활에 배어 자연스럽게 외모로 발현되기 때문이다.

서구의 일부 공연장은 가난한 학생들도 고급문화를 접할 수 있게끔 서서 보는 입석 티켓을 판다. 1986년 겨울, 오스트리아 비엔나 오페라하우스에서는 세계 최고의 출연진이 나오는 대형 오페라 축제가 열리고 있었는데, 나는 성악가 고 파바로티가 출연하는 오페라를 단돈 2,000원 정도에 직접 보는 행운을 누렸다.

지금 가치로 환산하면 어림잡아 2만 5,000원 정도가 될 것이다.

34년 만에 고등학교 동창친구 두 명을 만났다. 두 친구 모두 34년 전에는 고만고만한 조건에 엇비슷한 환경이었으나 현재의 모습은 정말 달라져 있었다. 한 명은 잘나가는 개업의를 만나 명품으로 온몸을 휘감고 나왔고, 모 백화점 VIP회원임을 은근히 자랑하는데, 학창 시절의 청순하고 귀여웠던 모습은 다 어디로 갔는지 얼굴도 손을 많이 댄 것 같이 무섭게 변했다.

반면 다른 한 명은 미국 교포인 남편을 만나 결혼 직후 하와이에 정착했다. 남편은 고등학교 교사이고, 그녀는 재활 전문가가 되었다. 딸도 둘 있다고 했다. 오랜만에 만난 그녀는 엄청 매력적이고 근사한 사람이 되어 있었다. 대화를 나누다 보니 그녀가 그렇게 좋아 보일 수밖에 없는 이유들이 속속 드러났다.

재활 전문가로 일하는 그녀 역시 직업적 스트레스가 무지 많았다고 한다. 수년 동안 아무리 열심히 정성을 들여도 나아질 기색이 없는 환자들 때문에 한동안은 직업에 대한 회의가 많이 밀려들었다는 것이다. 그런데 그녀는 그러한 직업적 스트레스와 한계감, 타향살이의 외로움, 고립감을 취미 삼아 시작한 아마추어 밴드활동과 사진작업으로 풀었다는 것이다.

보컬로 클럽에서 공연을 하고, 개인 사진전도 여러 번 열다 보니 어느새 사는 게 재미있어졌고 스트레스도 확 줄어들더란다.

자신이 먼저 행복해야 가족과 환자에게도 다정해진다는 것을 알게 되었다는 그녀는, 실제 나이보다 족히 10년은 젊어 보였다. 무대에서 기른 매너 때문인지 행동이나 말투도 세련되고, 매력과 카리스마가 가득 차 보였다. 상반된 두 친구의 인생 이야기와 외모를 보면서 일부러라도 문화적 사치를 누려야겠다는 생각을 했다.

그래서 그녀들을 만난 이후로, 나는 보컬활동은 못해도 구경이라도 해보자는 생각에 삼청동, 대학로, 이태원 등지의 재즈 카페를 자주 찾는다. 관람료 5,000원, 음료값 7,000원 정도면 수준급 뮤지션의 공연을 맘껏 즐길 수 있으니 이 얼마나 멋진가? 문화적 사치는 결코 돈이 많이 드는 일이 아니다. 대형 뮤지컬의 VIP석만 고집하는 정서에서 탈피한다면 대한민국 안에서도 적은 돈으로 즐길 만한 곳이 얼마든지 많다.

예전에 연희동의 한 가정집에서는 매달 하우스 콘서트가 열렸다. 최고 기량의 연주자들을 초대해 와인을 한 잔씩 나누며 클래식 연주를 감상하는 모임이었다. 관중은 대략 스무 명 안팎이었는데, 몇 만 원씩 모아서 연주자에게 약간의 사례를 하며 순수하게 음악 자체를 즐기는 모임이었다. 연주를 하는 사람이나, 연주회를 준비하는 주인장이나, 연주를 듣는 우리나 무척 행복한 시간이었다. 마치 유럽의 백작부인이라도 된 듯한 황홀감에 젖었으며, 나 역시 이런 자리를 만드는 사람이 되고 싶다는 소망을 갖게 되었다.

오래전 골프선수 미셸 위는 부상으로 인해 오랜 기간을 힘들게 보냈다. 어느 인터뷰에서 미셸 위가 고백한 내용이다.

"밤에 악몽을 꾸기도 해요. 연쇄 살인범에게 쫓기는 꿈인데, 살인범은 매일 다른 사람이고요. 때론 골프에 관한 꿈도 꾸죠. 티타임Tee Time에 늦었는데 누군가가 나를 막아서는 꿈이요. 언젠가는 꿈에서 칩샷을 했는데, 그린이 유리로 만들어져 있어 공을 세울 수가 없는 거예요. 공을 치면 그린을 넘어가고, 치면 또 넘어가고. 그래서 부드럽게 치면 다시 공이 되돌아오는 꿈도 꾸곤 했죠. 그런데, 어느 날 제일 친한 친구가 책이랑 화구를 사주면서 그림을 그려보라고 했어요. 그 친구는 신경과학을 전공했는데, 한 가지에만 지나치게 몰두하면 행복하지 못하고 스트레스가 많아지니까 다른 것도 해보라고 권했죠."

그래서 미셸 위는 그림을 그리기 시작했고, 그림을 시작한 이후부터 그녀의 스트레스는 놀라울 정도로 급격히 사라졌다고 한다. 그녀는 이렇게 말했다.

"그림을 보면 행복해지고, 마음이 든든해지고 기분이 좋아져요. 글로는 표현하기 어려운 것들을 그림으로는 풀어낼 수 있으니까요. 스트레스가 이걸로 다 빠져나가니까 정말 좋아요."

그 후로 미셸 위는 우승에 대한 압박감에서 벗어나 골프 자체를 즐기게 되었다고 한다. 그녀에게 이런 여유가 생긴 것은 골프 외에 몰두할 수 있는 다른 것을 찾았기 때문이다.

나는 골치 아픈 일들로 숨이 막혀올 때 연주회장을 찾는다. 좋은 연주회가 주는 감동은 일상의 찌꺼기들을 깨끗이 치워주는 마력이 있다. '이렇게 훌륭한 연주자들이 나를 위해 연주를 해주는 데 어떻게 황홀하지 않을 수 있을까?' 하는 감사한 마음과 함께 격한 감동이 밀려온다. 좋은 연주를 들은 날은 골치 아픈 일들은 스르르 잊어지고 매우 뿌듯한 마음으로 잠자리에 들 수 있다. 진정한 충만함을 느끼면서 말이다.

●
영혼이 세련된
여성들을 위한
셀프 테라피

가슴이 답답하고 머리가 띵하고 희망이라곤 하나도 없어 보이는 순간이 있다.
우리의 영혼이 피폐해질 때 나타나는 흔한 증상들이다.
이를 방치하면 큰 병이 되고 만다.
몸이 아프다는 것은 마음이 아프다는 신호라고 생각하면 된다.
우리가 곧잘 갈등하는 것들에 대한 조언을 모아보았다.

가슴이 답답하고 머리가 띵하고 희망이라곤 하나도 없어 보이는 순간이 있다. 우리의 영혼이 피폐해질 때 나타나는 흔한 증상들이다. 이를 방치하면 큰 병이 되고 만다. 젊은 사람이 큰 병에 걸린 경우, 자세히 들여다보면 마음의 병이 깊어져서 육체의 병으로 나타난 경우가 많다. 가슴이 답답하고 머리가 띵하다면 내적으로 고통이 심하다는 신호다. 몸이 아프다는 것은 마음이 아프다는 신호라고 생각하면 된다. 우리가 곧잘 갈등하는 것들에 대한 조언을 모아보았다.

○ 내 편 들어줄 사람은 나밖에 없다

어려움이나 곤경에 처했을 때는 만사를 제쳐두고 상심한 자신을 격려하고 안도시키는 일에 주력해야 한다. "이 길이 아니어도 너에겐 많은 길이 펼쳐져 있어!"라고 다독이며 내 안의 불만, 억울함, 분노에 귀 기울이자. "자책하지 마! 그건 네 잘못이 아니야!"라고 말하며 팍팍 편들어주자.

일반적으로 남편이 남에게 모범을 보여야 하는 직업을 가진 경우, 그런 남편을 둔 여성들은 유독 우울증이 심하다고 한다. 분이 나도 참아야 하고, 절대 내색하면 안 되고, 조금이라도 불평을 입에 담아서는 안 되기 때문이다. 외부에는 오직 모범적인 모습만을 보여야 하니, 속이 썩을 대로 썩는 것이다. 세상천지에 내 편을 들어줄 사람은 오직 나 자신밖에 없다. 자책하지 말고 팍팍 편들어주자. 내가 내 편이라는데 누가 뭐라고 하겠는가?

○ 여자끼리의 우정에 정성을 쏟아라

인간의 생애를 연구하는 많은 연구자들이 "인간관계가 행복한 삶을 좌우한다."는 것을 밝히고 있다. 친구가 많으면 귀찮은 일도 많이 벌어지지만 인생을 잘 살아온 이들을 살펴보면 주위에 친구가 가득하다. 어떤 이는 최소한 10명 이상의 친구를 확보해두어야 한다고 조언한다. 왜 하필 10명 이상일까?

'나는 친구가 몇 명이지?' 하고 수를 세어보았다. 간신히 10명을 넘는다. 10명 모두 각양각색이다. 형편도 다르고, 성격도 다르고, 나이대도 다르다. 출신 학교, 고향 모두 다르다. 각기 다른 친구들을 통해서 나는 세상과 사람을 이해해왔다. 물론 이들 중엔 나를 도와줄 사람도 있고 내가 도와주어야 하는 사람도 있다. 각자 다른 인생을 통해 삶의 지혜와 위기돌파의 역량을 배우고, 중요한 결단을 내릴 땐, 좋은 조언자가 돼준다.

사람을 깊게 사귀고 싶다면 받을 궁리만 하지 말고 먼저 줄 궁리부터 해야 좋은 관계로 발전할 수 있다. 내 것만 고수하고 손해 보는 일은 절대로 하지 않으려는 얕은 심보는 좋은 사람을 놓치게 하고 인간관계를 망가뜨린다. 영양가를 따지거나 당장 눈앞의 이익을 계산하는 데 몰두하면, 그냥 그 정도 그릇을 가진 사람만 모인다. 내가 먼저 희생하고 정성을 들여야 좋은 사람을 사귈 수 있다. 100장의 부동표보다는 제대로 된 단 1장의 따뜻한 표가 위력을 발휘하는 법이다.

다양한 계층의 사람들과 친구가 되어보라. 편식하지 말고 골고루 음식을 섭취해야 하듯이 친구들도 폭을 넓혀가는 게 중요하다. 여러 명의 인생을 대신 사는 것처럼 삶이 훨씬 넓어지고 화통해질 것이다. 친구를 위로하다 보면 어느새 자신이 더 큰 위로를 받게 된다.

사실 여자들은 애인 생기고 남편 생기면 여자끼리의 우정을 등한히 한다. 여자끼리 만날 땐, 보통의 경우 아무 옷이나 대충 입고 아무 준비 없이 나간다. 물론 그러면 부담 없고 편하니까 좋을 수도 있지만, 잠깐이라도 뭔가 더 밀도 있는 만남을 갖기 위해 준비를 하는 게 예의 아닐까? 옷매무새를 다듬고 재미난 이야깃거리를 생각해내고 분위기 좋은 카페도 찾아보자. 감동과 추억이 없는 관계란 그리 오래가지 않는다.

○ 일은 필수! 신나게, 야무지게 해내라

우리가 일을 해야 할지 말아야 할지는 더 이상 고민거리가 아니다. 국영수처럼 꼭 해야만 하는 필수과목이다. 그러니 기왕 하는 것 갈팡질팡하지 말고 재미있고 신바람 나게, 그리고 야무지게 해내는 방법들을 배우자. 영업직에도 과감히 도전해보길 권한다. 실적이 능력평가의 근거가 되는 분야이니만큼 능력에 따라 성과급을 받을 수 있고 여자라는 이유만으로 부당한 대우를 받을 일도 적다.

○ 일터에서는 두 사람을 확보해두자

회사에 윗사람 한 명, 아랫사람 한 명만 통하는 이가 있어도 직장생활을 잘할 수 있다. 마음을 터놓고 지낼 수 있는 두 사람을 확보해두자. 좋은 사람을 가까이 두려면 먼저 공을 들여야 한다. 먼저 다가가 도와주고 희생하자. 사람 마음은 거저 얻어지는 게 아니다. 먼저 퍼주고 먼저 잘해주자.

그리고 사람 사이의 커뮤니케이션에도 정성을 기울이자. 요즘은 대화조차 귀찮은지 매사에 문자메시지만 하나 달랑 보내는 사람들이 많아졌다. 그런 사람들을 보면 사회생활을 제대로 할 수 있을까 걱정이 앞선다. 문자메시지는 보조수단일 뿐이다. 웬만하면 전화로 확인해야 한다. 나이가 어린 친구들일수록 문자메시지에 의존하는 경향이 큰데, 일을 하다 보면 꼭 그런 데서 착오가 생긴다.

○ 열심히 살아온 평범한 언니들의 조언에 귀 기울이자

열심히 살아온 선배 언니들에게서 인생 비법, 일 비법을 전수받자. 화려한 '엄친딸'들 말고 우리와 같은 코스를 밟아온 평범한 언니들이 열심히 살아온 얘기들에 귀 기울이자.

후배들의 하소연을 들을 때마다 절실히 느껴지는 게 있다. 그녀들은 자기 하소연만 줄줄이 늘어놓지 막상 오랫동안 직장에서 버텼던 나의 비결은 절대 묻지 않는다. 긴 시간 동안 직장에 다닐 생각이 없어서 그러는 걸까? 그래서 궁금하지도 않은 것인지도 모르겠다. 다들 어느 정도 나이 들면 직장생활은 정리하고 백화점 문화센터나 다니며 우아하게 지내겠다는 생각을 한다. 대체 무얼 하며 우아하게 지내겠다는 것인지 모르겠지만, 일을 안 하면 삶이 우아해질까? 노는 것도 힘든 일이다. 세월이 흐르면 뭔가 뾰족한 수가 생길 줄 아는 철없는 그녀들, 글쎄다. 스무 살 때는 서른이 되면 뭔가 대단한 사람이 될 거라고 기대했는데, 막상 서른이 되고 보니 별로 달라진 것 없이 예전 그대로다. 마흔이 되고 쉰이 되면 달라질까? 지금처럼 살면 계속 지금처럼 살 수밖에 없다.

남자들은 정년퇴임하는 선배를 대단히 부러워하며 경의를 표한다. 그 나이까지 특별한 사고 없이 건강하게 직장생활을 수행한 것이 얼마나 대단한 일인지 알기 때문이다. 그러나 여자들은 나이 들어서 직장에 다니는 것 자체를 대단히 불행한 일로 여긴다. 자신은 절대로 그렇게 오랫동안 다니지 않겠다고 호언한다. 나이 들면 기품 있게 살겠노라 선포한다. 과연 그게 가능할까?

○ 분수에 맞게 살아야 삶이 가볍고 경쾌해진다

회사의 남자후배가 신혼 집들이를 했다. 15평형 다세대 주택에서 반은 전세, 반은 월세로 어렵게 신접살림을 시작했다. 요즘은 웬만하면 집들이를 생략하던데, 새댁이 참해서 그런지 집들이를 한다고 한다. 맛깔스럽게 차려진 음식에서 새댁의 인품이 느껴졌고 아기자기한 신혼의 모습이 참 보기 좋았다.

그러나 집 안을 둘러보고 깜짝 놀랐다. 대문짝만 한 냉장고부터 가장 큰 사이즈의 침대, 식기 세척기, 대형 김치 냉장고, 가스오븐, 52인치 TV까지…, 50평형대 아파트에나 어울릴 법한 세간들이 가득 차 있는 것 아닌가? 초대받은 손님들은 그 엄청난 살림살이 사이에 끼어서 간신히 식사를 했다. 왜 이렇게 혼수를 많이 해왔느냐고 물으니 새댁은 기왕 장만하는 김에 20년 이상 쓰려고 무리해서 샀다고 한다. 어림잡아 계산해봐도 살림살이 값만 수천만 원이 넘어 보였다. 그럴 거면 살림살이를 좀 줄이고 반 월세 대신에 전세를 구할 수 있지 않았을까 하는 생각이 들었다.

우리나라가 아주 가난하던 시절엔 집에 전화나 TV, 냉장고, 라디오가 있는 것이 큰 자랑거리였다. 초등학교 선생님들은 '가정환경 조사서'를 써오라고 하면서 부의 척도로 가전제품 보유 상태를 조사했다. 그러나 요즘은 일부러라도 유선전화를 두지 않으며 TV도 아예 없앤다. 결코 큰 냉장고와 대형 TV가 부유함의 잣대가 아니다.

그리고 앞으로 지어질 주택은 '빌트인'이 대세라서 그녀가 마련해온 혼수품들은 20년은 고사하고 바로 이듬해에 이사할 집부터 불필요해질 확률이 높다. 좁은 집에 물건만 많이 쌓아두면 쾌적한 삶은 물 건너가는 것이다. 게다가 누진되는 전기요금은 어쩔 것인가?

○ 미리 샴페인을 터뜨리지 말자

젊은 나이부터 골프나 자동차에 맛(?)을 들이면 돈 모으기가 어려워진다. 우리는 100세까지 살 사람들이다. 미리 샴페인을 터트리면 나중에 재미도 없고 곳간도 텅텅 빈다. 먼저 곳간부터 착착 채우고 난 다음에 천천히 즐겨도 충분하다. '노세 노세 젊어서 노세'라는 노랫말도 있지만, 30대는 아직 인생을 즐길 나이가 아니다. 열심히 배우고 일하고 씨를 뿌려야 할 나이다. 50대부터 즐기고 멋 부리고 좋은 자동차를 몰고 다녀도 결코 늦지 않다. 50년이나 남았으니까 말이다. 가수 양희은 씨는 한 인터뷰에서 젊은이들을 향해 '경제적으로 안정되어야 정서적으로도 안정될 수 있다'고 조언한다.

○ 오래 일할 수 있는 능력이 최고의 노후대책이다

외국인들은 성인이 되면 바로 노후준비에 돌입한다. 사회보장제도가 잘 되어 있어도 개개인이 노후준비를 하는 것을 지상 최대의 과제처럼 여겨 20대 때부터 시작한다. 앞에서 언급했듯이 고 피터 드러커 박사는 이미 1990년대 초반에 그의 저서에서 우리 세대는 75세까지 일을 해야만 하는 세대라고 못 박았다. 당시엔 그런 발언이 생소했지만 요즘엔 딱 들어맞는다. 가장 좋은 재테크란 '일을 오래 하는 것'이다. 그러나 지속적인 자기계발 없이는 오래 일을 할 수가 없는 치열한 시대임을 알아야 한다.

요즘 대한민국의 대표적인 중산층 가정은 40대 후반의 맞벌이 가정이다. 얼마 전까지만 해도 외벌이로도 충분히 중산층 대열에 들어설 수 있었지만, 이제는 상황이 달라졌다. 부동산, 현찰, 주식이 우리의 노후를 보장해줄 수 없다는 사실이 여기저기에서 현실로 드러나고 있다. 오래 일을 하는 것이 최고의 노후 대책이며 건강한 삶의 비결이다. 일을 해야 건강도 지켜나갈 수 있다.

○두려움이 큰 사람이 꾸물거리고 핑계 댄다

무슨 일이든 즉시 처리하는 습관을 기르자. 꾸물거리고 핑계 대는 것도 일종의 버릇이다. 어차피 할 거면 즉각 처리하자. 문제해결 능력이 떨어지는 사람들을 살펴보면 그 밑바닥에는 두려움이 상존해 있다. 줄 것 주고, 갚을 것 갚고, 신세 진 것은 그때 그때 신속하게 갚고, 밥 살 것은 얼른 사고 보자. 미루다 보면 신용이 추락함은 물론이고 자꾸만 스스로에 대한 불신이 쌓여 자신감도 떨어진다.

왜 자신의 눈물조차
닦아주지 못하는가?

목동 근처에는 손칼국수를 단돈 2,000원에 파는 가게가 있다. 예순쯤 되어 보이는 부부가 김치도 직접 담그고, 손 반죽으로 국수를 만드는데, 가격도 가격이지만 맛이 일품이다. 이렇게 정성 들인 칼국수가 단돈 2,000원이라니 도저히 이해가 되지 않는다. 회사에서 그곳까지 가려면 택시를 타야 하는데, 3명이 함께 가면 택시 기본요금을 내고 나도 다른 칼국수집보다 훨씬 저렴하다.

하루는 너무 저렴하게 먹는 것이 미안해서 선물을 가지고 갔다. 그랬더니 주인아줌마는 한사코 거절하셨다. 내가 칼국수를 팔면 팔수록 오히려 손해 보는 것 아니냐고 물으니, 그래도 남으니 걱정 말라고 한다. 강권하는 바람에 내 선물을 받으신 아주머니는 직접 담근 매실 원액을 선뜻 한 병 싸주셨다. 앞으로는 절대 선물 같은 것 들고 오지 말라는 당부도 잊지 않으신다.

305

그 칼국수집은 근처의 독거노인들이 주로 찾는다. 그래서 식당 안에는 언제나 형편이 어려운 할아버지 손님들로 가득하다. 주인 내외의 푸근한 인심 때문인지, 그 가게를 다녀온 날은 오후 내내 진한 행복감으로 기분이 좋아진다.

이분들이야말로 내가 만난 그 어떤 잘난 이들보다도 성공한 인생이라 생각한다. 단 한 사람의 눈물이라도 닦아줄 수 있다면 그건 성공한 인생이다. 그러나 많은 사람들이 주변 사람은 물론이고, 가까운 친구나 선후배, 가족의 눈물도 닦아주지 못한다. 심지어 자신의 눈물조차 닦아주지 못한다. 많은 이들이 그렇게 살다가 저 별 너머 먼지로 사라진다.

삶의 궁극적 목표가 물질에 국한될 때 우리는 불행해질 수밖에 없다. 우리보다 훨씬 가난한 나라 사람들도 우리보다 훨씬 행복하게 산다. 우리 역시 무지 가난하던 시절에도 지금보다 훨씬 행복했다. 물질로 얻을 수 있는 행복은 지극히 일시적이고 제한적이다. 물질이 차지한 마음의 자리를 예술에 대한 사랑과 주변 사람들을 아끼고 배려하는 태도로 채우면 어떨까? 그 마음의 자리는 꽃이 피고 생명이 살아 숨 쉬는 향기로운 터전이 될 것이다.

나는 만약 정당을 만든다면 '자기 사랑당'을 만들고 싶다. 우리가 겪는 우울함의 밑바닥에는 자신을 용납하지 못해서 생긴 응어리가 깔려 있기 때문이다. 우리는 자신을 있는 그대로 받아들이는 방법들을 배우지 못했고, 그래서 자신을 어떻게 감당해 나가야 할지를 모른다. 나를 내가 살릴 수도, 죽일 수도 있다. 나를 살릴 것인가? 죽일 것인가? 그것은 바로 내 손에 달려 있다.

아직도 극복해야 할 많은 산들이 내 앞에 올망졸망하다. 때론 오를 엄두도 안 날 만큼 가파르지만, 여전히 하고 싶은 일들이 많이 남아 있기에 나는 꿋꿋하게 그 준령을 넘을 것이다. 유혹과 방해로 가득 찬 세상에서 같은 병을 앓고 있는 여성 동지들에게, 이 책이 건강한 즐거움이 되기를 바라며 에필로그를 마친다.

김태경

· 저자소개 ·

김태경

　30년 가까운 직장생활 중에도 아직 몸과 마음이 이렇게 멀쩡한 것을 큰 자랑으로 여긴다. 광고회사에서 AE라는 혹독한 업무를 수행하면서 두 아이를 낳아 키웠고, 카피라이터에서 AE, 프로듀서로 과감히 업종변경을 시도해 성공적으로 적응하고 실력을 인정받았다. 직장생활 틈틈이 강연과 저술을 이어갔고, 철학과 미술을 깊이 있게 공부했으며, 대학에서 학생들을 가르쳤다. 힘든 직장생활의 스트레스를 자기계발로 해소하며 긍정적으로 승화시켜온 결과다. 이제와 돌아보니 흐뭇하고 흐뭇한 30년이었단다. 저자는 또 다른 항해를 시도 중이다. 거울 앞에 선 누님처럼 이제까지 배우고 배워온 내공을 후배들에게 전수하려는 꿈을 꾸며 화창한 나날을 보내고 있다. 3년에 걸쳐 30여 개국을 배낭 하나 매고 돌아다녔던 20대의 어느 날처럼 마냥 들떠 있다.

　경희대에서 학사와 석사를, 성균관대에서 문화철학 박사 과정을 수료했다. MBC애드컴에서 AE로 일했고, 2000년부터 SBS프로덕션으로 옮겨 제작본부 특임 CP로 일했고, 현재 SBS콘텐츠허브 부장으로 재직 중이다. 대종상영화제, 하얀마음 한마음축제, 로또 추첨방송, 국토대장정, 몽골 화첩기행, 인천공항개항 1주년 기념식, 김밥사랑 꽉찬사랑 캠페인, 환경콘서트 등을 총괄 기획, 제작했다. LH공사, 가천대 지성학 강좌 등 여러 기업과 대학에서 특강으로 호평받았고, 코엑스 서울아트쇼 위원, 마포구방송국 자문위원으로 활동하고 있다. 우석대학교 겸임교수를 역임했고, 저서로는 《이벤트의 달인》이 있다.